教育部人文社会科学研究基金资助项目
“我国药品不良反应损害之法律救济研究”
最终研究成果（项目编号 09YJCZH094）

民商法学专题研究书系

YAOPIN BULIANG FANYING
FALÜ JIUJI ZHIDU YANJIU

药品不良反应法律救济制度研究

焦艳玲 著

知识产权出版社
全国百佳图书出版单位

内容提要

本书以药品不良反应受害者救济为中心，围绕药品不良反应损害责任的性质和承担，重点探讨我国药品不良反应损害救济的模式选择。由于侵权法在民事损害救济体系中的基础性地位，本书对药品不良反应救济机制的探索首先从侵权法展开。通过论证侵权法框架下药品不良反应损害救济的可能空间，指出传统侵权法在解决药品不良反应损害问题时的缺陷和不足，并为探讨药品不良反应损害救济的多元化模式提供论据支撑，最终指明我国药害救济的根本出路应当是摆脱对侵权法的依赖，建立非诉式和社会化的分担机制。

责任编辑：刘　睿　　**责任校对**：韩秀天
特约编辑：孟　卿　　**责任出版**：卢运霞
执行编辑：贾　澎

图书在版编目（CIP）数据

药品不良反应法律救济制度研究／焦艳玲著. —北京：知识产权出版社，2011.9

ISBN 978－7－5130－0728－3

Ⅰ.①药…　Ⅱ.①焦…　Ⅲ.①药物副作用－法律援助－司法制度－研究－中国　Ⅳ.①D922.16②D926

中国版本图书馆CIP数据核字（2011）第148228号

药品不良反应法律救济制度研究

焦艳玲　著

出版发行：知识产权出版社
社　　址：北京市海淀区马甸南村1号　　邮　　编：100088
网　　址：http://www.ipph.cn　　邮　　箱：bjb@cnipr.com
发行电话：010－82000860转8101/8102　　传　　真：010－82005070/82000893
责编电话：010－82000860转8113　　责编邮箱：liurui@cnipr.com
印　　刷：知识产权出版社电子制印中心　　经　　销：新华书店及相关销售网点
开　　本：880mm×1230mm　1/32　　印　　张：11.25
版　　次：2011年8月第一版　　印　　次：2012年1月第二次印刷
字　　数：278千字　　定　　价：30.00元
ISBN 978－7－5130－0728－3/D・1283（3630）

目录

YINYAN

引　言

古往今来，健康长寿一直是人们的美好愿望。然而疾病和死亡不可抗拒，这令人们对生命充满了敬畏。渐渐地，寻找健康与长寿成为人类本能的追求，在漫长的历史长河中，随处可见人类探寻长寿秘诀的印记。2000多年前，中国的道教开始传播“重生贵生”的思想，认为人生最主要的任务就是养护生命。也正因如此，道教发展出“寓道于术”“延年有术”等思想，最终使道家在探索养命延年方术的过程中发现了医药，并使道教成为整个东亚药物学的起源。[1] 可以说，人类对健康的执著态度促成了医药的产生与发达，而我们同样可以判定，医药的发展注定将与人类追寻长寿梦想一般永恒。可是对药物功效的全面认识乃是一个经验积累的过程，必然要经历长久的时间，而在此之前，任何药物的使用都可能给人体带来危害。即使在现代，发达的科技使我们对药物的认识更加全面和精确，但仍不能说我们对药物的认识已经“了如指掌”。存在于药物中的诸多未知，仍旧需要我们发现。

药品不良反应是因药物使用而产生的有害于人体的反应，其突出的特点是该反应不符合用药者的预期目的。从根本上来看，药品不良反应是由药品的固有特性引起的，但不可否认的是，研制者对药品特性认识的欠缺以及将其制造出来并用于销售的行为是导致不良反应发生的直接原因。在现代工业模式下，药物的潜在风险得到了空前范围的扩散，一旦风险变为现实，损害后果将严重而广泛。20 世纪，世界范围内发生的几次大规模严重药害

[1] 李约瑟:《中国科学技术史（第2卷）》，科学出版社、上海古籍出版社1990年版，第175页。原文是:“道家哲学虽然含有政治集体主义、宗教神秘主义以及个人修炼成仙的各种因素，但它却发展了科学态度的许多最重要的特点，因而对中国科学史是有着头等重要性的。此外，道家又根据他们的原理而行动，由此之故，东亚的化学、矿物学、植物学和药物学都起源于道家……道家深刻地意识到变化和转化的普遍性，这是他们最深刻的科学洞见之一。”

事件至今令人心有余悸，如今各国国内报道的药害事件仍不绝于耳。据国外文献报道，因药物不良反应急症入院者占 30% 左右；有 15% ~30% 患者在住院期间因产生药物不良反应而延长住院期或死亡。在我国，每年约有 19 万人死于药物不良反应；药源性疾病而致死亡人数是主要传染性疾病死亡人数的 10 倍以上。我国药物不良反应的发生率占住院患者的 10% ~30%，药源性疾病发生率有逐渐增高的态势。如学龄前儿童因药物致聋哑的百分比，20 世纪 50 年代仅为 2%，60 年代为 7%，70 年代为 18%，80 年代为 36%，到 90 年代因药害致聋哑的儿童超过百万。❶

人类认识的局限性客观存在，而人们对于疾病治愈的渴望又现实地需要药物的提供，这决定了药品不良反应的发生不可避免，而现代社会的商品经济属性使不良反应的发生频率较以往任何时期都要高。由于商品经济使药物的制造过程更多地融入了对利益的考虑，制药企业对于药物未知信息的探索和已知信息的披露均可能因利益因素退居次位，导致药物使用人面临更多的危险。全球多起严重药害事件充分反映了制药业发展的这一特点，同时也使药物损害（尤其是药品不良反应）渐渐走进大众的视野，并敦促大众思索防御药害、保护药物使用人的有效方法。目前，加强药物监管尤其是加强对药物信息的监管已成为各国控制药害的主要手段，药品不良反应的监测体系在全球范围内广泛建立。此监测体系虽能够为各国药政部门提供药害预警并防止药害的发生和扩大，然其仅是一种预防措施，作用有限。对于遭受药物损害的使用人而言，救济显得更为重要。

近年来，我国也曾出现多起严重药害事件，例如“齐二药

❶ 孙定人、齐平、靳颖华主编：《药物不良反应（第三版）》，人民卫生出版社 2003 年版，前言。

事件”“欣弗事件”等，其中不乏药品不良反应损害事件，影响较大的有“龙胆泻肝丸事件”“鱼腥草事件”。对于涉及假药、劣药的“齐二药事件”和“欣弗事件”，自然可以按照现有法律处理，受害人请求救济不存在法律上的难题。但是对于药品不良反应事件，受害者为自身损害寻求救济的过程却异常艰难，法官在解决药品不良反应损害诉讼时也倍感困惑。既然“是药三分毒”，合格药品在正当使用的过程中也会出现有害人体的不良反应，那么损害是否应当给予弥补呢？如果应当弥补，又应由谁来弥补呢？是发展药物并追求积极创新的制药企业，还是推荐用药、救死扶伤的医疗机构，抑或是批准药品上市销售的政府部门？在现有法律存在空白的情况下，上述问题不得而知。目前，我国已建立了药品不良反应监测与报告制度，但是对于药品不良反应损害却未设专门救济，受害者损害难以得到弥补，而法院面对不断出现的诉讼，由于缺乏法律支持，裁判任意性极大，导致同一事实经常出现不同的判决结果。可以说，只有预防没有救济是目前我国的现状，也是我国制度设计的缺失。正如两点才能支持平衡一样，单一的预防措施不能使药害事件中失衡的利益得以恢复，至多只是政府管理药害的手段，只有增加对受害者的救济，才能使失衡的利益恢复平衡，政府的管理目标也才能真正实现。而要完成这一任务，首当其冲应当完善法律，建立药品不良反应的专门救济制度。目前，国内学者已经开始关注药品不良反应事件，并深入思考对受害者的救济问题。本书将围绕药品不良反应损害责任的性质及其承担，重点分析我国药品不良反应损害救济的合理模式，从理论上澄清药品不良反应损害民事责任的性质，明晰药品不良反应民事侵权责任的归责原则，探讨药品不良反应案件中因果关系该如何认定，考察和反思药品发展风险在侵权免责中的地位。全书尽管主要从侵权法的视野分析药品不良反应损害救济的问题，但作者的结论却不愿受到侵权法的拘束。因为药品不良反应问题是一个社会问题而非单一的法律问题，它当然需要法律的解决，但是绝非法律能够妥当解决。至于药品不良反应损害的救济则是个系统工程，它一方面要求制度设计者充分关注受害者的利益，另一方面还要能够使制药企业保持充分的研发热情，此外它还必须保证一个国家的药物供给不受药品不良反应事件及其救济的影响。也就是说，药品不良反应损害的救济必须兼顾多方利益，在责任承担的设计上必须探寻合理的支点，而本书写作之目的即在于为政府构建药品不良反应救济机制提供思路。

本书努力探索一条在我国可行的药品不良反应损害救济的法律途径。全书从我国药品不良反应损害救济的现状入手，指出我国药品不良反应损害救济的现实困境及其原因，进而对药品不良反应损害赔偿责任的法律性质进行分析，阐明其特殊性并指出其实现的法律障碍。由于侵权法在民事损害救济体系中的基础性地位以及人们在寻求法律救济时的诉讼偏好，本书对药品不良反应救济机制的探索首先从侵权法展开。在这一部分内容中，作者系统地论证了侵权法框架下药品不良反应救济的可能空间，并通过对域外药品不良反应损害侵权救济的状况进行分析，指出传统侵权法在面对药品不良反应损害时所遭遇的重重障碍——为实现救济弱者的目标，除了对药品生产企业施加更为严格的责任以外别无他途，而如此又极可能对医药产业的健康发展产生不当的抑制和阻碍，甚至损害公众在获得治疗机会方面享有的利益。如若坚持在侵权法框架下救济，就必须对侵权法进行内部改造，如改革产品缺陷的认定标准、放宽对因果关系证明的认定、健全和完善发展风险抗辩的免责事由、增加对后市场观察义务的系统设计。尽管如此，侵权法对于药品不良反应损害救济而言亦非一片坦途，因为受害者抑或法庭和社会还要承受诉讼程序繁琐、诉讼费用高昂、诉讼时间冗长等现实问题。经济和效率在药品不良反应侵权诉讼中找不到痕迹，药害救济目标却离我们越来越远。由此我们发现，药品不良反应损害救济问题实质上最为重要的是探讨模式选择问题，在侵权法无法独自负担全部损害救济的重任时，多元化救济机制应是我们所考虑的。可以说，我国药品不良反应损害救济的根本出路应当是摆脱对侵权法的过度依赖，建立和完善非诉式、社会化的分担机制。国外发达国家在药品不良反应损害方面的多元化救济模式为我国药品不良反应救济机制的建立提供了有益的借鉴，无论保险模式、基金模式、行政补偿模式抑或社会保障模式对我国而言都是有益的思路，至于哪种模式更加适合抑或创建一种特色模式，这都要建立在对我国国情的充分认识之上，因此我国药品不良反应救济机制的建立离不开对我国国情的实证分析。

第一章

YAOPIN BULIANGFANYING DE JIEDING

药品不良反应的界定

第一节 药品与药害

一、药品的范围和分类

药品与人类的健康和生命息息相关，是人类生存发展不可或缺的重要物质。现代各国都十分重视对药品的管理，相应的建立了较为严格的药品管理制度。这种管理上的严格性，首先表现在对药品范围的界定上。根据《中华人民共和国药品管理法》（以下简称《药品管理法》）第102条之解释，药品，是指用于预防、治疗、诊断人的疾病，有目的地调节人的生理机能并规定有适应症或者功能主治、用法和用量的物质，包括中药材、中药饮片、中成药、化学原料药及其制剂、抗生素、生化药品、放射性药品、血清、疫苗、血液制品和诊断药品等。由此可知，药品的功能在于预防、治疗、诊断疾病以及调节生理机能；药品的使用必须遵守特定的要求，即严格依照规定的适应症、用法和用量进行。

与国外药品范围不同，我国《药品管理法》中所称之“药品”仅限于人用药品，并不包括兽用药品，范围上似乎有所狭隘，但在另一方面，我国药品的范围却突破了现代药（化学药品等）的范畴，将传统药（中药材、中药饮片、中成药）包容进来。可以说，药品一词是一个综合性的概念，它是药物、原料药、制剂、药材、成药、中药、西药、医药等用语的总称，在这一角度上，我国的“药品”与美国的drugs、英国的medicines、日本的“医薬品”基本同义。[1]

药品根据产生方式可分现代药和传统药。现代药也称西药，

---

[1] 吴蓬主编：《药事管理学》，人民卫生出版社2007年版，第23页。

是运用现代医学、药学理论方法和化学技术、生物技术等现代科学技术手段发现或者获得的，并在现代医学、药学理论指导下防病治病的物质。根据来源不同，现代药通常分为化学药品、抗生素、生物制品和生化药品，其特点是能够用现代医药学理论和方法筛选确定其药效，并按照现代医学理论使用以防治疾病；一般通过合成、分离、提取、化学修饰、生物工程等方法制取；化学结构基本清楚，有控制质量的标准和方法。传统药则是指中药、蒙药、藏药、维药等由历史流传下来的、在传统医药学理论指导下用于防治疾病的物质。传统药一般来源于自然，很少有人工加工过程，因此又称为天然药物，具体包括植物药、动物药和矿物药。其特点是能够用传统医药学观点和理论表述其特性，并在传统医药学理论的指导下应用；通常根据药物的性能组合在方剂中。

按照安全性、给药途径和管理模式的不同，药品还可分为处方药与非处方药。处方药，是指必须凭执业医师或执业助理医师处方才可购买、调配和使用的药品。非处方药，是指由国务院药品监督管理部门公布的，不需要凭执业医师或执业助理医师处方，消费者即可自行判断、购买和使用的药品。区分处方药与非处方药的目的是为了在方便公众购药的基础上保证公众的用药安全。

二、药品的特性

（一）药品的质量特性

药品的质量特性，是指产品、过程或体系与要求有关的固有特性。具体到药品，是指药品必须满足的需求，即药品与满足预防、治疗、诊断人的疾病，有目的地调节人的生理功能的要求有关的特性，具体包括有效性、安全性、稳定性和均一性。[1] 有效

[1] 吴蓬主编：《药事管理学》，人民卫生出版社2007年版，第25页。

性，是指药品在规定的适应症、用法和用量下，能够满足人们预防、治疗和诊断疾病，有目的地调节人的生理功能的需求。有效性是药品的固有特性，若对防治疾病没有效用，则不能成为药品。安全性，是指药品在规定的适应症、用法和用量下，对人体产生的毒副反应的程度。大多数药品均有不同程度的毒副反应，但是药品的有效性应当大于其毒副反应，倘若某种药品对于治疗疾病非常有效，同时也会造成机体的严重损害，则不能作为药品。稳定性要求药品在规定的条件下能够保持其功效和安全的相对稳定，倘若某种药品有效且安全，但药效的发挥极不稳定或者在有效期内极易变质，那么也无法成为药品。此外，药品还应具有均一性，即每一单位的药物制剂产品（如一片药、一支注射液）中都必须符合有效和安全性的要求，否则，药品的有效成分在单位产品中含量过多或过少，将会造成使用人用药不均，其结果常常是用药者未吸收到有效成分，或者因吸收了过量的药物成分而中毒或者死亡。

（二）药品的商品特性

随着商品经济的发达，药物制造成为产业，药品变成了商品并具有商品的全部属性。如果用经济学的解释“商品是具有特定使用价值并用来交换的产品”的话，那么药品无疑是最为重要的商品之一，因为药品的使用价值——救死扶伤——独一无二且不可取代。救死扶伤是药品作为商品最基本的属性，离开了救死扶伤，其使用价值也就不存在，实际的商品性必然随之消失。[1] 在现代商品经济社会中，药品的商品属性不可否认，其商品化趋势不可抵挡。根据中共中央于1997 年下发的《中共中央、国务院关于卫生改革和发展的决定》，“药品是防病治病、保护

---

[1] 武志昂、毕开顺：“从药品属性看中药现代化”，载《中国药业》2006 年第19 期。

人民健康的特殊商品”。可见，在我国，药品不仅是商品还是一种非常特殊的商品，其特殊在事关国家发展大计和人民生命健康。也正因为这种特殊性的存在，国家对药品的管理较普通商品严格得多，药品的研制、生产、流通、价格、广告以及使用等各个环节成为药品管理的重点与核心。

（三）药品的福利性

药品的商品属性决定了它具有追逐超额利润的行为倾向，而在另一方面，药品救死扶伤的特定用途又使它承载了更多至高无上的使命——公众健康、社会利益、国家安全、种族繁衍。商品的逐利本质与药物天生的福利性格必然会在药品上全面呈现，同时也必然会引发矛盾和冲突。例如在药品价格方面，药价过高必将使药品的使用价值无法实现，而药价过低则会使制药企业因无利可图而退出市场。在新药研发领域，逐利与福利的这一矛盾关系表现地更为明显，例如一些国家对于研发罕见病药物的企业给予特殊的政策优惠，并保证该企业在药物上市后的商业利益，目的是使罕见病患者也能够得到有效的药物并使疾病得以治愈。所以，一个国家的药品政策和法律制度必须充分认识到药品的商品性和福利性的关系，通过对药品商品价值的实现以达到公共福利的目的。这也是我们研究药品特性的关键。

（四）药品作用的两重性

药品能够治愈疾病，同时也能给人带来损害。大多数药品都有不同程度的毒副作用，用法用量不当或者违反禁忌配伍要求，都可能给用药者造成损害，严重者还会危及生命。即使用药方法正当，药物仍旧有产生损害的可能。更加不幸的是，存在于药品中的上述风险有些早已超越了人们的预见，而疾病治疗的紧迫性又客观地需要药品的介入，所以药品损害的发生从一定程度上说乃是必然。利益与风险在药品这一载体上得到了充分体现，也使药品的作用客观上具有两重性。显然每一次药物的选择和使用都是在利益与风险的衡量中作出的，反过来这种衡量也是我们判断药物使用是否合理的主要标准。

三、药害的定义和分类

（一）药害的定义

药害是药物使用后所产生的各种损害，在药学上被称为药品的不良反应。依照药学上的定义，药害（药品不良反应）泛指用药后产生的与用药目的不相符的、给病人带来的不适和痛苦，主要包括副作用、毒性反应、变态反应、后遗反应、继发效应、特异质反应及“三致”（致畸、致癌、致突变）作用。[1] 根据与药理作用的关系，药品不良反应一般分为A、B、C三种类型。

A型药品不良反应又称剂量相关的不良反应。该反应为药理作用增强所致，常与剂量有关，可以预测，发生率高而死亡率低。主要特点是：常见；与剂量相关；时间关系较明确；可重复性；在上市前常可发现。其亚类包括：（1）副作用，即当一种药物具有多种作用时，除治疗作用以外的其他作用；（2）毒性反应，是指可造成某种功能或器官性损害的反应；（3）过度作用，药物作用于人体所出现的过强的效应；（4）首剂效应，某些药物在开始应用时，由于机体对药物作用尚未适应，而引起的较强烈的反应；（5）继发反应，是指药物作用所诱发的反应而不是药物本身的效应；（6）撤药反应，药物长期使用后，机体对该药物的作用已经适应，一旦停用，会使机体处于不适应状态，主要表现为症状反跳。

B型药品不良反应又称剂量不相关的不良反应。它是一种与正常药理作用无关的异常反应，一般与剂量无关联，且难以预

---

[1] 钱之玉主编：《药品不良反应及其对策》，化学工业出版社2005年版，第1页。

测，发生率低而死亡率高。主要特点是：较少发生；非预期；有的较严重；时间关系明确。其亚类包括：（1）过敏反应，又称变态反应，是机体对药物不正常的免疫反应；（2）特异质反应，即与遗传因素相关而出现的和一般人群不同的反应。

C 型药品不良反应是指与药品本身药理作用无关的异常反应，一般在长期用药后出现，其潜伏期较长，药品和不良反应之间没有明确的时间关系。用药史复杂，难以用试验重复，其发生机制不清，有待进一步研究和探讨。[1]

（二）药害的分类

药学上习惯于从药害与药理学的关系入手对药害进行分类，其目的在于澄清药害发生的原因。而法律上更加关注药害责任的承担。因此，笔者从药害责任承担的角度出发，将药害划分为三种类型。

1. 因不合理用药引发的药害

药品的使用必须遵循特定的条件，用法、用量和适应症均必须符合既定的要求。但是由于各方面的因素，不合理用药的现象在实践中广泛存在，表现为：用药不对症、用药不足或过度、不适当地联合用药、给药方案不合理、重复用药等。不合理用药不仅会造成疾病治疗的延误，而且可能给患者身体造成重大损害或者诱发新的疾病。世界卫生组织（以下简称 WHO）在 20 世纪 70 年代就已注意到不合理用药的危害，并提出了合理用药的标准“用适宜的药物，在适宜的时间，以公众能支付的价格保证药品供应，正确地调配处方，在正确的剂量、用药间隔、用药日数下使用药物，确保药物质量安全有效”。由此可见，严格遵守药物使用方法是防范不合理用药损害发生的关键。

---

[1] 徐蓉主编：《药事法教程》，化学工业出版社 2008 年版，第 214 ~ 215 页。

2. 因药品质量不合格引发的药害

在我国，判断药品质量合格的依据是药品标准。根据《药品管理法》的规定，国务院药品监督管理部门颁布的《中华人民共和国药典》和药品标准为国家药品标准。据此，质量不合格的药品通常是指不符合国家药典和国家药品标准的药品。对于质量不合格的药品，《药品管理法》将其区分为假药和劣药。假药是指所含成分与国家药品标准规定的成分不符的药品，或以非药品冒充药品或者以他种药品冒充此种药品的情形。劣药则是指所含成分的含量不符合国家药品标准的药品。此外，《药品管理法》还对假劣药的范围进行了扩张，将以下6种情形按假药论处：(1) 国务院药品监督管理部门规定禁止使用的；(2) 依照本法必须批准而未经批准生产、进口，或者依照本法必须检验而未经检验即销售的；(3) 变质的；(4) 被污染的；(5) 使用依照本法必须取得批准文号而未取得批准文号的原料药生产的；(6) 所标明的适应症或者功能主治超出规定范围的。将以下6种情形按劣药论处：(1) 未标明有效期或者更改有效期的；(2) 不注明或者更改生产批号的；(3) 超过有效期的；(4) 直接接触药品的包装材料和容器未经批准的；(5) 擅自添加着色剂、防腐剂、香料、矫味剂及辅料的；(6) 其他不符合药品标准规定的。

可见，我国法律上的假劣药主要是从药品质量的角度界定的，但又不限于药品质量，如果药品在包装、标签、说明书和批准文号等方面不符合规定的，也等同于质量问题，按照假劣药处理。因此假劣药的范围实际上比我们通常理解的“质量不合格的药品”的范围要大。

3. 合格药品在正当使用时引发的药害

合格药品在正当使用的过程中也可能出现有害人体的反应。这些反应有些已被临床试验所验证，能够为人们所预见，有些则未为人们掌握，是用药后出现的罕见现象。按照各国普遍的管理要求，已被试验验证的不良反应必须记载于药品说明书中，因此患者用药后发生此种不良反应极易确定损害原因。可是，还有一些不良反应由于受到试验条件的限制不能被研究者发现，因此说明书中未有记载，但事实上却与药品的使用存在密切关联。这一类型药害的核心特点是：损害是在正当使用合格药品的情况下发生的。也正因为这一特点，此类型药害成为医药学研究和政府药事管理的重点。

四、药害法律责任的承担

人们通常所说之药害，其发生原因与多种因素相关，既可能是因药品使用人引起的，也可能是因药品制造者造成的，还可能是因药品本身的原因诱发的。这些损害有些可以被预见和避免，有些则无法预见，有的甚至不能克服、不能避免。那么，这些损害在法律上该如何填补呢，这势必涉及药害责任的承担问题。

（一）不合理用药的药害责任的承担

不合理用药实践中的表现形态是多样的，因而在药害责任的承担问题上需要分情况分析。如果损害是因患者不当用药造成的，那么后果应由患者自己承受；如果损害是因医师、护士、药师不当用药造成的，那么可能构成医疗损害赔偿责任，由医疗机构对受害者进行赔偿；构成医疗事故的，医疗机构和医务人员还要承担医疗事故的行政责任、刑事责任以及民事赔偿责任；如果损害是因药品销售人员造成的，则可能引发药品销售者的赔偿责任。至于上述责任的认定，则要依据相关法律和法规的规定进行，具体要涉及《中华人民共和国侵权责任法》（以下简称《侵权责任法》）、《中华人民共和国合同法》（以下简称《合同法》）、《中华人民共和国消费者权益保护法》（以下简称《消费者权益保护法》）、《医疗事故处理条例》等法律规范。下面是一则因医疗机构不合理用药导致患者损害的案例。

2005年8月14日，原告王某夫妇因孩子发烧，在其同事的陪同下，到郑州经济技术开发区某村委开办的卫生所治疗，该所医生陈某在未问清孩子有无过敏史的情况下，盲目使用头孢曲松纳药注射，致使孩子出现发抖、烦躁不安等症状。医院拨打120急救电话，当市第一人民医院医生赶到时，孩子已停止了呼吸和心跳。经郑州市公安局鉴定，孩子系药物引起过敏性休克而亡。

诉讼中，被告方要求对本案是否构成医疗事故进行鉴定。经法院委托，郑州市医学会于2006年7月4日出具医疗事故技术鉴定书，意见为：医方所用药物属于超范围用药，违反了该类药物的用药原则。患者出现药物反应后，医方采取了相应地抢救措施，但未采取必要的抗过敏措施，医方的医疗行为与患者死亡之间存在因果关系。鉴定结论为：本案例构成一级甲等医疗事故，医方承担主要责任。2007年4月2日，河南省郑州高新区人民法院判决被告郑州经济技术开发区某村民委员会、该村卫生所和医生陈某赔偿原告医疗费、鉴定费、丧葬费、死亡赔偿金共计14.53万元。[1]

（二）药品质量不合格的药害责任的承担

药品质量不合格即药品质量存在缺陷，在我国包括假药和劣药两种情形。由于药品直接关系到人民大众的身体健康和生命安全，因此法律对于制售假劣药的行为进行了严格控制并明文规定了法律责任的承担。根据《药品管理法》，制售假劣药的法律责任涉及行政责任、刑事责任以及民事责任。根据该法第74条的规定，生产、销售假药的，没收违法生产、销售的药品和违法所得，并处违法生产、销售药品货值金额2倍以上、5倍以下的罚

[1] 薛灵："卫生所错误用药致患者过敏死亡被判赔偿14万"，载 http://www.chinacourt.org/public/detail.php?id=24728，2010年10月31日访问。

款；有药品批准证明文件的予以撤销，并责令停产、停业整顿；情节严重的，吊销《药品生产许可证》《药品经营许可证》或者《医疗机构制剂许可证》；构成犯罪的，依法追究刑事责任。同法第75条规定，生产、销售劣药的，没收违法生产、销售的药品和违法所得，并处违法生产、销售药品货值金额1倍以上、3倍以下的罚款；情节严重的，责令停产、停业整顿或者撤销药品批准证明文件、吊销《药品生产许可证》《药品经营许可证》或者《医疗机构制剂许可证》；构成犯罪的，依法追究刑事责任。《中华人民共和国刑法》（以下简称《刑法》）针对制售假劣药的刑事责任进行了专门界定，该法第141条第1款规定，生产、销售假药，足以严重危害人体健康的，处3年以下有期徒刑或者拘役，并处或者单处销售金额50%以上2倍以下罚金；对人体健康造成严重危害的，处3年以上10年以下有期徒刑，并处销售金额50%以上2倍以下罚金；致人死亡或者对人体健康造成特别严重危害的，处10年以上有期徒刑、无期徒刑或者死刑，并处销售金额50%以上2倍以下罚金或者没收财产。同法第142条第1款规定，生产、销售劣药，对人体健康造成严重危害的，处3年以上10年以下有期徒刑，并处销售金额50%以上2倍以下罚金；后果特别严重的，处10年以上有期徒刑或者无期徒刑，并处销售金额50%以上2倍以下罚金或者没收财产。此外，制售假劣药导致用药者损害的，还要承担民事责任，受害者可以依据《中华人民共和国产品质量法》（以下简称《产品质量法》）、《侵权责任法》和《消费者权益保护法》等向假劣药的制造者和销售者请求赔偿。下面的"欣弗事件"就是一起因药品质量不合理导致患者损害的案件。

欣弗事件

2006年8月，卫生部发出紧急通知，停用上海华源股份有限公司安徽华源生物药业有限公司（以下简称安徽华源）生产的药品“欣弗”。卫生部通报称，青海、广西、浙江、黑龙江和山东等省、自治区陆续出现部分患者使用安徽华源生产的“克林霉素磷酸酯葡萄糖注射液”（又称“欣弗”）后，出现胸闷、心悸、心慌、寒战、肾区疼痛、腹痛、腹泻、恶心、呕吐、过敏性休克、肝肾功能损害等临床症状。经查，安徽华源 2006 年 6～7 月生产的“克林霉素磷酸酯葡萄糖注射液”未按批准的工艺参数灭菌，降低灭菌温度，缩短灭菌时间，增加灭菌柜装载量，影响了灭菌效果。经中国药品生物制品检定所对相关样品进行检验，结果表明：无菌检查和热原检查不符合规定。10 月 16 日，国家食品药品监管局通报“欣弗事件”处理情况。药品监管部门根据《药品管理法》有关规定，对安徽华源生产的“克林霉素磷酸酯葡萄糖注射液”药品按劣药论处，并作出如下处理决定：第一，由安徽省食品药品监管局没收该企业违法所得，并处 2 倍罚款；第二，责成安徽省食品药品监管局监督该企业停产整顿，收回该企业的大容量注射剂《药品 GMP 证书》；第三，由国家食品药品监管局撤销该企业“克林霉素磷酸酯葡萄糖注射液”药品的批准文号，委托安徽省食品药品监管局收回批件；第四，对安徽华源召回的“欣弗”药品，由安徽省药品监管部门依法监督销毁。

（三）正当使用合格药品的药害责任的承担

合格药品在正当使用的情况下也会对人体产生损害，这种损害是否应予弥补，由谁来弥补，现行法律未有规定，理论上颇有探讨的必要。既然药品合格，就不能按照法律关于假劣药的规定去界定其责任的承担；既然药品使用正当，就不能要求使用者对受害者进行赔偿。可是让受害者对这一类型的药害买单又难谓公平。一方面，受害者严格按照药品厂商的使用说明以及医生的处方使用药品，对于损害的发生不存在任何过错；另一方面，药品经过了科学研究和临床试验，最终获得药监部门的批准上市销售，使受害者对药品的安全性产生了足够的信赖；此外，在利益和风险的对比关系中我们看到，受害者因使用药品的行为遭受了损害，而药品生产商和销售商却因受害者使用药品的行为获得了利润，即使是指导用药的医疗机构和批准药品上市的政府也因受害者使用药品的行为获得了药品差价和税收。综合以上理由，药物损害由受害者承担就是不合理的，它违反了法律公平正义的观念。那么，受害者的损失应由谁来弥补呢？是药品制造者和销售者、还是指导用药的医院和医生、抑或批准药品上市销售的政府部门，司法实务上的做法可谓杂乱无章，还需理论上进行细致的研究。我国发生的“鱼腥草事件”就是这方面的典型代表。

鱼腥草事件

20 世纪 60 年代，我国科技人员开始“鱼腥草注射剂”的研制，70 年代开发成功并上市使用。该药是临床常用的抗菌药物，在抗病毒、退热等方面疗效可靠、速度快，具有不产生抗药性、价格低廉等优点，被称做“中药抗生素”。2003 年“非典”期间，鱼腥草注射液是卫生部从上万种中药中推荐的 8 种抗 SARS 中药之一。之后又被推荐用于抗击禽流感。由于是为数不多疗效确切的药物之一，功勋卓著，曾被誉为“非典功臣”。“非典”之后，生产“鱼腥草注射剂”（包括部分复方制剂）的企业如雨后春笋，但是以“鱼腥草注射液”为代表的此类产品的不良反应事件日渐突出。2003 年 8 月，国家药品不良反应监测中心在第 4 期《药品不良反应信息通报》中通报了鱼腥草注射液的严重不良反应；此后，各地大量关于鱼腥草注射液的不良反应被发现和报告，其中，有为数不少过敏性休克引起的死亡案例。如 2006 年 4 月，北京市药监局发布的数据显示，2005 年，两例患者因“鱼腥草注射液”产生不良反应死亡。其他多个省市也有死亡案例报道。2006 年 1 ~5 月，全国“鱼腥草注射液”不良反应报告大幅增多，引起社会广泛关注。2006 年 6 月 1 日，国家局印发《关于暂停使用和审批鱼腥草注射液等7个注射剂的通告》，决定暂停使用和审批鱼腥草等7个注射剂（包括鱼腥草类的复方注射液）。据介绍，鱼腥草注射液由中药鱼腥草提取制成，和所有的中药注射液一样，鱼腥草注射液经过人工提取时，受技术限制，难以达到纯制剂的要求，植物蛋白无法去尽，容易造成过敏反应。国家食品药品监督管理局药品安全监管司药品评价处处长颜敏表示，对这7种注射剂相关不良反应的产生原因、发生机制、可否通过干预措施避免等尚不明确，将进一步深入研究。[1]

第二节　药品不良反应的法律界定

一、药品不良反应的定义

如前所述，药学上所称之药品不良反应泛指用药后产生的与用药目的无关的各种损害，通常称其为“药害”。从“药害”产生的原因上看，既有人为原因，亦有药品本身的原因。对于前一原因引发的药害，可以避免也应当避免；对于后一原因引发的药害，有的可以预见可以避免，有的则不能预见也无法避免。因后一原因产生的药害只能靠人们认识水平的提高而进行预防，在与这类药害的关系中人们更多地处于被动，这使这类药害成为药物研究和管理的重点。

20世纪以来，人类受到多次大规模药害事件的侵袭，人们发现建立药品不良反应监测制度以及早发现药品的潜在危险是防范药害的有效手段。监测制度可以为药品使用者提供信息预警，

---

[1] “十大药害事件（下）”，载 http://bbs.jkbaba.com/forum.php?mod=viewthread&tid=44162&from=portal，2010年7月23日访问。

实现阻止损害发生和扩大的目的。由此各国纷纷建立药品不良反应监测制度。为了寻求不良反应信息的国际交流，WHO 于 1971 年在日内瓦建立了“国际药品监察合作中心”，专门负责收集与反馈各国的药品不良反应信息。据该中心作出的解释，所谓药品不良反应（Adverse Drug Reaction，简称 ADR）是指在预防治疗疾病或调节生理机能过程中，给予正常用法和用量的药品时所出现的有害的和与用药目的无关的反应。WHO 的这一定义反映出国际上对药品不良反应的通常理解，对各国药品不良反应监测范围的确定具有指导意义。我国于 1998 年加入该中心。2004 年卫生部和国家食品药品监督管理局颁布并实施《药品不良反应报告和监测管理办法》，规定药品不良反应是指“合格药品在正常用法用量下出现的与用药目的无关的或意外的有害反应。”

比较 WHO 和我国的定义，可以发现二者的共性：其一，均排除了不合理用药引发的损害；其二，均认定与用药目的无关且对人体有害。二者的区别在于，我国将药品不良反应的考察对象限定于合格药品，而 WHO 的定义没有此种限制。由此发现，我国立法上的药品不良反应的范围较 WHO 的范围还要窄，但二者均认为，药品不良反应只限于因药物特性引发的药物损害，不包括人为原因引发的药物损害，这就与药学上研究的药品不良反应的范围存在差别，与人们通常所说的“药害”非同一概念了。显然，药学上所称之药品不良反应的范围更广，本书称其为广义的药品不良反应概念，而立法上之定义乃是狭义的概念，本书称其为法律上的药品不良反应定义。法律上的药品不良反应仅指合格药品在正当使用的过程中所产生的药物损害，不包括不合理用药产生的药物损害，也不包括因药物质量问题产生的药物损害。本书即围绕法律上的药品不良反应展开研究，如无特别指出，其后各章所称之药品不良反应均指法律定义下的药品不良反应。

根据法律上这一定义，药品不良反应具备以下特征。

1. 药品必须合法和合格

根据我国《药品管理法》规定，被批准上市销售的药品必须具备以下条件：（1）经过国家药品监督管理部门审查批准并发给生产（或试生产）批准文号或进口药品注册证。（2）按照国家药品标准和国务院药品监督管理部门批准的生产工艺进行生产。国家药品标准没有规定的，按照省、自治区、直辖市人民政府药品监督管理部门制定的标准生产。（3）经质量检验符合国家药品标准（即药品质量合格）。综合以上条件，《药品管理法》所规定的合法药品可以被定义为：具有国家批准的药品生产批准文号，由合法药品生产企业生产的质量合格，包装、标签、说明书符合要求，经合法药品零售企业（药店）销售或在合法医疗机构药房调配、销售的药品。可见，药品合法内含了质量合格的要求。假药、劣药为质量不合格药品，同时也是不合法药品，因其产生的不良后果不属于药品不良反应。

2. 药品须经合理使用

患者使用药品和医师指导用药必须符合药品的明示规定或者没有违反药品的配伍禁忌以及用法、用量。误用、滥用药物以及服药自杀所造成的后果不属于药品不良反应。

3. 出现了与用药目的无关或意外的有害反应

所谓“无关或意外”即是指损害与用药者的用药目的无关或者是用药者无法了解和事前得知的。这些损害有些已经被临床验证，有些则是在未来一段时间后才被发现和证实，例如20世纪50年代德国研制的“反应停”被认为是治疗孕妇早期妊娠呕吐的理想药物，事后却发现它可以导致畸胎；被国人作为清火良药的龙胆泻肝丸，长期使用可以让用药者遭受肾损害。还有些损害的发生机理无从考究，成为科学研究上的疑问和难题。

二、药品不良反应损害的特点

（一）发生上的必要性

药品作用具有双重性，可治病亦可致病。为了获得治愈疾病的功效，使用者必须承受一定程度的风险，所以每一次药品的使用都是在药品安全性、有效性与风险性的衡量中进行的，药害风险的承担在一定程度上可被认为是为治疗疾病所付出的代价。

（二）结果的不可避免性

人们对药品功效以及不良反应的认识是一个渐进的过程。当人们依据现有的认识水平使用药品，而药品的特性尚未被全面掌握，危险的发生就是不可避免的。诚如美国食品药物管理局主任委员乔治·拉瑞克所言：药物并无绝对安全之可能，亦无已知任何化合物于特定情形，不能致人伤害或死亡者。即使是一般人认为无害的药物致人损害的事件仍迭出不穷。由是之故，人类之目标乃为发展相对安全程度之药物而已。❶

（三）危险的不可预期性

随着人们认识水平的提高，许多不良反应可以为人们所预见，但仍有许多不良反应是人们在现阶段费尽周折也难以发现的。由于人们认识上的局限，很多药品风险被“隐藏”起来，一旦时机成熟，损害也就不期而至。

（四）参与者的复杂性

药品不良反应通常会涉及多方主体，包括了药品生产者、药品销售者、医疗机构、药品主管机关以及患者等。“每一主体之间，皆可能发生关联，并影响责任之形成与分担。”❷ 药品生产

---

❶ 转引自朱怀祖：《药物责任与消费者保护》，五南图书出版公司 1997 年版，第 2 页。

❷ 朱怀祖：《药物责任与消费者保护》，五南图书出版公司 1997 年版，第 11 页。

者是否需要承担产品责任？医疗机构和药品销售者是否要连带赔偿？国家药品主管机关是否对核准药品上市的事实负有责任？患者是否应该自己承受损害结果？上述问题存在疑问。由于药品不良反应涉及多种法律关系，各种法律关系交错缠绕，损害责任的承担难免复杂，受害者极易因各方主体之间的相互推诿而无法获偿，由此决定了药品不良反应的责任承担必须在法律上进行妥当设计。

（五）举证的困难性

药品不良反应案件中，无论受害者、药品生产者或其他组织，若要证明损害与药品之间的因果关系均存在难度。首先，排除损害与患者自身疾病的关系已非一般人能力所及。其次，要证明损害属于药品特性诱发的不良反应，即使是专业人士亦有困难。尤其是那些未预期的不良反应，发生十分罕见，医药学专家亦对其缺乏认识，判定不良反应的存在难度颇大，加之一些不良反应出现时间过晚，与药品使用时间间隔太久，要证明损害乃药品所致客观上也困难重重。

（六）损害弥补的紧迫性

药品不良反应是药品在使用过程中或使用后所出现的非预期的有害反应。这种反应轻则表现为过敏、红肿、疼痛，重则可以致病、致畸、致死。由于直接关系到健康和生命，一旦发生必须即刻救助，法律上的损害弥补亦应及时。然而由于不良反应的发生常常不可预见，损害原因的确定往往耗费时日甚至遥遥无期，造成了损害救济的迟延。所以，一个独立、专业、反应快速的救济程序是药品不良反应损害救济制度中不可缺少的内容。

三、药品不良反应损害赔偿责任的正当性

药品不良反应作为一种有害反应乃药品本身特性引起，相关主体（包括药品的制造者、销售者、医疗机构、国家药政部门

以及患者）均无过错，因此探讨其法律责任的担当就非常必要了。

在民法上对于损害的处理无外乎两种方式：损害自负或从他处获得赔偿。然而，并非受害人遭受的一切损失都能从他人处获得填补。一般的顺序是首先考虑让受害人自己负担损失，诚如美国著名法学家霍姆斯所言："良好的政策应让损失停留于其所发生之处，除非有特别干预的理由存在。"因为使被害人得向加害人请求损害赔偿，无论在法律规范或实际执行上，势必耗费资源或产生交易成本。[1] 这里所谓的特殊理由就是指受害人的损害是由他人的行为造成的或者至少两者之间存在关联。然而在各种类型的药害事件中，这种关联存在较大差别。在因不合理用药和药品质量不合格所引发的药害事件中，这种关联性体现得较为明显。由于药害是由生产者、销售者或医生的行为引起的，就没有理由让药品使用人独自承受损害，而应由加害人对其行为负责。只有这样，才能体现法律对公平正义的追求，也才能发挥法律预防损害、制裁违法、教育后人的功效。这也体现了现代民法"为自己行为负责"的理念与精神。可是，在正当使用合格药品情况下所出现的药害，如何在责任自负和损害赔偿中作出选择呢？

受科技发展水平所限，人类尚没有能力研制对人体有效而完全无害的药品，只能凭借自身认识水平的提高生产相对安全的药物。人们对于药品合格性的判断，实际上是拿自身认识与所制造出的药品进行比较的过程，所以在人们认识能力的范围内，合格药品经正当使用不会产生药物损害或不会产生严重的药物损害。可是一旦发生药物损害，常常是人们不能预见的，有时损害后果还相当严重。在这里，药品生产者和销售者没有不法行为，医疗

---

[1] 王泽鉴：《侵权行为法》，中国政法大学出版社2001年版，第11～12页。

机构和患者本人也没有过错，而药政部门按照当时的科技水平批准药品上市，其目的是保证药品供给、促进疾病的治愈，该行为不仅不涉及违法，显然还是一种正当、合理和必要的行为。所以药品不良反应可以说是一种不幸事故，让损害停留于其所发生之处即由患者自己负担，似乎顺乎情理。然而倘真如此，则对患者不公平，毕竟致害的药品是生产商制造的，很多时候患者还是在医疗机构的专业指导下购买和使用药品的，药品销售者是致害药品的直接提供者，而致害药品是经过国家药政部门的核准后上市销售的。可以说，上述主体对于损害的发生都难逃干系，如果只让无辜的受害者独自承担损害后果，于情于理都难以讲通。❶ 从另一方面考虑，药品研制、生产和销售方以及医院在药品经营中获利丰厚，甚至有暴利之嫌，而在开发新药的动力中，很少有忧虑来自关怀药品不良反应给人们带来的生命、健康和心灵的伤害。同样是药品科技发展所限，何以让患者独自忍痛受苦而经营者赚得盆满钵满却一毛不拔呢？❷

综上，由患者独自承担药害的做法与现代法律的精神相悖，而由相关主体对患者作出赔偿具有正当性。至于赔偿责任的主体究竟是谁，有待对药品不良反应损害案件的性质分析后才能明确。

四、药品不良反应损害赔偿责任的分类与思考

药品不良反应有的可以预见，有的不可预见，有的损害轻微、只具有一过性，有的则相当严重、可能构成永久性损害。对于这些不同程度、不同表现的不良反应，是否一律给予受害者赔偿呢？此问题还需进一步思考。

---

❶ 田野、焦艳玲：“完善我国药品不良反应救济制度的法律思考”，载《法律与医学杂志》2006 年第 1 期。

❷ 熊建明：“药物不良反应的后果不应由患者独担”，载《南方周末》2004 年 3 月 11 日。

有学者将药品不良反应分为3种情况，即药品常见且可预期的不良反应、药品常见且可预期之外的不良反应和特异体质型药物过敏反应。据学者之观点，“常见且可预期的不良反应”是指经过充分说明体现在药品的标签或说明书上的不良反应。“常见且可预期之外的不良反应”，是指未经发现、未能预见、未能在药品的使用说明书中体现的意外的不良反应。“特异体质型药物过敏反应”则是指对某种特定的药剂呈现特别反应体质的人所出现的不良反应。[1] 上述3种不良反应损害程度不同，发生原因有别，受害者在三种不良反应的情境下，其所受风险与享用利益的程度并不相同，在相关主体均无过错的情况下，实际上成为对受害者损失进行分担的关键性影响因素。所以，药品不良反应的损害赔偿责任的承担还需分情况加以讨论。

（一）常见且可预期的不良反应

任何药品都有可能存在不良反应，且因个人体质差异而有不同类型和程度的反应。对药品可能出现的不良反应，各国大都立法规定应在药品的标签或说明书上作充分的说明。[2] 药品说明书中记载的不良反应经过了科学验证，具有一定的发生概率，因此是生活中较常见的不良反应。尽管在使用该药品的人群范围内，这些不良反应的发生率并不算高，但药品说明书中必须记载，目的是使医生和患者能够预测药品的安全和风险。由于这些不良反应已经通过药品说明书或者标签“公示”给了患者，患者可以说已得到了充分的警示，如果在此情况下患者仍然坚持使用药品，可以认为是患者的“自甘冒险”。如果患者遭受的损害与其所获得的利益（即药品对治疗疾病的有效性）相比，损害明显

---

[1] 叶正明：“药品不良反应的法律定性及其后果的救济”，载《法律与医学杂志》2005年第1期。

[2] 同上。

小于利益，就可以认定患者所遭受的损害乃是为求疾病治愈而必须容忍的特定风险。这一类型的不良反应损害，理应由患者买单，药品生产者、销售者、医疗机构以及政府药政部门无责任。可是当损害足够严重，严重到在利益与风险的衡量中风险远超过利益，那么损害是否还应由患者承担呢？殊值讨论。下面这则北京市某中级人民法院判决陈某诉赛诺菲巴斯德生物制品有限公司人身损害赔偿案[1]为我们提供了思考的素材。

陈某于2005年10月26日上午10时30分到北京军区司令部门诊部注射由深圳赛诺菲巴斯德生物制品有限公司（以下简称赛诺菲巴斯德公司）进口销售的“凡尔灵（成人型）流行性感冒病毒裂解疫苗”，陈某注射后出现不适反应，后经北京军区总医院诊断为“急性播散性脑脊髓炎”。据此，陈某将赛诺菲巴斯德公司起诉至法院，要求：(1）判令被告承担全部诉讼费及鉴定费；(2）判令被告一次性赔偿原告1 291 973.2元（包括后续治疗费用)；(3）判令被告支付原告后期护理费228 000元。

赛诺菲巴斯德公司认为，因司法鉴定结论是不能完全排除此原因，故不认可陈某的这种伤残后果是因注射疫苗所致。另该致残后果即使与注射疫苗有关，也属罕见意外，本公司不应承担赔偿责任。

法庭经审理认为，陈某在注射赛诺菲巴斯德公司进口销售的“凡尔灵（成人型）流行性感冒病毒裂解疫苗”后，第四天被诊断为患“急性播散性脑脊髓炎”；在该疫苗说明书“不良反应”一栏中亦载有“极为罕见反应——神经紊乱，如脑脊髓炎……”之内容；又根据法医学文证审查意见书，不能排除因注射凡尔灵（成人型）流行性感冒病毒裂解疫苗诱发陈某发生急性播散性脑

[1] 载http://www.yiliaoshigu.com/SrcShow.asp?Src_ ID-=544，2010年7月25日访问。

脊髓炎。故对赛诺菲巴斯德公司提出“陈某的伤残结果与注射我公司产品无关”的抗辩理由不予采信。

因接种流感疫苗而诱发急性播散性脑脊髓炎属接种疫苗后的异常反应，由于当事人对此后果的发生均无过错，故应由当事人分担民事责任。依据《疫苗流通和预防接种管理条例》的有关规定，因预防接种异常反应造成受种者死亡、严重残疾或者器官组织损伤的，应当由相关的疫苗生产企业给予一次性补偿。在本案中，赛诺菲巴斯德公司作为疫苗的进口销售企业、分包装企业，在法律未有其他明确规定的情况下，应视为前述条例中规定的“相关的疫苗生产企业”，承担相应的补偿责任。因预防接种异常反应详细补偿标准尚未出台，故可参照《最高人民法院关于审理人身损害赔偿案件适用法律若干问题的解释》规定的赔偿标准，并结合本案事实，酌情认定相关的赔偿范围和赔偿比例。

在衡量赛诺菲巴斯德公司应当承担责任的比例时，应考虑以下几个因素：疫苗生产企业在提供医疗产品的过程中获得经济利益；疫苗生产企业作为提供医疗产品的专门性经济组织，应当猜测到可能发生的经营风险，并可通过成本核算等手段建立相应的风险应对机制；疫苗生产企业作为经济组织的风险负担能力高于普通个体。综合以上因素，对于因预防接种异常反应导致原告所受的合理损失中，赛诺菲巴斯德公司承担的比例应高于陈某。

综上，依据《民法通则》第132条之规定，判决：（1）赛诺菲巴斯德公司自本判决生效后10日内给付陈某治疗费、残疾辅助器具费、护理费、住院伙食补助费、交通费、营养费、残疾赔偿金共计38万元；（2）驳回陈某其他诉讼请求。

赛诺菲巴斯德公司不服一审判决，提起上诉。北京市某中级人民法院经审理认为，一审法院认定事实清晰，适用法律准确，维持原判。

本案中，证据显示双方对损害的发生均无过错，依照“为自己行为负责”的民法精神，损害似乎应由患者自己承担。尤其是在药品说明书已充分告知不良反应的情形下，损害风险已为患者预知，此时患者仍然坚持接种可被视为是甘愿冒险（流感疫苗为二类疫苗，属于自愿接种的疫苗）。可是让患者承受损害难免对患者不公，所以我们看到法院尽力寻找出口将损害分散于他人，此案判决由此诞生。无论一审法庭和二审法庭，均将本案作为产品侵权案件对待，所以对疫苗生产者适用了严格责任，并让销售者承担了连带责任，这样一来，作为疫苗进口商的被告承担赔偿责任也就顺理成章了。

然而药品存在危险乃是客观事实。尤其是在说明书已经载明不良反应的情形，这些不良反应就很难说是不合理危险，更无法成为产品上的缺陷，所以令生产者或进口商承担产品责任的判决并非适法。但本案判决又极具可取之处，表现在它充分利用了风险与利益的衡量方法，考察了生产者和患者的各种利害对比关系如经济实力、风险应对机制、风险负担能力，并充分认识到救济患者的紧迫性。因此在这样的前提下作出的判决又不失其正义性。该案让我们思考：在个案中当风险远超过利益时，损害应由患者承受还是应从他处弥补。笔者虽然赞同对患者进行倾斜保护，但同时感叹判决使用的方法过于武断。只有努力探索不良反应受害者救济的新路径，才能够实现对正义和法律尊严的维护。

（二）常见且可预期之外的不良反应

药品的配方、工艺设计、制造、营销以及使用大都以当时的知识水准为限，对于某些药品，即使在开发阶段已经做了大量的药理、毒理以及临床试验，由于药品的毒性反应具有潜伏性和长期累积的特点，再加上人体免疫系统个体差异的原因，仍有可能不能完全预见药品隐藏的不良反应。[1] 此即谓常见且可预期之外的不良反应。此种不良反应由于事前无法预测，其发生完全出乎人们的意料，又由于药品说明书中不可能载明，因此只有当损害频繁出现时，人们才会从被动认识中寻找损害与药品之间的关联。此种不良反应如果相当严重，极易引发人们对损害赔偿责任的纠缠，所以是药品不良反应损害责任承担中研究的核心问题。近年来我国发生的“龙胆泻肝丸事件”是未预期药品不良反应案件的典型代表，由该案引发的诉讼成为我们讨论此类不良反应损害责任的承担时的鲜活案例。

龙胆泻肝丸事件

龙胆泻肝丸是个历史悠久的古方，原配方的药味中有“木通”，主要指木通科的白木通或毛茛科的川木通。20 世纪 30 年代，东北盛产的关木通首次进入关内，并逐渐占领了市场。到了 80 年代已被全国广泛应用，于是白木通退出市场，难以寻觅。1990 年，卫生部将《中国药典》龙胆泻肝丸组方中的“木通”改为了“关木通”，使关木通取代其他木通获得在龙胆泻肝丸中的合法地位。然而，白木通或川木通中不含马兜铃酸，关木通中却含有马兜铃酸。

随着龙胆泻肝丸的广泛使用，国人逐渐发现关木通的肾毒害作用。2003 年 2 月，新华社记者朱玉发表《龙胆泻肝丸是清火良药还是“致病”根源?》等系列报道，此后人们发现，马兜铃酸对肾脏有较强的毒性，可以损害肾小管功能，导致肾功能衰竭。许多人此时才发现，自己久治不愈的肾病（肾损害甚至肾衰竭、尿毒症），竟然是因为平时“上火”、耳鸣或者便秘所服的龙胆泻肝丸所致。部分患者与疾病抗争，在身体和家产俱败的

[1] 叶正明：“药品不良反应的法律定性及其后果的救济”，载《法律与医学杂志》2005 年第 1 期。

境况下，走上艰难的诉讼之路。据报道，仅北京市2003年受理的马兜铃酸肾病索赔案不下7起。2004年2月，长期服用龙胆泻肝丸致病的吴某等28人，集体起诉拥有335年历史的老字号——北京同仁堂。但大部分的索赔诉求，最后均以碰壁或者败诉告终。

2003年4月1日，国家药监局印发《关于取消关木通药用标准的通知》，决定取消关木通的药用标准，龙胆泻肝丸等“关木通制剂”必须凭医师处方购买；责令该类制剂的生产限期用木通科木通替换关木通。后来的2005年版《中国药典》已不再收载关木通、广防已、青木香3个品种（均含马兜铃酸）。

马兜铃酸肾病患者准确的数字已难以统计，据新华社报道：全国有200多家药厂都曾生产龙胆泻肝丸，致病人数约10万人。

龙胆泻肝丸事件反映的是合格药品在正当使用的情况下所出现的药物损害问题。与“常见且可预期的不良反应”相比，此种药害未被试验广泛验证，药品说明书和标签中没有记载，但实践中已有发生，只是因为个案的分散性，使人们无法及时将其与药品联系起来，在类似事件的发生率达到一定水平时，人们才会进行系统思考，最终发现不良反应的存在，因此属于典型的“常见且可预期之外的不良反应”。

（三）特异体质型药物过敏反应

特异质反应，是指个体对某些药物特有的异常敏感性。该反应和遗传有关，与药理作用无关，大多是由于机体缺乏某种酶，使药物在体内代谢受阻而致。特异体质是不同于一般体质的特殊情况，通常只有在遇到特定药物时才能被察觉，所以其发现具有很大被动性。而药物研究是一个主动性过程，研究对象大多为一般体质的人，加之试验对象的数量有限，所以发现特异质反应的可能性就很小。在国外，此种不良反应被称为“系统风险”，其发生率极低，杀伤力却极大，且为通常注意所不能预防。[1] 对于这种不良反应，是否有必要给予受害者补偿呢？

与前两种不良反应类型相比，“特异体质型药物过敏反应”的最大特点是：损害更多地由患者自身体质造成，药品只是一个诱发因素。既然药品在损害原因力的对比关系中居于次要地位，那么让药品生产者等相关主体承担赔偿责任就有失公平，然而由受害者自己承担后果也难谓妥当。对此有学者提出，“特异体质型药物过敏反应”是药品使用者个体差异造成的“系统风险”，对此类系统风险，经综合评价药品的风险和社会效益，在其社会效益巨大而风险发生率极低的情况下，应视其为药品的“合理危险”。由于不属于药品缺陷（即药品质量不合格），因此无法在产品责任制度中找到救济的依据，但是随着经济的发展，社会财富的不断增加，产业所带来的危险需要建立社会分散危险的机制，而不应让本处于弱者地位的受害人独自承担“不幸”。因此有必要借鉴国外疫苗损害的补偿制度，对受害人给予适当补偿。[2] 这一观点值得赞同。

笔者认为，法律上（狭义）的药品不良反应需要进行细致分类以便探讨不同情形下的责任承担。对于“常见且可预期的不良反应”，需要在风险—利益衡量的基础上去认定责任的归属。如果利益大于风险，损害应由受害者承担，这可被视为“自甘冒险”；如果风险大于利益，损害就不应由受害者独自承受，这样才能体现社会公平。对于“常见且可预期之外的不良反应”，受害者因无法产生预期而完全处于被动的地位，为实现社会正义，法律必须设计对受害者的救济措施。至于“特异体

[1] 叶正明：“药品不良反应的法律定性及其后果的救济”，载《法律与医学杂志》2005 年第 1 期。

[2] 同上。

质型的药物过敏反应”，虽然药物在引起损害的各种原因中所占比重已有减少，但不可否认药物使用是引发损害的导火索，且受害者遭受了严重损害需要马上弥补，所以法律救济同样不可缺少。至于在三种不良反应情况下，究竟如何实现对受害者的救济，则需要制度化的设计。不可否认的是，风险与利益的比较与衡量是构筑不良反应损害救济制度不可或缺的方法。

第二章

WOGUO YAOPIN BULIANGFANYING DE XIANZHUANG HE WENTI

我国药品不良反应的现状和问题

第一节　药品不良反应监控及存在的问题

一、药品不良反应监测制度的起源

20世纪以来，随着科学技术的突飞猛进，人类为征服疾病而研制生产的药物大量涌向市场。随着药物向全球市场的扩散，药品的研发和生产企业在获得自我价值认同的同时，也将巨额的财富收于囊中。药品天生具有的公共福利性使各国药政部门对药品的监管更加开放和自由，却忽略了药品作为商品内在的逐利性需求。宽松的药品核准制度使大量危险药品获得上市资格并被销售和使用，同时也让人类为此付出了沉重的代价。20世纪，世界范围内发生了几十起严重药害事件，使人们开始密切关注药品安全问题，也使各国药政部门加紧了对药品安全的监管和控制。

1937年，美国一家公司的主任药师瓦特金斯为使小儿服用方便，用二甘醇代替酒精做溶媒，配制色、香、味俱全的口服液体制剂，称为磺胺酏剂，但是未做动物试验。该药在美国田纳西州的马森吉尔药厂投产后，全部进入市场，用于治疗感染性疾病（当时的美国法律许可新药未经临床试验即可进入市场）。1937年9~10月，美国南方一些地方发现患肾功能衰竭的病人大量增加。调查证明该情况与马森吉尔药厂生产的磺胺酏剂有关。事后共发现358名病人，死亡107人，死亡人群中大多为儿童，成为美国当时影响最大的药害事件。“磺胺酏剂事件”促使美国国会于1938年通过《食品、药品和化妆品法》（FDCA），法案规定药品上市前必须经过毒性试验，药品的生产者必须将安全性资料报告给美国食品药品监督管理局（FDA）审批。《食品、药品和化妆品法》由此成为第一部要求药品销售前必须经科学试验的法律，从而开创了一个全新的药品监管体系。

20世纪50年代，科学家推出一种新药，据说能在妊娠期控制精神紧张，防止孕妇恶心，名叫沙利窦迈，又称“反应停”。“反应停”于1953年首先由西德一家制药公司合成，1956年进入临床并在市场试销，1957年获西德专利，相继在51个国家获准销售。从1959年开始，陆续有医生报告称“反应停”可导致婴儿畸形。这些畸形婴儿没有臂和腿，手和脚直接连在身体上，很像海豹的肢体，故称为“海豹肢畸形儿”或“海豹胎”。后研究表明，“反应停”对胎儿的致畸作用高达50%~80%，如在妊娠第3~8周服用，其后代畸形的发生率可高达100%。“反应停”自1956年进入市场至1962年撤药，全世界30多个国家和地区共报告了“海豹胎”1万余例，仅在西德就引起至少6 000例畸胎。只有美国，由于官方采取了谨慎态度未引进“反应停”，因此受到的影响极小。“反应停事件”使人们充分认识到即使被批准上市的药品在正常用法用量下亦可能产生意外的有害反应，因此对上市后的药品仍应加强监测。“反应停事件”后，各国纷纷建立了不良反应监测制度。1962年，美国国会通过《食品、药品和化妆品法修正案》，即《科夫沃—哈里斯修正案》，规定所有药品不良反应必须报告美国食品药品监督管理局。1963年，澳大利亚专家自发成立了“澳大利亚药品评价委员会（ADEC）”，建议澳大利亚卫生部要关注药品的安全性和有效性，并邀请从事医疗和牙科行业的成员上报可疑药品不良反应。1964年，英国卫生部成立了药品安全委员会（CSM），并实施“黄卡”制度。[1] 瑞典于1965年建立了药品不良反应监测报告制度。法国、西班牙、日本、比利时、捷克等国在“反应停事件”后，也都建立了药品不良反应报告制度。在此基础上，

---

[1] 英国于1968年制定药品法，规定在卫生部内设立药物监测机构，对严重的、罕见的和新的不良反应进行报告。由于报告表为黄色卡片而被称为“黄卡制度”。

WHO 实施了国际药品监测计划，并组建了国际监测组织——国际药品监察合作中心。[1]

二、我国药品不良反应监测体系的建立

20 世纪 50 年代，我国曾在部分地区实施过关于青霉素不良反应的报告制度。1983 年，卫生部正式委托河南、山西、贵州省卫生厅组织起草《药品毒副反应报告制度》。1984 年，《药品管理法》颁布，明确规定药品管理部门、卫生行政部门、药品生产企业、经营企业和医疗单位要经常考察并组织调查药品的质量、疗效和不良反应，但是由于缺乏配套实施办法，监测工作并未展开。从 1988 年开始，卫生部在多省市组织了药品不良反应报告的试点，取得了许多成功的经验。1999 年，国家药品监督管理局与卫生部联合发布《药品不良反应监测管理办法（试行）》，为多年来的监测制度提供了规程。2004 年，为进一步完善药品不良反应监测制度，提高不良反应报告和监测工作的效率，卫生部和国家食品药品监督管理局联合通过了《药品不良反应报告和监测管理办法》，标志着我国药品不良反应监测工作步入法制化轨道。该办法于 2010 年修订，2011 年 7 月 1 日起正式施行。

目前，我国药品不良反应（ADR）监测组织体系框架已逐步形成。除国家一级设立 ADR 监测中心外，我国 31 个省、自治区、直辖市均建立了省级 ADR 监测中心。至 2007 年 10 月，全国有 26 个省份成立了市级 ADR 监测中心，多数挂靠在市级药监局或药检所，少数设立在医疗机构中。还有 15 个省设立了县区级 ADR 监测机构。[2] 按照新修订的管理办法，未来设区的市、

---

[1] 谢金洲：《药品不良反应与监测》，中国医药科技出版社 2004 年版，第 13 页。

[2] 谢金洲、周勇、黄传海、田月洁、陈易新：“我国基层药品不良反应监测机构建设和发展的探讨”，载《中国药物警戒》2009 年第 3 期。

县均须设立监测机构。

我国的药品不良反应报告系统已日臻成熟，药品不良反应和药品不良反应事件的报告来源日趋合理，全国药品不良反应监测网络的覆盖面越来越广泛。以2009年为例，全国药品不良反应监测网络共收到《药品不良反应／事件报告表》638 996份。按照来源统计，来自医疗机构540 717份，占84.6%；来自药品生产经营企业 78 665份，占12.3%；来自个人 19 614份，占3.1%。企业报告的比例不断提高。截至2009年12月31日，全国药品不良反应监测网络在线基层用户共33 878家，其中医疗机构用户 18 215家，占53.8%；企业用户 12 881家，占38.0%；监测机构用户 2 414家，占7.1%；个人及其他用户368家，占1.1%。[1]

三、我国药品不良反应报告制度的内容

根据新的管理办法，药品不良反应实行逐级、定期的报告制度，必要时可以越级报告。

（一）报告的主体

药品生产企业、药品经营企业和医疗卫生机构是ADR报告的义务主体。上述主体必须指定专（兼）职人员负责本单位生产、经营、使用药品的不良反应报告和监测工作，发现可能与用药有关的不良反应应详细记录、分析和处理，每季度集中向所在地的省、自治区、直辖市药品不良反应监测中心报告，其中新的或严重的药品不良反应应于发现之日起15日内报告，死亡病例须及时报告，其他药品不良反应应当在30日内报告。有随访信息的，应当及时报告。药品生产企业对获知的死亡病例还应进行

[1] “国家食品药品监督管理局公布2009年国家药品不良反应监测年度报告”，载《医药导报》2010年第6期。

调查，在15日内完成调查报告，报药品生产企业所在地的省级药品不良反应监测机构。个人发现新的或者严重的药品不良反应，既可以向经治医师报告，也可以向药品生产、经营企业或者当地的药品不良反应监测机构报告，必要时提供相关的病历资料。

（二）报告的要求

1. 个例药品不良反应的报告

（1）新药 ADR 报告。新药监测期内的药品应报告该药品发生的所有不良反应，新药监测期已满的药品，报告该药品引起的新的和严重的不良反应。根据新的管理办法，“新的药品不良反应”是指药品说明书中未载明的不良反应；说明书中已有描述，但不良反应发生的性质、程度、后果或者频率与说明书描述不一致或者更严重的，按照新的药品不良反应处理。“严重药品不良反应”是指因服用药品引起以下反应的情形：死亡；危及生命；致癌、致畸、致出生缺陷；显著的或者永久的人体伤残或者器官功能的损伤；住院或者住院时间延长；其他重要医学事件，如不进行治疗可能出现上述所列情况的。

（2）进口药品 ADR 报告。进口药品自首次获准进口之日起5年内，报告该进口药品的所有不良反应；满5年的，报告新的和严重的不良反应。

2. 药品群体不良事件的报告

发现群体性不良反应，药品生产、经营企业和医疗卫生机构应立即通过电话或者传真等方式报所在地的县级药品监督管理部门、卫生行政部门和药品不良反应监测机构，必要时可以越级报告。药品生产企业应立即开展调查，详细了解药品群体不良事件的发生、药品使用、患者诊治以及药品生产、储存、流通、既往类似不良事件等情况，在7日内完成调查报告，报所在地省级药品监督管理部门和药品不良反应监测机构；同时迅速开展自查，分析事件发生的原因，必要时应当暂停生产、销售、使用和召回相关药品，并报所在地省级药品监督管理部门。药品经营企业发现药品群体不良事件应立即告知药品生产企业，同时迅速开展自查，必要时应当暂停药品的销售，并协助药品生产企业采取相关控制措施。医疗机构发现药品群体不良事件后应当积极救治患者，迅速开展临床调查，分析事件发生的原因，必要时可采取暂停药品的使用等紧急措施。此外，药品监督管理部门有权采取暂停生产、销售、使用或者召回药品等控制措施。

3. 境外发生的严重药品不良反应的报告

进口药品和国产药品在境外发生的严重药品不良反应（包括自发报告系统收集的、上市后临床研究发现的、文献报道的），药品生产企业应当填写《境外发生的药品不良反应/事件报告表》，自获知之日起 30 日内报送国家药品不良反应监测中心。进口药品和国产药品在境外因药品不良反应被暂停销售、使用或者撤市的，药品生产企业应当在获知后 24 小时内书面报国家食品药品监督管理局和国家药品不良反应监测中心。

（三）评价与控制

药品生产企业应当对收集到的药品不良反应报告和监测资料进行分析、评价，并主动开展药品安全性研究。对已确认发生严重不良反应的药品，应当通过各种有效途径将药品不良反应、合理用药信息及时告知医务人员、患者和公众；采取修改标签和说明书，暂停生产、销售、使用和召回等措施，减少和防止药品不良反应的重复发生。对不良反应大的药品，应当主动申请注销其批准证明文件。

药品经营企业和医疗机构对收集到的药品不良反应报告和监测资料应进行分析和评价，并采取有效措施减少和防止药品不良反应的重复发生。

省级药品不良反应监测机构应当每季度对收到的药品不良反

应报告进行综合分析，提取需要关注的安全性信息进行评价，提出风险管理建议，及时报省级药品监督管理部门、卫生行政部门和国家药品不良反应监测中心。

国家药品不良反应监测中心每季度对收到的严重药品不良反应报告进行综合分析，提取需要关注的安全性信息，并进行评价，提出风险管理建议，及时报国家食品药品监督管理局和卫生部。国家食品药品监督管理局根据药品分析评价结果，可以要求企业开展药品安全性、有效性相关研究。必要时，应当采取责令修改药品说明书，暂停生产、销售、使用和召回药品等措施，对不良反应大的药品，应当撤销药品批准证明文件。

四、我国药品不良反应监控中存在的问题

药品不良反应监测是一个系统性工程，不仅包括法规体系的建设、组织体系的建设、信息技术的运用，还包括社会对不良反应的认知程度和参与程度。我国的药品不良反应监测系统尽管已经建立，但在诸多方面仍然存在问题，一定程度上影响了监测工作的开展和监测目的的实现。

（一）法律依据仍需健全

表现在《办法》对不按要求履行报告义务的生产企业的处罚仅为警告、责令限期改正或处5 000元以上3万元以下的罚款，如此低的违法成本实难形成有效的遏制。《办法》还缺乏激励机制。表现在《办法》缺乏“奖惩办法”的专章规定，造成医疗机构履行报告义务的积极性不高，药品生产企业和经营企业考虑到眼前利益更是不愿主动上报，甚至采取回避和隐瞒的方式。以2005年上半年为例，国家药品不良反应监测中心收集到来自医

疗单位的 ADR 报告占 97.1%，生产经营单位仅占 2.9%。❶

（二）监测报告质量有待提高

我国 ADR 监测工作起步较晚，监测工作不够普及，加之地区间发展水平的差异，监测报告质量参差不齐，表现在：漏报率高，样本量太小，来源结构也不合理。根据 WHO 对 ADR 报告的要求，各国每百万人口每年至少应有 300 份 ADR 报告，其中严重病例不少于 30%。而目前我国百万人口的 ADR 报告数不足 54 份，仅为标准的 1/6，其中药品生产企业的报告更是少之又少，主动报告的仅 1%，98% 以上来自医疗机构。❷

（三）药物警戒急需加强

随着药品安全监管重心从上市前的严格审批到上市前严格审批与上市后监测并重的转移，药物警戒越来越受到各国的重视。药物警戒，是指与发现、评价、理解和预防不良反应或其他任何可能与药物有关问题的科学研究与活动。药物警戒本着“可疑即报”的原则，对用药期间出现的所有有害事件都进行监测，因此从范围上看，药物警戒较药品不良反应监测更为广泛。药物警戒的目的在于通过对药品安全性的监测，综合评价药物的风险效益，提高临床合理用药水平，以保障公众的用药安全。其主要内容有：早期发现未知的药品不良反应；预测已知药品不良反应的增长趋势；分析药品不良反应的风险因素和可能的机制；对风险／效益进行评价和定量分析，发布相关信息，促进药品监督管理和指导临床用药。加强药物警戒，客观要求强化信息通报。在发现 ADR 苗头时，采取相应的预警措施，国家 ADR 中心应当承担起信息披露、交流和反馈的任务，以引起民众重视，防治危害

❶ 王思海：“我国药品不良反应监测缺陷多”，载《中国医药导报》2006 年第 22 期。

❷ 同上。

的发生或蔓延。相比之下，我国的药物警戒工作还很不完善，表现在信息披露、交流和反馈不够充分和及时，不良反应评价和控制环节容易出现延误和懈怠。下面的“息斯敏事件”和前述“龙胆泻肝丸事件”就反映了这一现状。

息斯敏事件[1]

1988 年，西安杨森制药公司的抗过敏药品息斯敏被批准在国内销售。1992 年起，国外开始陆续有息斯敏不良反应的报道，以心血管系统不良反应最为严重。1999 年，美国强生公司表示将终止生产息斯敏，正式退出美国市场。随后，西安杨森对中国市场推出每片 3 毫克规格的片剂。2002 年 12 月 3 日，我国国家药品不良反应监测中心公布了包括阿司咪唑（息斯敏）在内的 9 种药品存有不良反应的安全隐患。2004 年 2 月 13 日，国家药监局批准西安杨森制药公司修改息斯敏说明书的申请，对适应症、剂量和适应人群 3 处地方作出大幅度修改。到目前为止，据世界卫生组织药物不良反应协作中心统计，全世界因服用息斯敏而导致心源性死亡或猝死的患者已有 25 例。

“息斯敏事件”暴露了我国药品不良反应监测中存在的诸多漏洞。最为突出的问题是，国家药品不良反应监测中心在进口药品的不良反应信息收集方面反应迟钝，信息交流能力欠缺，未履行信息披露的义务。

根据前《药品不良反应报告和监测管理办法》第 9 条的规定，国家药品不良反应监测中心承担全国药品不良反应监测技术工作，在国家食品药品监督管理局的领导下履行以下主要职责：（1）承担全国药品不良反应报告资料的收集、评价、反馈和上报工作；（2）对省、自治区、直辖市药品不良反应监测中心进

[1] 张凌：“五问息斯敏：药品管理有多少‘黑洞’”，载 http://finance.sina.com.cn/roll/20040412/1438713922.shtml，2010 年 7 月 24 日访问。

行技术指导；（3）承担国家药品不良反应信息资料库和监测网络的建设及维护工作；（4）组织药品不良反应宣传、教育、培训和药品不良反应信息刊物的编辑、出版工作；（5）参与药品不良反应监测的国际交流；（6）组织药品不良反应监测方法的研究。据此，收集、反馈开展国际交流乃是国家 ADR 监测中心的义务。而对于进口药品，国家 ADR 监测中心的信息收集范围绝不应当仅仅局限于本国境内，何况我国已于 1998 年加入了国际药品监察合作中心，对进口药品在国外发生的不良反应理应有所警戒。可是我们看到，息斯敏因不良反应在美国退市的消息，并非来源于国家 ADR 监测中心，而是媒体。从 1992 年国外陆续报道息斯敏不良反应开始，到 2002 年 12 月 3 日我国药品不良反应监测中心第一次公布阿司咪唑（又称息斯敏）存有不良反应安全隐患，期间已经过了 10 年的时间，反映出国家 ADR 监测中心预警能力的缺乏。幸运的是，立法者目前已注意到这一问题。

第二节　药品不良反应损害赔偿案件的现实困境

一、“拜斯亭事件”引发的思考

拜斯亭事件

由拜耳医药保健有限公司销售的西立伐他汀（商品名拜斯亭）作为一类新药，曾获国家食品药品监督管理局批准进口。西立伐他汀为他汀类药物中的一种，能有效降低胆固醇和病人发生心脏病的危险性，自 1997 年首次上市以来广受欢迎。可是上市后不久，国外陆续出现对其不良反应的报道。美国 FDA 直接称西立伐他汀有增加横纹肌溶解症的风险，而令该药撤出美国市场。横纹肌溶解是一种可危及生命的疾病，病人肌细胞被破坏释放至血液，引起严重的疾病，主要发生在腓肌和下背部，严重时可导致危及生命的肾衰。其症状有肌痛、肌无力、压痛、发烧、黑尿、恶心和呕吐。美国 FDA 称，西立伐他汀对于使用较高剂量的老年病人最为危险，而与吉非贝齐（商品名有脂必清、诺衡等，已得到普遍使用）联用者危险性较大，在美国的死亡病例中有 12 例死于两药联用。FDA 建议服用西立伐他汀的病人及时就诊换用其他治疗药物，如联用其他降脂药物如吉非贝齐并有肌痛的病人，应立即停用西立伐他汀并报告有关情况。❶

“拜斯亭事件”发生后，许多受害者和他们的家人诉至法院，要求德国拜耳公司赔偿由此造成的一切损失。2001 年，德国拜耳公司宣布，将其生产的降脂药拜斯亭撤离全球市场。2001 年 8 月 8 日，德国拜耳公司向我国国家药监局提出暂停拜斯亭在中国市场的销售。同年 8 月 9 日，国家药品监督管理局发出通知，在国内暂停销售、使用拜斯亭，并要求各地药品监督管理局立即通知所辖地区药品经营部门、医疗机构暂停销售和使用拜斯亭。据西方媒体介绍，早在 1998 年，德国就有一名患者因服用拜斯亭出现肌肉疼痛萎缩、神经麻木等症状，并最终死亡。这是有关服用拜斯亭引起不良反应的最早记录。迄今，在西方国家 52 人的病例报告中，美国 31 例，德国 6 例，西班牙 3 例。有些媒体甚至推测，死亡人数可能达到 200 人。❷

拜斯亭从中国市场撤出后，天津籍患者邢某因服用拜斯亭发生“横纹肌溶解症”致双下肢肌瘫成为国内发现的首例因服用拜斯亭而导致“横纹肌溶解症”的病例。

2001 年 7 月 12 日，邢某因患冠心病、急性广泛前壁心肌梗塞，被送往天津市某医院住院治疗。住院期间，医生为邢某开出了包括

❶ 傅毅：“拜斯亭撤离全球市场”，载《国外医药——合成药、生化药、制剂分册》2001 年第 6 期。

❷ 华斌：“拜耳，麻烦大了”，载《医药世界》2001 年第 10 期。

拜斯亭在内的治疗药物。7月27日，邢某出院，医生又开了4盒拜斯亭（1个月用量），用量仍是每日一次，每次0.3毫克，并嘱咐不要断药，连续服用1个月后再来复查。8月5日后，邢某双腿失去知觉，大小便困难，并且情况日渐严重。在此期间，邢某始终遵医嘱，按时、按量服用拜斯亭。8月13日，邢某开始无法排便，痛苦难忍。当晚9时，邢某被送到本市某医院救治。8月15日，邢某被家属转送到另外一家医院，经多次“血浆置换”，邢某被抢救过来。经天津医科大学司法鉴定中心临床法医鉴定，邢某“双下肢因横纹肌溶解症致肌瘫”。事后，患者邢某将本市某医院、德国拜尔公司和拜耳医药保健品有限公司作为共同被告告上法庭。原告认为，被告天津市某医院在治疗过程中，一直未按药品说明正确治疗，给其身心健康造成极大损害。本案第二被告德国拜耳公司虽然公开发表声明在中国境内停用拜斯亭，但是此项声明并不能免除其对原告承担的人身损害赔偿责任。本案第三被告拜耳医药保健品有限公司负责拜耳公司药品的分装和销售，应与拜耳公司共同承担责任。原告要求三方被告赔偿各种损失50余万元。[1]

“拜斯亭事件”引发了药品不良反应损害责任的承担问题，而在此之前人们对药品不良反应及其赔偿还很陌生。什么是药品不良反应？药品不良反应是否是药品缺陷？医生指导用药发生的不良反应是否构成医疗事故或者医疗差错？批准药品上市的国家药政部门是否应为不良反应事件负责？如此种种，现行法律并未给出清晰的回答，药品生产商、销售商、医疗机构、药政部门对于损害赔偿责任的承担各持己见。

（一）患者的理由

患者因疾病前往医院寻求救治，遵医嘱使用药品，却发生不

---

[1] “全球唯一未获赔偿的天津拜斯亭受害人索赔50万”，载http://news.sina.com.cn/s/2003-07-09/2222350215s.shtml，2010年7月25日访问。

良反应损害，非但原疾病未得到治愈，新损害又突然降临。一方面，身体损害和精神痛苦因药害的发生而加剧；另一方面，为治疗旧患和新疾，其经济负担更加沉重。患者不甘心自己买单的理由在于：其一，患者是在专业人员的指导下选择的药品；其二，该药品是经国家认定的合格药品；其三，患者在使用药品时没有任何不当。

从法律的角度来看，首先，患者去医院就诊，医院接诊并予以救治，患者与医院之间形成医疗服务合同关系。医院应尽到注意义务，为患者进行妥善救治，而不应令其遭受更深重的痛苦。其次，发生不良反应的药品是经国家药政部门批准后上市销售和使用的，药政部门作为药品安全的监管者，其批准药品上市的行为可作为对药品安全性和有效性的保证。药政部门拥有的法定职权使患者有理由相信经其批准的药品经过了充分的安全性评价。再次，药品乃生产商制造，生产商理应努力发现产品的内在缺陷，保证其生产的产品具有应有的用途并且相对安全。保证产品安全是生产商的社会责任。

（二）生产商的抗辩

药品非属一般商品，其固有风险天然存在，生产者的任务只能是发展“相对安全的药物”。药学很大程度上是一门经验科学，对药品安全性的评价也只能依靠相对的标准。当一种药物在研发和生产时，依据当时的前沿科技仍不能对其危险形成充分认识时，这种药品即是相对安全的产品。再者，药品涉及人类健康和发展，即使其存在天然的不安全性，亦有必须生产的必要。如果因其未知的风险而令生产商承担不可预见的赔偿责任，生产者极可能因风险过大而转行，不仅新药不能获得研制开发，就连上市多年的药品亦可能出现短缺的迹象，最终受影响的将是整个人类的健康事业。

（三）医疗机构的主张

医生凭其知识和经验为患者开设处方，乃治疗活动当然之一部分。然而药品本身未可预见的风险是医师所不可预见的，所以如果不是医生指导用药错误，医生就不应为损害负责。此等不可预见的药品风险非医疗行为能够控制，因为损害发生的原因事实上来自于医疗活动之外。药品不良反应与医疗活动之间没有直接关联，医生更谈不上有过错，所以药品不良反应并非医院和医师的责任，更不属于医疗差错或医疗事故。

（四）药政部门的态度

作为监督药品安全、保障人民合理用药的国家药政部门，国家食品药品监督管理局享有批准或撤销药品上市的职权。国家药政部门可以看做是药品安全的最后一道防线，药品上市审批对于公众健康至关重要。但是人类对药品风险的认识需要经历一个漫长的过程，风险的未知性客观存在，药政部门费尽其力也难以查知。然而批准药品上市却有更重要的意义，它与保障国民健康、促进医药事业发展之间存在密切的关联。

以上四方主体的观点和主张在国内“拜斯亭诉讼案”中充分显现。作为被告之一的医院请求驳回原告的诉讼请求，理由有三：（1）在国家药监局下达文件之前，医院对原告没有告知的义务；（2）医院药品采购合法、在诊疗过程中亦无过失；（3）药物本身存在的问题，不应由医院负责。另一被告德国拜耳公司同样请求法院驳回原告的请求。理由是：（1）原告应拿出拜斯亭存在缺陷的证据，并证明原告的病症与拜斯亭有因果关系。被告认为拜斯亭是根据国家《药品管理法》，经有关部门批准后进口的，在进口过程中，北京药监部门进行了检验，认定其本身不存在缺陷。（2）原告没能证明药品与伤害之间存在因果关系。（3）原告也没能拿出证据证明德国拜耳公司有过错。第三被告的拜耳医药保健品有限公司则坚持称自己只是德国拜耳公司的药品经销商，其责任是基于药品生产商来定的，它不应承担任何责任。该案最终以调解收场，三被告共同向邢某支付人民币30万元。但是该案却引发了药品不良反应损害赔偿案件如何适用法律、谁负有损害赔偿责任、药品是否存在缺陷、因果关系如何证明等一系列问题。

二、药品不良反应立法及存在的问题

目前，涉及药品不良反应的法律文件非常有限，主要包括《药品管理法》《药品不良反应报告和监测管理办法》《疫苗流通和预防接种管理条例》。令人遗憾的是，这些法律规范属于行政管理规范，内容多涉及对药品不良反应的监管，至于对损害如何赔偿未有涉及。"重管理，轻救济"是这些规范的典型特征，受害人无法从这些规范中找到受偿的依据，生产商、销售商和医疗机构也不能从中得到免于承担责任的任何启示，法官也无法依据这些规范作出裁判。相比之下，国外的药害救济立法及时而敏锐，尤其在"拜斯亭事件"后，出于对事故受害者的赔偿和未来药物事故的防范，各国立法产生了大幅变革。"比如首当其冲之德国，乃由药事法危险责任之建立，日本则于仿德立法未成下，亦另定药物受害者救济基金制度；英国亦因而有二次委员会报告，皆力促立法建立商品无过失责任；美国虽因该药未为核准上市，受害相形最轻，惟其因而于药事行政制度之从严修订，厥为历来程度最大且影响最深者。"❶

"重管理，轻救济"的立法态度与我国药害事件的发生状况有关。在20世纪的我国，药品不良反应并未成为社会关注的焦点。"究其原因，并非我国生产的药品安全性能高，服用后不存

❶ 朱怀祖：《药物责任与消费者保护》，五南图书出版公司1997年版，第16页。

在不良反应。而是因为20世纪的我国医药制造业相对落后，医药产品及其生产工艺主要依靠国外过了保护期且安全性能相对较高的产品和技术，真正属于我国自主开发的有知识产权的新药（中药除外）为数不多。而药品的不良反应所引发的灾难主要发生在新型药物中。因此那时的我国药品不良反应事件并不突出。但随着我国制药工业的发展和对外开放政策的施行，国产的以及进口的新药不断上市，药品不良反应问题日益突出”。[1] 由于从未经历重大药害事件的冲击，立法者对药害救济没有形成深刻的认识，即便是不良反应监测也是在政府推动下进行，由此产生了“重管理，轻救济”的立法现状，实不足为奇。直至近年来，重大药害事件接二连三地发生，前有“PPA事件”（PPA即盐酸苯丙醇胺，导致脑中风）、“拜斯亭事件”，后有“龙胆泻肝丸事件”“鱼腥草事件”，损害赔偿问题也渐渐浮出水面。如果说“重管理，轻救济”的立法态度是受到20世纪我国药害发生状况的影响，那么21世纪以来这种立法态度已经不再符合现实需要。管理重在预防，赔偿意在救济，预防和救济从来都是实现社会公正不可或缺的两架马车，既然相互间并不排斥，就没有理由厚此薄彼。所以，完善药害救济立法是我国向社会公正的迈进。

三、药品不良反应案件司法审判的困境

（一）药品不良反应引发的司法难题

近年来，我国出现的多起药品不良反应损害赔偿案件多以受害者未获赔偿而告终，一方面源于我国救济立法的缺失；另一方面也与药品不良反应案件的特殊性有关。以“拜斯亭案”为例，其中存在诸多审判难题。

---

[1] 叶正明：“国外药品不良反应损害救济制度述评及其对我们的启示”，载《时代法学》2005年第1期。

首先，案件性质如何判定。由于缺少专门的立法，“拜斯亭案”不能作为一种特殊类型的案件审理，因而在适用法律上必须寻找接近的类型。显然，该案与侵权责任中的纠纷类型——医疗侵权纠纷、产品侵权纠纷、一般的人身损害赔偿纠纷关联最为紧密，至于究竟定位于哪种纠纷，法官自由度很大。而案件性质的定位直接关系到侵权责任的归责原则、构成要件、举证责任和免责事由等问题，三类纠纷在这几个问题上存在重大差别，导致认定责任成立的难度明显不同。实际上，对案件性质的定位就好像对特定当事人作出的倾斜保护的信号，例如将案件定性于产品侵权纠纷和医疗侵权纠纷，对受害人而言比较有利，但如果将案件定性为一般人身损害赔偿纠纷，那么药品生产者、销售者以及医疗机构将获得实益。

其次，因果关系如何证明。药品不良反应损害赔偿案件中，最令人困惑的要属因果关系的证明问题了。既然药品在研发和生产阶段都不能发现的危险，如何在诉讼中证明其危险性呢？何况服药人大多已经疾病缠身，且体质情况因人而异，要想证明损害是因服用药物所致，实属困难。加之目前我国尚无药品不良反应的权威认定机构，即使当事人能够证明这种因果关系的存在，亦难为法官和世人所认同。

最后，举证责任谁来负担。侵权责任案件中最为关注的因素无外乎过错和因果关系。然而过错乃主观的东西，实难由外界查明，更何况在药品不良反应案件中，其专业性和复杂性远远超过一般的侵权案件，信息的不对称、经济实力的悬殊以及“证据偏在”都成为患者举证路途上的障碍。而因果关系的证明难度更大，很多情形下连生产商都无法证明。因此过错和因果关系的举证分配问题直接关系到案件的胜败，很大程度上也暗含了司法者对案件当事人的倾向。例如，倘若将“拜斯亭案”作为医疗侵权纠纷案件处理，那么按照2002年4月颁行的《最高人民法院关于民事诉讼证据的若干规定》，“因医疗行为引起的侵权诉讼，由医疗机构就医疗行为与损害结果之间不存在因果关系及不存在医疗过错承担举证责任”，过错和因果关系将由为其开具处方的医院承担，明显对患者有利。❶ 可是，倘若将其作为一般人身损害案件处理，患者无论要求医院承担责任还是要求生产商、销售商承担责任，都难免败诉的风险。

（二）药品不良反应案件审判中存在的问题

“拜斯亭案”透露出我国立法和司法界对药品不良反应案件的陌生和茫然。立法的缺失造成审判中出现了诸多难题，但同时也为法官处理这一类型案件提供了遐想的空间。尤其是对这类型案件的定性让法官们着实体验了一把自由思考的畅快，但也正是法官们的自由遐思令药品不良反应案件的判决更像是雾中之花，混乱中难以寻求章法。我国药品不良反应案件审判中主要存在以下问题：

第一，对药品不良反应的构成条件和发生机制不甚了解。表现在，对不合理用药引发的药害、药品质量不合格引发的药害以及合格药品正当使用情况下引发的药害不加区分，等同对待。

第二，错误地将药品不良反应等同于质量缺陷，认为只要是药品致害均属于药品质量问题。

第三，将药品与一般商品等同，未充分认识到药品的特殊性，忽略了药品属于“可以存在合理危险的产品”。

第四，对药品不良反应案件的性质认识混乱，导致审判不一。

实践中，既有将其视为产品侵权案件的，又有将其作为医疗纠纷案件处理的，还有将其作为一般人身损害案件处理的，也有将其视做消费者权益纠纷解决的。有些案件中，法官甚至将其作

❶ “拜斯亭诉讼案”于2003年审理。

为多种性质案件的结合，在适用法律上极为自由。以拜斯亭案为例，法院认可患者将医院作为第一被告，并同意原告为鉴定伤情而申请医疗事故技术鉴定。这说明法院认可将该案作为医疗侵权案件处理。同时，法院认可了原告增加药品生产者和销售者为第二和第三被告的请求，这说明法院将该案同时作为产品侵权案件处理。法官对案件性质认识的不统一，导致审判结果截然不同。而在前述“龙胆泻肝丸诉讼案”中，不同地方的受害者有些获得了赔偿，有些则被判决驳回或者败诉，还有相当一部分受害者的起诉未被法院受理。

第三章

YAOPIN BULIANGFANYING SUNHAI
PEICHANG ZEREN XINGZHI DE TANTAO

药品不良反应损害赔偿责任性质的探讨

药品不良反应损害案件涉及多方主体，各方主体相互之间存在错综复杂的关系。对于受害的患者，为获得及时之补救，通常会动用各种诉讼工具，而在适用法律上，亦会作出全面的选择。与此关联之其他主体，则可能用尽法律上的便利以避免或减少责任的承担。由于我国缺少一部药害救济的专门立法，也不存在任何关于 ADR 损害赔偿的专门规定，所以药品不良反应案件在适用法律上非常混乱，令药品不良反应损害赔偿责任的性质扑朔迷离。通常，各方主体关注之焦点集中在以下几种责任：医疗损害责任、产品责任和国家赔偿责任。本章就上述三种责任进行介绍，重点厘清 ADR 损害责任与上述三种责任的联系与区别。

第一节　药品不良反应与医疗损害责任

一、医疗损害责任的概念和特征

2010 年之前，国内立法对于与医疗相关之损害赔偿责任的称谓极为多样，经常使用的有“医疗事故责任”“医疗侵权责任”“医疗过错责任”“医疗专家责任”等。2010 年，《侵权责任法》正式实施，该法第七章明确使用“医疗损害责任”的概念对医疗活动中的侵权责任进行概括。根据该法的精神，医疗损害责任可以界定为“医疗机构及其医务人员在医疗过程中因过失，或者在法律规定的情况下无论有无过失，造成患者人身损害或者其他损害，应当承担的以损害赔偿为主要方式的侵权责任”。[1] 其特征如下：

第一，医疗损害责任的责任主体是医疗机构。按照国务院颁布的《医疗机构管理条例》，医疗机构应当是从事疾病诊断、治

---

[1] 杨立新：“医疗损害责任概念研究”，载《政治与法律》2009 年第 3 期。

疗活动的医院、卫生院、疗养院、门诊部、诊所、卫生所（室）以及急救站等机构。

第二，医疗损害责任的行为主体是医务人员。关于医务人员的范围，理论和实务存在诸多分歧。根据卫生部 1988 年下发的《关于（医疗事故处理办法）若干问题的说明》的精神，可以将医务人员界定为“经过考核和卫生行政机关批准或承认，取得相应资格的各级各类卫生技术人员”。同时，《说明》明确称“诊疗护理工作是群体性活动，构成医疗事故的行为人应包括从事医疗管理、后勤服务等人员”，将“医疗管理、后勤服务等人员”也纳入医务人员的范畴。按照大多数学者的观点，医务人员不应包括“医疗管理和后勤服务等人员”。根据业务性质的不同，医务人员可分为 4 类：医疗防疫人员（包括中医、西医、卫生防疫、地方病防治、妇幼保健等技术人员）、药剂人员（包括中药、西药技术人员）、护理人员（护师、护士等）与技术人员（包括检验、理疗、病理、口腔、同位素、放射、营养等技术人员）。由于医务人员处于医疗机构使用人的地位，因此尽管损害是因医务人员的行为引起，赔偿责任却要由医疗机构承担。这种责任人与行为人分离的责任承担方式，叫做替代责任。

第三，损害发生在医疗活动中。所谓“医疗活动”，通常理解为与“医师执业活动”“诊疗护理活动”“医疗行为”同义，具体范围是指我国卫生部当前允许医疗机构开展的一切专业性活动，包括以治疗疾病为目的的医疗活动和非以治疗疾病为目的的医疗活动（如健康体检、血液采集、骨髓捐献）等。用王岳先生对“医疗行为”的列举来说明“医疗活动”的范围，医疗活动包括：疾病的诊断治疗、帮助和避免生育的行为、医疗美容、戒除病态依赖、矫正畸形、改善身体外观、恢复或增进人体功能以及其他运用医学专业知识和技能，给予相应的不同措施，并与接受者的身体健康和生命安全密切相关的行为。[1]

第四，医疗损害责任主要是因医务人员过错致患者损害而产生的责任。只有在法定特殊情况下，医疗机构及其医务人员才会在没有过错的情况下承担赔偿责任。

二、医疗损害责任的类型

从《侵权责任法》“医疗损害责任”的规定看来，医疗损害责任主要有三种类型：医疗技术损害责任；医疗伦理损害责任；医疗产品损害责任。三种类型的责任除了发生原因上有所区别以外，归责原则和构成要件也有不同。

（一）医疗技术损害责任

1. 归责原则和构成要件

医疗技术损害是指医疗机构及医务人员在医疗活动中，违反医疗技术上的高度注意义务，具有违背当时的医疗水平的技术过失，造成患者人身损害的医疗损害责任。[2]

根据《侵权责任法》第54条的规定：“患者在诊疗活动中受到损害，医疗机构及其医务人员有过错的，由医疗机构承担赔偿责任。”医疗技术损害责任的归责原则是过错责任原则，其构成要件包括：

（1）主体要件。如前所述，责任主体是合法资质的医疗机构，行为主体是医务人员。

（2）损害要件。关于医疗损害，学界存在诸多观点。主流观点有两种：一种观点认为，医疗损害是因医疗机构在实施诊断、治疗、护理等行为时因过错造成的对就诊人的损害；[3] 另一

---

[1] 王岳先生对“医疗行为”外延的界定有助于我们对“医疗活动”范围的理解。王岳：《医事法学》，人民卫生出版社2009年版，第16～17页。

[2] 杨立新：《医疗损害责任研究》，法律出版社2009年版，第120～128页。

[3] 王利明：《民法典侵权责任法研究》，人民法院出版社1993年版，第516页。

种观点认为，医疗损害是指在诊疗、护理过程中，医疗行为对患者产生的不利益的事实，即因医疗行为对患者所造成的人身伤亡、财产损失、肉体疼痛和精神痛苦以及对患者隐私权和名誉权的侵害，是医疗行为引起的对患者不利的后果和事实。[1] 前一种观点将医疗损害限定为由于医务人员的“过错”而造成的损害，在范围上难免狭隘，而从医疗行为引发的不利后果来界定损害是科学和客观的，因此第二种观点可被接受。依据第二种观点，发生医疗损害未必承担医疗损害责任，除医疗损害外，还须具备其他要件才能承担民事责任。[2] 在医疗技术损害类型中，医疗损害主要表现为患者人身权益方面的损害。具体包括患者身体权、健康权和生命权的损害，多表现为患者身体受到伤害、患者残疾、死亡或者身体残缺。

（3）过错要件。关于过错的性质，历来存在两种学说。主观过错说认为，过错仅是一种心理状态，并不包括行为人的行为，因而应当把过错与行为的不法性区别开来，因为“过错与人相关，不法则是对行为的描述”。在归责时，主观心理状态和行为的违法性均是确定责任的依据。客观过错说认为，过错和不法是彼此不可分离的，因而将二者结合为一个责任要件。依据这样的观点，一般侵权行为的构成要件不是 4 个而是 3 个，即过错、损害和因果关系。其中的“过错”是客观的，即过错不是、或者主要不是加害人的主观心理状态，而是加害人的行为的违法性质。因此，判断是否存在过错，只需对行为进行评价即可。我国的立法和实践一直以来都倾向于主观过错说，但学者们关于过错的认识越来越向主观和客观的结合发展，认为过错不仅是一种应受责难的主观心理状态，还必须要通过外在行为表现出来。例

---

[1] 龚赛红：《医疗损害赔偿立法研究》，法律出版社 2001 年版，第 122 页。

[2] 郭明瑞：“简论医疗侵权责任的立法”，载《政法论丛》2008 年第 6 期。

如，王利明教授认为，过错是一个主观和客观要素相结合的概念，它是故意和过失的状态，在该状态的支配下，行为人从事了在法律和道德上应受非难的行为。[1] 主客观相结合的过错概念有助于揭示行为人应受非难或者承担责任的根据，同时也有助于树立判断过错的客观标准，从而正确认定责任。

在主客观相结合的过错概念下，对过错的判断是通过对行为的判断实现的，而作为判断参照物的就是理论上所说的“标准”。20世纪以来，侵权法上影响最大的判断过错的标准无外乎“注意义务标准”和“行为标准”。前者，判断过错的标准是行为人负担的法定注意义务，过错表现为“对事先存在的义务的违背”。后者，判断过错的标准是某种特定的行为标准，根据各国的价值观念的不同，这里所谓的“特定的行为标准”常表现为“良家父的标准”“合理人的标准”“法定的行为标准”，或者“社会共同生活的一般行为准则”等。

近年来，我国民事立法关于过错的认定也越来越朝着主客观相结合的方向发展，《侵权责任法》关于医疗技术损害责任的认定就是其中一例。《侵权责任法》第57条规定：“医务人员在诊疗活动中未尽到与当时的医疗水平相应的诊疗义务，造成患者损害的，医疗机构应当承担赔偿责任。”本条涉及医务人员过错的界定问题，其中“尽到与当时的医疗水平相应的诊疗义务”体现了侵权责任法上的重要概念，即注意义务。依照本条的规定，医务人员的注意义务就是应当尽到与当时的医疗水平相应的诊疗义务。尽到诊疗义务的一个重要方面，是诊疗行为符合法律、行政法规、规章以及诊疗规范的有关要求。然而医务人员的注意义务与符合法律、符合规范并非等同的概念，医务人员应当具有的

[1] 王利明：《侵权行为法研究（上卷）》，中国人民大学出版社2004年版，第472页。

诊疗水平，并非完全能够被法律、行政法规、规章以及诊疗规范的有关要求所涵盖，医务人员遵守了操作规程，仍然有可能作出事后被证明是错误的行为和判断。但不可否认，医疗行为具有未知性、专业性的特点，仅凭结果来认定医务人员存在过错，显然不符合客观规律。合理的方法是要看其他医务人员通常会不会犯这种错误。所以，第57条规定的诊疗义务可以理解为一般情况下医务人员可以尽到的、通过谨慎的作为或不作为避免患者受到损害的义务。由于医疗纠纷解决的时间可能较长，判断是否尽到诊疗义务应当以诊疗行为发生时的诊疗水平为参照才公平合理。[1] 传统理论依据过错的主观要素将过错区分为故意和过失，医疗环境下同样存在这两种形态。只不过医学伦理道德要求医师“视病如亲”“永不存损害妄为之念”，所以，医生故意造成患者损害的案件少有发生，过失才是医疗损害案件的常见过错形态。

（4）因果关系要件。因果关系，是指行为与损害之间的引起与被引起的关系。无论侵权抑或违约，探讨责任的成立都必须以因果关系为要件，所以因果关系是整个民事责任制度中确定民事责任归属的客观基础。法律上的因果关系的认定标准有多种理论。按照梁慧星教授的观点，相当因果关系说“要求判明原因事实与损害结果之间在通常情况下存在的可能性。这种判断非依法官个人主观臆断，而是要求法官依一般社会见解，按当时社会所达到的知识和经验。只要一般人认为在同样情形有发生同样结果之可能性即可。”[2] 判断相当因果关系的步骤是：一是行为与结果之间具有某种可能性联系；二是按照通常人标准，行为可能造成的后果与实际发生的结果之间有“相当性”，即“无此行

---

[1] 王胜明主编：《中华人民共和国侵权责任法释义》，法律出版社2010年版，第286页。

[2] 黄清华：《医药卫生法制理论研究与律师实务》，中国法制出版社2001年版，第87页。

为，虽不必然生此损害，有此行为，通常即足以生此种损害”。因此，在医疗损害赔偿案件中，只要按照一般的医疗专业水平认为医疗行为可能导致损害后果的发生，就可以认定二者之间的因果关系。只要能够证明医疗行为是后果发生的不可欠缺的条件，同时也能够证明该事件实质上增加损害发生的客观可能性，那医疗行为与损害之间就存在因果关系。[1]

2. 医疗技术损害责任的举证

根据《侵权责任法》第54条的规定，医疗技术损害责任由患者举证。患者不仅要证明损害事实和因果关系的存在，还须证明医务人员存在医疗技术过错。但是在某些情况下，医务人员的过错已非常明显，或者因医务人员的行为导致患者举证难度增加时，就没有必要固守由患者举证的原则了。《侵权责任法》第58条就是患者举证的例外，根据该条，医疗机构只要有下列情形之一的即被推定存在过错：（1）违反法律、行政法规、规章以及其他有关诊疗规范的规定；（2）隐匿或者拒绝提供与纠纷有关的病历资料；（3）伪造、篡改或者销毁病历资料。

在第一种情形，医务人员遵守法律、行政法规、规章以及诊疗护理规范乃是医务人员负担的法定注意义务，或者说是医务人员负担的最基本的注意义务，对这一义务的违反足以构成医疗过错的表面证据。而在第二种和第三种情形，医务人员隐匿、拒绝提供、伪造、篡改、销毁病历资料的行为客观上加大了患者举证的难度，使案件事实无法恢复本来面目，因而直接推定医务人员存在过错更符合公平观念。当然，《侵权责任法》第58条并非绝对性条款，这意味着医务人员可以通过反证证明自己没有过错。至于责任构成的其他要件（主体要件和损害要件）仍需由

[1] 李文：“医疗损害侵权责任研究——以《侵权责任法草案》为视角”，大连海事大学硕士学位论文，2008年。

患者来证明。

3. 医疗技术损害责任的免责事由

《侵权责任法》第三章为“不承担责任和减轻责任的情形”，作为一般性条款，该章的内容适用于医疗损害责任。“不承担责任的情形”具体包括受害人故意、第三人行为、不可抗力、正当防卫和紧急避险。除此以外，《侵权责任法》第60条又对医疗损害的特殊免责事由进行了列举，具体包括：（1）患者或者其近亲属不配合医疗机构进行符合诊疗规范的诊疗；（2）医务人员在抢救生命垂危的患者等紧急情况下已经尽到合理诊疗义务；（3）限于当时的医疗水平难以诊疗。上述免责事由可谓平衡医患利益的有效手段，对于防止医师风险的过度扩大、促进医学事业的发展具有重要意义。

（二）医疗伦理损害责任

医疗伦理损害，是指医疗机构和医务人员违背医疗良知和医疗伦理的要求，违背医疗机构和医务人员的告知或者保密义务，具有医疗伦理过失，造成患者人身损害以及其他合法权益损害的医疗损害责任。[1]

医疗伦理损害在《侵权责任法》中具体体现为对患者知情同意权的损害和对患者隐私权的侵害。该法第55条规定：“医务人员在诊疗活动中应当向患者说明病情和医疗措施。需要实施手术、特殊检查、特殊治疗的，医务人员应当及时向患者说明医疗风险、替代医疗方案等情况，并取得其书面同意；不宜向患者说明的，应当向患者的近亲属说明，并取得其书面同意。医务人员未尽到前款义务，造成患者损害的，医疗机构应当承担赔偿责任。”同法第62条规定：“医疗机构及其医务人员应当对患者的隐私保密。泄露患者隐私或者未经患者同意公开其病历资料，造

---

[1] 杨立新：《医疗损害责任研究》，法律出版社2009年版，第136页。

成患者损害的，应当承担侵权责任。”从上述条款来看，《侵权责任法》对于医疗伦理损害的归责原则未有特别的规定，逻辑上看应延用一般归责原则即过错责任原则。据此，患者应对医疗伦理损害责任的全部要件举证证明。[1] 医疗伦理损害责任的构成要件具体如下。

1. 过错

即医疗机构及其医务人员存在违反医疗伦理规范的过错。按照主客观相结合的过错理论，医疗伦理损害责任中的过错要件一定要通过外部行为表现出来，而该行为即是指医师违反告知义务的行为和违反保密义务的行为。根据“违法推定过错”的原则，患者只要证明医方有违反法定告知义务和保密义务的行为，即实现了对过错要件的证明。其中，违反告知义务的类型包括：未履行告知义务；未履行充分告知义务；错误告知；迟延履行告知义务；履行了告知义务，但未经同意而实施医疗行为。[2] 违反保密义务的类型主要是泄露患者隐私和擅自公开患者隐私。

2. 损害事实

在医疗伦理损害中，受侵害之对象是患者的非物质性人格权，具体包括患者的知情同意权和隐私权。因侵犯这些权利而造成的损害主要是精神损害和直接的财产损失。至于身份利益的丧失、治疗和存活机会的丧失以及其他间接性损害尽管也是损害事实，但不应统统列入赔偿的范围。在确定损害事实的可赔偿性时，还要考虑因果关系的问题，只有当因果关系足以具备相当可

---

[1] 对此，杨立新教授持有不同观点。他认为，医疗伦理损害责任应当借鉴法国的做法实行过错推定原则。即直接推定医疗机构有过失，除非医疗机构能够证明自己的行为没有过失，否则应当就其医疗伦理过错的损害（包括人身损害和精神损害）承担赔偿责任。杨立新：《医疗损害责任研究》，法律出版社 2009 年版，第 67 ~ 69 页。

[2] 杨立新：《医疗损害责任研究》，法律出版社 2009 年版，第 152 页。

能时，才产生赔偿责任。

3. 因果关系

医疗伦理损害责任中的因果关系表现为医师未尽告知义务的行为和未履行保密义务的行为造成了患者的精神损害和财产损失，二者之间存在一种引起与被引起的关系，且这种关系还必须具备相当的可能性。

（三）医疗产品损害责任

医疗产品损害责任，是指医疗机构在医疗过程中使用有缺陷的药品、消毒制剂、医疗器械、血液及其制品等医疗产品，因此造成患者人身损害，医疗机构或者医疗产品的生产者、销售者应当承担的医疗损害赔偿责任。[1]

《侵权责任法》第59条规定："因药品、消毒药剂、医疗器械的缺陷，或者输入不合格的血液造成患者损害的，患者可以向生产者或者血液提供机构请求赔偿，也可以向医疗机构请求赔偿。患者向医疗机构请求赔偿的，医疗机构赔偿后，有权向负有责任的生产者或者血液提供机构追偿。"第59条虽然列于《侵权责任法》第七章"医疗损害责任"中，但从规则上看，却明显采用了《侵权责任法》第五章"产品责任"的规定以及《产品责任法》的规定。[2] 由此可见，医疗损害责任与产品责任在医疗缺陷产品致害问题上发生了竞合。我们甚至可以这样理解：医疗产品责任是产品责任在医疗领域的具体化，而医疗机构的地位就如同医疗产品的销售者。既然医疗产品损害责任的性质是产品

---

[1] 杨立新：《医疗损害责任研究》，法律出版社2009年版，第157页。

[2] 《侵权责任法》第五章"产品责任"第43条的规定与"医疗损害责任"第59条的规定有异曲同工之妙。第43条的内容是："因产品存在缺陷造成损害的，被侵权人可以向产品的生产者请求赔偿，也可以向产品的销售者请求赔偿。产品缺陷由生产者造成的，销售者赔偿后，有权向生产者追偿。因销售者的过错使产品存在缺陷的，生产者赔偿后，有权向销售者追偿。"

责任，那么该责任的成立与一般的产品责任别无二致。至于医疗产品责任的构成，我们将在下一节探讨。

三、医疗损害责任之重要形态——医疗事故损害责任

（一）医疗事故的界定

与医疗损害责任最易混淆的概念莫过于医疗事故损害责任。医疗事故的法律概念最早出现于1987年国务院颁布的《医疗事故处理办法》。2002年，国务院废止了该办法，另行颁布《医疗事故处理条例》代替该办法并适用至今。根据《条例》第2条，医疗事故，是指医疗机构及其医务人员在医疗活动中，违反医疗卫生管理法律、行政法规、部门规章和诊疗护理规范、常规，过失造成患者人身损害的事故。以这一规定为根据，通常认为医疗事故必须具备以下要件才能成立：

第一，医疗事故的主体是医疗机构及其医务人员；

第二，医疗机构及其医务人员主观上存在过失；

第三，医疗机构及其医务人员在医疗活动中所实施的某些行为违反了医疗卫生管理法律、行政法规、部门规章和诊疗护理规范、常规；

第四，患者遭受了明显的人身损害；

第五，医疗机构及其医务人员的行为与患者损害之间存在因果关系。

根据上述要件，以下情形不属于医疗事故：（1）非享有合法资质的医疗机构及其医务人员所造成的患者损害不属于医疗事故，如非法行医不属于医疗事故；（2）医疗机构及其医务人员的故意造成患者损害的，不是医疗事故；(3)不是在正常医疗活动中造成的患者损害，不构成医疗事故；（4）患者遭受人身伤害以外损害的，不是医疗事故；（5）患者遭受了人身伤害，但损害程度不明显时，不构成医疗事故。除上述情形外，《条例》

第33条还规定了不属于医疗事故的其他6种情形：（1）在紧急情况下为抢救垂危患者生命而采取紧急医学措施造成不良后果的；（2）在医疗活动中由于患者病情异常或者患者体质特殊而发生医疗意外的；（3）在现有医学科学技术条件下，发生无法预料或者不能防范的不良后果的；（4）无过错输血感染造成不良后果的；（5）因患方原因延误诊疗导致不良后果的；（6）因不可抗力造成不良后果的。

（二）医疗事故与医疗损害、医疗技术损害概念之比较

我国法律上的“医疗事故”概念最初出于行政管理的需要而提出，这一点从《条例》的立法背景、颁布机关、制度设计和条文内容方面可以得到印证。通过对医疗事故纠纷的处理和解决，《条例》所欲达到的目标是预防医疗事故这类重大医疗过失行为的发生，因此《条例》中大量是关于制度和罚则的规定。可以说，“医疗事故”概念的提出，首先是为了满足医疗管理活动的需要，由于其天生不是为了救济损害而设计，因此与民法上的医疗损害存在差异也就不足为奇。

一直以来，我国都将“医疗事故”等同于“医疗损害”的概念来使用。[1]“医疗事故就是医疗损害，不构成医疗事故也就不存在医疗损害”的这种观念在实务中占据主导位置，而其根源来自《条例》第49条第2款的规定：“不属于医疗事故的，医疗机构不承担赔偿责任。”作为指导医疗事故赔偿的依据，第

[1] 杨立新教授在其文章中也对这种概念混同的现象进行了阐述。文中称：“改革开放之初，我国司法实践和民法理论对医疗侵权行为概念的称谓，一直都是医疗事故或医疗事故责任，法院受理的这类案件则称为医疗事故赔偿纠纷。在1986年6月29日发布、1987年1月1日实施的《医疗事故处理办法》中，就采用了当时最为普遍的称谓，将医疗侵权行为直接称为医疗事故和医疗事故责任，此后在司法实践中普遍使用。十几年来对此几乎没有异议。”杨立新：“医疗损害责任概念研究”，载《政治与法律》2009年第3期。

49 条将医疗事故与民事赔偿画等号，并用排除法将医疗事故以外的损害与民事赔偿割裂开来，对司法审判产生了重要影响。那么，这种割裂是否正确呢？试举一例即可找到答案。《条例》所称医疗事故乃是医疗机构及其医务人员过失造成的，所以故意造成患者人身伤害的，不是医疗事故，不必承担赔偿责任。然而实际上，医生故意造成患者人身损害的，患者所受创伤的程度更大，尽管多数情况下，医生可能因其故意行为而承担了刑事责任，但是患者的损害并未因为医生受到刑事处罚而获得弥补。更何况当医生的故意行为尚未达到承担刑事责任的程度时，如果不令其对患者承担民事赔偿责任，将明显违反公平正义的法律观念。所以，将“医疗事故”等同于“医疗损害”是一种错误观念引导下的错误理解，实际上医疗损害的概念远大于医疗事故的概念，医疗损害应当是医疗事故的上位概念。

随着我国人权意识的提高，权利本位的民法理念越来越在立法中得到体现，医疗损害作为一个更具有包容性的概念进入立法视野，医疗事故渐渐成为一个下位概念而存在。这种立法上的变革最早出现于 2002 年《最高人民法院关于民事诉讼证据的若干规定》中，其所提出的医疗侵权概念被普遍认为大于医疗事故的外延。而这种变革最突出的体现莫过于最高人民法院 2007 年通过的《民事案件案由的规定》，其中对与医疗相关的纠纷采用了“医疗损害赔偿案件纠纷”的案由称谓，而对医疗事故损害赔偿纠纷未予提及。变革成熟的标志非《侵权责任法》莫属了，其第七章的“医疗损害责任”确立了医疗损害的民法称谓。今后是否承担赔偿责任关键要看是否构成了医疗损害责任，而不是以是否构成医疗事故为标准。当然，这并不是说医疗事故的定义没有存在的必要，因为卫生行政管理机关仍要通过对医疗事故的界定来实现其预防、控制、处理重大医疗过失行为的目的，医疗事故的定义对于行政管理仍有积极的意义。正因如此，《医疗事故处理条例》在《侵权责任法》出台后并不会废止，只是内容中涉及民事赔偿的部分与《侵权责任法》冲突的规定不再适用罢了。

医疗事故责任、医疗损害技术责任和医疗损害责任三者实际上呈现出逐级递进的关系。从责任构成上看，医疗事故损害责任的范围最小，它是从属于医疗技术损害责任的一种类型，医疗损害责任的范围最大，它包容了医疗事故责任和医疗技术损害责任。

四、药品不良反应损害责任与医疗损害责任的区别

药品不良反应常与医疗损害责任相提并论，是因为药品通常通过医师的指导而为患者使用的。在发生药品不良反应后，患者首先想到的是医疗机构有责任。那么，药品不良反应究竟应不应该由医疗机构承担责任呢？这需要对药品不良反应与医疗损害责任进行比较后才能得出结论。

（一）药品不良反应损害赔偿责任不是医疗技术损害责任和医疗事故责任

如前所述，医疗技术损害责任之构成要求具备主体、损害、过错和因果关系 4 个要件。在患者自行购买和使用药品的情形，由于没有医师的介入，药品不良反应很难与医疗技术损害责任相联系。可是在医师指导用药的情形下，如果发生了药品不良反应，情形就有所不同了。从医疗技术损害责任的构成要件上观察，医师指导用药下发生的药品不良反应事件已经具备了主体和损害两个要件，关键问题在于考察医师对于药品不良反应的发生是否存在过错以及医师指导用药的行为与药品不良反应之间是否存在因果关系。通过分析，不难发现以下结论。

1. 医师没有过错

《侵权责任法》第 57 条将是否“尽到与当时的医疗水平相应的诊疗义务”作为界定医务人员过错的标准。药品不良反应

是在预防、治疗疾病或调节生理机能过程中，给予正常用法和用量的药品时所出现的与用药目的无关或意外的有害反应。这种与用药目的无关或意外的有害反应，即使药品的生产和研发机构亦不能完全掌握，医师就更无预见或者防范的能力。所以，医师只要根据药品使用说明合理用药即可认为尽到了与当时的医疗水平相应的注意义务，医师对于药品不良反应的发生没有预见，当然也就不存在过错。

2. 因果关系不成立

由于药品作用的双重性，每一种药品的使用都有特定的用法、用量限制，医师指导用药也必须符合药品的明示规定，不得违反药品的配伍禁忌以及用法、用量。这样做乃是遵从科学研究的结果，目的是保证用药安全，因此只要医师遵从了正当的用药方法，其行为就不存在不当。实际上，药品不良反应与医师用药行为之间并无本质关联，导致不良反应发生的真正原因存在于医师的控制能力之外。

综上所述，药品不良反应不属于医疗技术损害。既然不是医疗技术损害，那么与医疗事故也相去甚远。将医师指导用药下发生的药品不良反应作为医疗技术损害或者医疗事故对待无疑是错误的。

（二）药品不良反应大多数情况下不涉及医疗伦理损害责任

医疗伦理损害是医疗机构及其医务人员违背了医疗伦理的要求，造成患者人身损害以及其他合法权益损害的赔偿责任，主要包括违反保密义务的损害赔偿责任和违反告知义务的损害赔偿责任。与药品不良反应发生误认的更多的是违反告知义务的损害责任。

按照《侵权责任法》和相关卫生法律规范，医务人员在诊疗活动的全过程中都负有向患者告知病情、医疗措施和医疗风险的义务。作为医疗风险的一部分，已知的药品不良反应应在告知的范围内；在对患者实施手术、特殊检查和特殊治疗时，如果某些药品已知的不良反应足以成为医疗风险时，还必须经过患者书面同意后才能给患者使用。倘若对上述风险未予告知，一旦发生严重的不良反应，医方应承担损害赔偿责任，此即涉及医疗伦理损害责任。然而在大多数情况下，药品不良反应是医务人员不可预知的（如“常见但不可预期的药品不良反应”和“特异体质型药物过敏反应”的情形）。由于医师无法预知，当然也就无法进行告知，更谈不上违反告知义务，因而不会涉及医疗伦理损害责任。即便从构成要件上分析，药品不良反应损害责任与医疗伦理损害责任也存在较大差异。

1. 医师的主观状态不同

医疗伦理损害责任要求医务人员主观上存在过错，该过错体现为对医疗伦理规范（即告知义务和保密义务）的违反。而在药品不良反应的情形，损害的发生纯属意外，药品说明书中大多没有记载，对患者进行告知属于客观不能，医务人员主观上不存在过错。

2. 损害事实不同

医疗伦理损害中，受侵害的对象是患者的知情同意权、隐私权等非物质性人格权，损害事实通常表现为精神损害。而在药品不良反应的情形，受侵害的对象是患者的健康权等物质性人格权，损害事实主要表现为人身损害。

第二节　药品不良反应与产品责任

一、产品与缺陷

《产品质量法》第 2 条对产品的定义是“经过加工、制作，用于销售的产品”，同时指出建设工程不是产品，但建设工程使用的建筑材料、建筑构配件和设备经过加工、制作并用于销售的，属于产品。由此可知，《产品质量法》所指的产品是指有形的工业产品和农产品，这些产品必须具备下述条件：其一，经过了加工和制作；其二，用于销售的目的。未经过加工制作的物品和虽然经过了加工制作但不是用于销售的物品不是产品，包括初级农产品、狩猎产品、原始矿产品、军工产品和加工制作后为自己所用的物品等。

《产品质量法》第46条对缺陷的定义是“产品存在危及人身、他人财产安全的不合理的危险；产品有保障人体健康和人身、财产安全的国家标准、行业标准的，是指不符合该标准”。与各国法律对产品缺陷的定义相同，我国法律对缺陷的理解也集中在“产品未提供给使用者或消费者有权期待的安全或具有不合理的危险”上，但与其他国家不同的是，国外法律认定产品缺陷时通常只有一个标准即不合理危险标准，我国法律则提出了两种标准——不合理危险标准和国家标准、行业标准。更加有趣的是，两种标准不在同一层次上使用，按照第46条的规定，国家和行业标准较不合理危险标准优先适用。目前，我国大多数产品都有国家标准或者行业标准，不合理危险标准的适用余地非常小，由此引发了一个问题，假如某一产品符合国家标准或者行业标准，但是又确实存在不合理的危险，那么也不能认定该产品存在缺陷。这样，当一种产品的国家标准或者行业标准过于陈旧，或者本身存在瑕疵甚至是错误，但是只要产品依据此种标准生产，就不能认定其有缺陷。可事实上，符合国家或行业标准不等于没有不合理危险，第46条的规定将符合国家或行业标准等同于产品合格，并将产品合格与产品安全画起了等号，认为合格产品不存在缺陷，实际上等于抛弃了“不合理危险标准”，其结果是受害者无法为使用了符合国家或行业标准但确实存在不合理危险的产品造成的损害请求赔偿。

二、产品责任的归责原则和构成要件

（一）产品责任的归责原则

关于产品责任的归责原则，《侵权责任法》和《产品质量法》保持了一致态度，即适用二元归责原则，对生产者适用无过错责任原则，对销售者适用过错责任原则。出于对消费者的保护，两部法律还规定生产者与销售者的连带责任。按照《侵权责任法》第43条规定："因产品存在缺陷造成损害的，被侵权人可以向产品的生产者请求赔偿，也可以向产品的销售者请求赔偿。产品缺陷由生产者造成的，销售者赔偿后，有权向生产者追偿。因销售者的过错使产品存在缺陷的，生产者赔偿后，有权向销售者追偿。"《产品质量法》第43条也有相同的规定："因产品存在缺陷造成人身、他人财产损害的，受害人可以向产品的生产者要求赔偿，也可以向产品的销售者要求赔偿。属于产品的生产者的责任，产品的销售者赔偿的，产品的销售者有权向产品的生产者追偿。属于产品的销售者的责任，产品的生产者赔偿的，产品的生产者有权向产品的销售者追偿。"

从两部法律的规定来看，生产者承担的是严格责任，这意味着产品存在缺陷并致他人损害，只要不存在法定的免责事由，生产者即应承担赔偿责任，不论生产者是否存在过错。"受害人无须就加害人的过错进行举证，加害人也不得以其没有过错为由主张免责或减责"。[1] 可是，销售者真的能承担过错责任吗？难免令人疑惑。两部法律一方面规定销售者有过错才承担责任；另一方面却让销售者与生产者承担连带责任，这样一来，即使销售者没有过错，但是受害者选择销售者赔偿的，销售者必须给予赔

---

[1] 张新宝：《中国侵权行为法（第二版）》，中国社会科学出版社1998年版，第502页。

偿。实际上销售者承担的既有过错责任，又有无过错责任。那么，两部法律对销售者究竟适用何种归责原则呢？为此，张新宝教授在其著作《侵权责任法原理》中的观点可谓清晰和客观。他认为，应当从两个层面去考虑销售者的产品责任：一方面，对于受害人，销售者承担的是无过错责任，销售者不能以自己没有过错对抗受害人；另一方面，对于生产者，销售者承担的是过错责任，即销售者在向受害人承担了无过错责任后，如果缺陷并非由其过错造成的，其可以向生产者追偿。或者可以说，销售者的直接责任（表面责任）是一种无过错责任，而销售者的最终责任则是一种过错责任。[1]

（二）产品责任的构成要件

产品责任的构成需要三个要件：缺陷、损害和因果关系。

1. 产品存在缺陷

严格责任的适用使产品责任完全不考虑生产者的主观状态，而是将重心转移到产品的客观状态上来，产品是否安全成为评判生产者责任的核心依据。所以认定缺陷的存在是构成产品责任的首要条件，没有缺陷也就无所谓产品责任。《侵权责任法》没有给出产品缺陷的定义，因此缺陷的判断标准仍然要沿用《产品质量法》第46条的规定，采用国家、行业标准和不合理危险标准。

根据1988年通过的《中华人民共和国标准化法》第6条，对需要在全国范围内统一的技术要求，应当制定国家标准。国家标准由国务院标准化行政主管部门制定。对没有国家标准而又需要在全国某个行业范围内统一的技术要求，可以制定行业标准。行业标准由国务院有关行政主管部门制定，并报国务院标准化行

---

[1] 张新宝：《侵权行为法原理》，中国人民大学出版社2005年版，第403～404页。

政主管部门备案，在公布国家标准之后，该项行业标准即行废止。同法第7条规定，国家标准、行业标准分为强制性标准和推荐性标准。保障人体健康、人身和财产安全的标准和法律、行政法规规定强制执行的标准是强制性标准，其他标准是推荐性标准。由此可知，产品的国家标准或行业标准中的强制性标准才是认定产品缺陷的主要依据。而只有当某项产品缺乏国家标准或行业标准时，才能运用不合理危险标准以评定产品缺陷。

2. 缺陷产品造成了受害人损害

首先，受害人的范围不限于与生产商存在合同关系的当事人，而是指因产品缺陷受到损害的所有人，包括产品的使用人和第三人。其次，损害的范围包括财产损失、人身损害和精神损害。有必要探讨的是，缺陷产品造成的财产损失中是否包括缺陷产品本身的损失。根据《产品质量法》第41条第1款，缺陷产品造成的财产损害仅指“缺陷产品以外的其他财产损害”。之所以这样规定，大致是沿袭了国外的立法，认为产品本身的损害属于违约损害赔偿的问题，应当通过合同制度来解决，产品以外的财产损害才是侵权法解决的问题。然而这样的逻辑并没有被《侵权责任法》所认可，该法第41条称“因产品存在缺陷造成他人损害的，生产者应当承担侵权责任”，至于“他人损害”究竟指什么，《侵权责任法》没有作出限定。“我们认为本条的财产损害，既包括缺陷产品以外的其他财产的损害，也包括缺陷产品本身的损害，这样，有利于及时、便捷地保护用户、消费者的合法权益”。[1]

3. 产品缺陷与损害事实之间存在因果关系

这里的因果关系是指产品缺陷与受害者损害之间的引起与被

[1] 王胜明主编：《中华人民共和国侵权责任法释义》，法律出版社2010年版，第226页。

引起的关系。由于产品责任属于严格责任，生产者的主观状态不是判定责任成立需考虑的因素，因此产品缺陷与损害事实之间的因果关系成为认定责任的核心要素。因果关系要件要求缺陷是致害的原因，损害是缺陷的结果，至于因与果之间的密切程度，则应以“相当性”来判定。

至于产品责任的举证问题，相关法律并未进行特别规定，逻辑上应由受害者证明缺陷、损害事实和因果关系要件的存在。生产者则对法律规定的免责事由承担举证责任。❶

三、产品责任的免责事由

产品责任虽实行严格责任，但该责任并非绝对责任，法律允许生产者在特定条件下被免除承担责任或者减轻责任。依照《侵权责任法》第三章“不承担责任和减轻责任的情形”的规定，产品责任的免责事由包括受害人故意、第三人（此处不包括销售者）过错、不可抗力、紧急避险和正当防卫 5 种情况。此外，《产品质量法》第 41 条第 2 款规定的 3 种情形“未将产品投入流通的”“产品投入流通时引起损害的缺陷尚不存在的”“将产品投入流通时的科学技术水平尚不能发现缺陷的存在的”，也是生产者免于承担责任的重要情形。

（一）未将产品投入流通

未将产品投入流通是各国产品责任法公认的免责事由。“投入流通”的含义是，任何形式的出售、出租、租赁、租卖以及抵押、质、典当。❷ 产品责任从合法责任发展而来，其目的在于

---

❶ 《最高人民法院关于民事诉讼证据的若干规定》第 4 条第（6）项规定了生产者对免责事由的举证责任：“因缺陷产品致人损害的侵权诉讼，由产品的生产者就法律规定的免责事由承担举证责任。”

❷ 张新宝：《中国侵权行为法（第二版）》，中国社会科学出版社 1998 年版，第 506 页。

保护消费者的利益。如果一项物品没有投入流通领域，那么也就不会到达消费者手中，更不会造成消费者损害，自然不会出现产品责任的问题。事实上，根据《产品质量法》对产品的界定，未投入流通领域的物品根本不构成产品，当然也不发生产品责任的问题。

（二）产品投入流通时，引起损害的缺陷尚不存在

生产者如能证明产品投入流通时缺陷不存在，即证明了缺陷并非发生在生产阶段，出于公平的考虑，生产者自不应承担赔偿责任。然而实务上，该条免责事由在适用时难免出现疑问。

按照《侵权责任法》第 43 条，因产品存在缺陷造成损害的，被侵权人可以向产品的生产者请求赔偿，也可以向产品的销售者请求赔偿。产品缺陷由生产者造成的，销售者赔偿后，有权向生产者追偿。因销售者的过错使产品存在缺陷的，生产者赔偿后，有权向销售者追偿。《产品质量法》第 43 条有相同的规定。据此可以判断，当产品缺陷是由销售者行为造成时，受害人仍然有权向生产者索赔。可是当受害人找到生产者时，生产者却可以以缺陷产生于销售阶段而主张免责。出现这种矛盾，理论上应如何解释呢？笔者认为，《产品质量法》第 41 条第 2 款的免责事由乃是从最终责任承担的角度考虑的，该条免除的是生产者的最终责任，至于直接责任生产者仍有承担的必要。也就是说，当受害人向生产者索赔时，即使生产者能够证明产品缺陷产生于销售阶段，是销售者的过错导致，生产者亦必须对受害者先行赔偿，只不过在其赔偿后享有对销售者的追偿权罢了。如果产品的缺陷是由于运输者、仓储者的过错造成的，受害人向生产者提出赔偿主张的，生产者也应先行赔偿，然后向有过错的运输者、仓储者追偿。

有疑问的是，当生产者或销售者赔付后，生产者通过证明产品投入流通时缺陷尚不存在而得以免责，销售者亦有证据证明产品缺陷并非其过错行为所致，且运输者、仓储者均无过错的情形，

究竟谁应当承担最终的赔偿责任呢？这不得不说是一个难题。

（三）将产品投入流通时的科学技术水平尚不能发现缺陷的存在

对于科学上不能发现的缺陷，生产者不承担赔偿责任，此规定是为了保护生产者继续开发和生产产品以满足大众生活的需要。此处所谓“产品投入流通时的科学技术”乃是指产品投入流通之时社会整体的技术水平，判断时应以此为依据。既不能以产品投入流通之后的科学技术水平来判断，也不能以生产企业自身或者不具代表性的部分企业或者地区的技术水平来判断。

四、药品不良反应的产品责任之辩

药品不良反应乃药品作用的结果，基于药品的商品属性，受害者很容易将其与产品责任相互联系。问题在于，药品不良反应是否属于产品责任？是否应当允许受害者通过产品责任诉讼获得赔偿？要对这些问题作出回答，还必须对诸多理论问题加以澄清。

（一）药品是否是产品

药品是为了预防、治疗和诊断疾病而经特别加工、制作的物质，在现代商品经济社会中，药品生产的目的是为了销售获取经济利益。由于药品研发和制造具有很强的专业性，所以各类型的药品均在一定程度上进行了加工和制作。药品是产品或商品已为大多数人所认可。然而药品具有特殊性，尤其是它所具有的福利性和作用的两重性是一般商品所不具备的，在发生药品致害的情形，一律沿袭产品责任的规定，其结果可能并不符合社会公平。下面我们从无过错输血感染入手，看看对药品适用产品责任是否适当。

某甲回家途中遭遇车祸，左上肢断离，当即被送往医院抢救。由于某甲失血过多，医院于当日从市中心血站配血，先后输血两次，每次输血400毫升。某甲出院后，感觉身体不适，四肢无力，厌油。经检查其患上了丙型肝炎。在求医过程中，医生问他近期是否输过血，因为通过输血可以传染丙肝。于是某甲找到当时为他治疗的医院，要求其对输血传染了丙肝负责治疗，但经多次协商，均无结果。某甲见协商无望，就向当地法院递交了起诉状，要求当事医院和市中心血站赔偿医疗、交通、营养、伤残补助、赡养、抚养、继续治疗、精神损失等费用 1 145 500元。中心血站出具了提供上述血液的献血者的姓名及献血前体检报告，报告反映一切正常。中心血站认为，自己已经严格地按照国家法律、法规对献血者进行了传染病的检查，不应承担法律责任。医院认为，所输血浆是由中心血站提供的，医院也按照《医疗机构临床用血管理办法》和《临床输血技术规范》的规定，尽到了核查的义务，对某甲的抢救治疗也及时正确，不应当承担赔偿责任。法院经审理证实，中心血站采供血符合各项技术操作规程和制度，医院对输给患者的临床用血也尽到了核查义务。[1]

药品通常被认为是产品，对此并没有太多的争论，与药品相似，被用于医疗领域的许多其他物品（如消毒药剂、医疗器械）也都被看做产品。可是在无过错输血感染的案件中，血液的产品属性遭到普遍质疑。实际上，血液只是药品的一种，对血液产品属性的探讨最终要回归到药品的产品属性这一问题上来。

关于血液的法律属性，目前存在截然对立的两种观点。一种观点主张血液不是产品，认为为患者输血是出于救死扶伤的目的，血站、医院均不以营利为目的，不作经营销售，使用中仅收取成本费用，故不属于产品。[2] 另一种观点肯定了血液的产品属

---

[1] 王岳："无过错感染不属于医疗事故"，载 http://www.178yy.com/news/2006/7/2006710203341.htm，2010 年 8 月 4 日访问。

[2] 梁慧星："输血感染案件的法律适用——民法学家梁慧星答读者问"，载《人民法院报》1998 年 9 月 29 日。

性，认为输血使用的全血或成分血（除供血者与受血者当场直接输血外）均经过加工制作，是包含在产品总类中的医药产品，由血站限制流通到医院，作为特殊商品由医院输注给患者。由于其在采集、加工、检测、包装等环节中都可能存在问题，使之在正常、合理使用的情况下也存在着危及他人身体健康的风险，所以应适用有关缺陷产品致损的产品责任法。[1] 本案中，中心血站和医院在具体操作中均无不当，属于典型的无过错输血致害案件。如果坚持血液是产品，那么中心血站和医疗机构都有赔偿责任，如果认定血液不是产品，那么损害后果将由患者承担。由此可见，两种观点导致的结果截然不同。从理论上看，两种观点均有道理。肯定血液是产品的理由有：（1）输血用血经过了加工程序。无论输血用血是全血还是成分血，都与人体内的血液不同，需要经过加工和制作（采血、分离和加入抗凝剂等），否则人体内的血液是不能自动成为输血用血的。（2）血液加工后的目的在于销售。血站将加工制作的血液通过医疗机构提供给患者使用，而患者也为此付出了对价，无论是血站与医疗机构之间，还是医疗机构与患者之间都是一种等价交换的商品买卖关系。（3）否定血液为产品将有违公平。输血用血液和血液制品（如冻干血浆、白蛋白、丙种球蛋白和凝血因子）来源相同，都是献血者体内自然流动的血液或血浆，只是输血用血是以较为简单的工艺流程加工而成的，而血液制品则由企业以较为复杂的工艺流程加工制作。血液制品普遍被认为属于产品，对生产者须适用严格责任，而输血用血却被认为不是产品，对生产者无须适用严格责任，这种差别待遇显然违反了法律公平正义的理念。（4）输血感染疾病事故中，患者完全处于被动的地位，相比之下，血液

[1] 冯开红、陶建华："论输血感染疾病的法律属性及其民事损害赔偿问题"，载《华东政法学院学报》2001 年第 3 期。

的提供者更有能力控制风险。即使在无过错输血感染疾病的情况下，血液的提供者较患者而言具有更高承担风险和分散风险的能力。然而反对者的理由同样值得深思：（1）血液是从献血者身体采集而来，而制造血液的乃是人体，而非加工可以得来。血液不是生产劳动就可以获得的，血站和医疗机构都不能加工制造血液。（2）血站和医疗机构并不以向患者提供血液而获盈利。我国实行无偿献血制度，血站取得血液无须支付成本，同样血站将血液提供给医疗机构和患者时也未对血液成本收取费用。按照卫生部、国家发改委《关于调整公民临床用血收费标准的通知》（卫规财发［2005］第437号）文件的规定，血站向医疗机构供应血液的价格只是加工的费用，具体包括采集、储存、分离、检验的费用，而医疗机构向患者供应血液的价格也只是包括血站供应的血液价格、储血费和配血费，在向血站支付血液的供应价格之后，医疗机构仅仅留取储血费和配血费。并且血液的供应价格、储血费、配血费均由国家或地方政府确定最高价格。整个过程中，血站和医疗机构只是向患者收取了加工制作成本，而没有盈利。（3）“窗口期”和“漏检率”[1]使血液无法保证绝对的安全，即使采供血机构严格按照规范流程进行操作，仍可能无法检验出血液中的病毒。这种无过错输血感染疾病乃是受医学技术所限，令采供血机构承担责任难免会加重它们的负担，从而影响医药卫生事业的发展。

---

[1] 从病毒进入人体到血液中产生足够量的、能用检测方法查出病毒抗体之间的这段时期，称为“窗口期”。在窗口期虽测不到病毒抗体，但体内已有病毒，因此处于窗口期的感染者同样具有传染性。卫生部《关于输血诉讼案件有关技术问题请示的复函》（卫医血发［1998］第40号）指出，目前我国丙型肝炎病毒抗体诊断试剂的特异性和灵敏度均在95%左右，当前的检测技术、标准品的水平，国内外的准确率在95%以上，均不能保证100%的准确，即存在漏检的可能性。已经通过中国药品生物制品检定所检定合格的试剂在用于血液筛选时仍然存在“漏检”的可能，这主要与窗口期的存在以及科学技术的发展有关。

上述两种观点显然都有充分的依据，在法律尚未明确血液为产品的情况下，作出上述解释都可以接受。实际上两种观点代表了两种倾向，而其分歧就在于“谁的利益应当优先保护”。显然，第一种观点更多关注的是医药卫生事业的发展，防止医药卫生事业因风险过大而过分保守；第二种观点则注重对于受害者的救济。2010 年生效的《侵权责任法》对血液问题有所涉及，其第 59 条规定：“因药品、消毒药剂、医疗器械的缺陷，或者输入不合格的血液造成患者损害的，患者可以向生产者或者血液提供机构请求赔偿，也可以向医疗机构请求赔偿。患者向医疗机构请求赔偿的，医疗机构赔偿后，有权向负有责任的生产者或者血液提供机构追偿。”依此规定来看，立法者倾向于对血液致害案件适用产品责任规则，一定程度上反映了立法者对血液产品属性的默认，体现出立法者对损害填补以及消费者保护的优先考虑。

（二）药品不良反应是否等同于缺陷

缺陷是存在于产品中的不合理危险。药品不良反应是在正当使用合格药品的过程中所出现的，其后果常常十分严重，由于该结果与用药目的无关，超出了使用者有权期待的利益范围，对使用者而言构成了一种不合理危险。然而从我国的法律来看，将药品不良反应等同于药品缺陷很难成立。

首先，药品不良反应不符合缺陷标准。我国《产品责任法》对产品缺陷适用两种认定标准，且两种标准在适用时并非具有相同顺序，这使得一种产品如果具有国家或行业标准时，那么对这种产品进行缺陷认定时就只能适用国家、行业标准而非不合理危险标准。药品作为我国卫生事业重点管理的对象，其国家、行业标准相对完善，于是药品缺陷的认定标准实际上具有惟一性——国家、行业标准。可是，不良反应发生于合格药品之上，而按照《药品管理法》，药品合格即是指药品符合国家、行业标准，因而药品不良反应不能被认定为药品缺陷。

其次，药品不良反应符合产品责任的免责条件。《产品责任法》将“将产品投入流通时的科学技术水平尚不能发现缺陷存在的”作为免于承担责任的一项法定事由，而药品不良反应的三种类型中，“常见且不可预期的不良反应”和“特异体质型药物过敏反应”显然符合这一情形。至于“常见且可预期的不良反应”，由于它已被记载于药品说明书和标签中，所以生产者履行了危险警示义务，患者使用可被视为“自甘冒险”，同样可以参照免责情形处理。

药品不良反应与缺陷的关系在上述无过错输血感染案中就表现为病毒与缺陷的关系，通过对该案中病毒与缺陷的讨论，可以使我们清楚地看到将不良反应等同于缺陷的牵强与不切实际。医疗用血原本之功效在于治疗疾病、抢救病患，但是如果血液携带病毒，则可能致人疾病。感染病毒并非输血的目的，且输血前血站对血液的检验就是为了排除病毒隐藏于血液的可能，尽管如此，血液中仍不乏病毒存在，足以对患者构成危险。考察病毒的来源，既可能是由于采供血机构的过错造成的（如未作检测或检测方法不当致使应当检测出来的病毒未被发现，采血过程中血液受到污染，保管和运输不当使血液变质，消毒不严使病毒随血液进入等），也可能是在采供血机构无任何过错的情况下发生的（如因“窗口期”“漏检率”缘故引起）。其中，因采供血机构的过错造成血液携带病毒，该危险自是不合理的，血液中存在的病毒可谓缺陷。可是当病毒因“窗口期”“漏检率”而具有客观不能排除的理由时，虽然也存在危险，但是无法归入“不合理”之列。所以，将产品缺陷理论适用于血液产品上（或者从更大范围上说适用于药品之上）难免有生拉硬拽之嫌。作为一种天生具有“合理危险”的产品，药品缺陷的范围应有所不同，而药品不良反应首先应排除在缺陷的范围之外。

（三）医疗机构是否属于销售者

《侵权责任法》第59条规定了医疗产品损害责任。在责任承担上，第59条沿袭了《产品质量法》和《侵权责任法》关于产品责任的规定，使药品、消毒药剂、医疗器械和血液的生产者、提供者与医疗机构承担连带责任，实际上将医疗机构作为销售者看待。那么，医疗机构是否是销售者呢？令医疗机构和生产者对受害者承担第一位责任是否合理呢？从下面的"'齐二药'假药事件"中我们可以找到答案。

"齐二药"假药事件

2006年4月，广州市中山大学附属第三医院（以下简称中山三院）重症肝炎病人中先后出现多例急性肾功能衰竭症状，院方怀疑可能是患者新近使用齐齐哈尔第二制药有限公司（以下简称"齐二药"）生产的"亮菌甲素注射液"引起的，立即于5月1日全部停止使用该药，并将情况上报广东省和国家有关部门。5月9日，广东药检所确定"齐二药"生产的"亮菌甲素注射液"里含有大量工业原料"二甘醇"，导致患者急性肾衰竭死亡。齐齐哈尔药监局的通报认为，"齐二药"采购员为图便宜，购入假冒的药用辅料"丙二醇"，实际其购进的是"二甘醇"，最终使"二甘醇"进入了"亮菌甲素注射液"的生产。据国家食品药品监督管理局新闻发言人张冀湘介绍，"齐二药"生产和质量管理混乱，检验环节失控，检验人员违反《生产质量管理规范》有关规定，将"二甘醇"误为"丙二醇"投料生产；"二甘醇"在病人体内氧化成草酸，导致肾功能急性衰竭。"齐二药"生产的"亮菌甲素注射液"最终导致11人死亡。

"齐二药事件"被定性为假药事件，缘于"亮菌甲素注射液"中所含的成分与国家药品标准规定的成分不相符合。"二甘醇"和"丙二醇"虽然在外观上很相似，但是在性能和价格上相差很大，作为工业原料的"二甘醇"不能用于食品和药品，价格也远远低于“丙二醇”。“齐二药”正是利用了产品价格上的优势，顺利地在招投标中取胜，并将其产品销往各大医院。“齐二药事件”不仅暴露出制药企业在《生产质量管理规范》执行中存在的问题，以及我国在药品监管中存在的空缺，更暴露出了药害事件中的责任承担问题。

“‘齐二药’假药事件”发生后，受害人及其家属将中山三院、“齐二药”、金衡源公司、医保公司（药品经销商）作为共同被告告上法庭，要求四被告承担赔偿责任。2008年6月26日，广州市天河区人民法院作出一审宣判，判定“齐二药”承担赔偿责任，中山三院和金衡源公司、医保公司承担连带责任，共赔偿原告3 508 247.46元。判决的观点和依据主要有四个：(1) 本系列案属于产品质量损害赔偿纠纷。法院认为，“齐二药”是涉案药品的制造者，金衡源公司、医保公司、中山三院属于涉案药品的销售者。(2) 本案使用产品质量的严格责任原则归责。虽然金衡源公司、医保公司、中山三院在经销药品过程中无过错，但仍构成了产品侵权责任。(3) 四被告对原告的损失承担连带赔偿责任。“齐二药”对原告的损失承担赔偿责任，金衡源公司、医保公司、中山三院在承担连带责任后，可对“齐二药”进行追偿。(4) 对专家组鉴定高度相关或密切相关，死于二甘醇中毒导致急性肾衰竭的患者，被告承担原告100%的损失。对“虽然关联度不大，但被注射了有害健康的涉案药品”，承担60%责任。[1] 当事人上诉后，广州市中级人民法院进行了二审审理，并于2008年12月10日作出终审判决：齐齐哈尔第二制药有限公司是生产假药的责任人，应承担最终赔偿责任，中山大学附属第三医院等其余三方被告承担连带责任，共需

[1] “‘齐二药’受害人索赔案宣判原告获赔300多万”，载http://law.southcn.com/fzxw/content/2008-06/27/content_4450839.htm，2010年7月16日访问。

赔偿原告350余万元。

然而事件并未结束，“‘齐二药’假药案”的宣判在社会上引起了广泛的讨论。由于齐药二厂已经濒临破产倒闭，令其承担赔偿责任已不可能，所以我们看到11名受害者中，9人均将中山三院作为了惟一被告。尽管法院判决最终责任要由齐药二厂承担，中山三院与两个药品经销商只是承担连带责任，但是由于齐药二厂的责任承担在客观上已经无法实现，所以中山三院和两个药品经销商实际上承担了最终责任。作为药害事件的发现者，中山三院不仅没有得到奖励，反而要承担最终的赔偿责任，不仅是中山三院难以承受的事实，也是所有医疗机构无法认可的。2008年12月12日，中山三院召开记者会，对终审判决提出强烈质疑，表示将向广东省高级人民法院申请再审。一场“医疗机构是否应当为假药买单”的讨论正式展开，“齐二药事件”也成了医疗行业最为关注的话题。

在产品侵权领域，我国法律为维护消费者利益，实现实质正义，给予消费者更高程度的保护；为控制风险，预防损害的发生，对于危险源头的生产者、销售者课以严格的责任。这种保护和风险控制措施突出地体现在生产者承担的严格责任以及销售者承担的连带责任方面。也就是说，对于生产者而言，判定其责任承担时无须考虑其有无过错，至于销售者，则要与生产者承担连带责任。“‘齐二药’假药案”属于典型的产品侵权纠纷案件，该案的判决是对《产品质量法》的遵照和执行，法律适用上不存在任何问题，但判决结果却难谓公正，偏离了法律目标。究其原因是立法思路出现了偏差，而直接原因就是将医疗机构等同于销售者的误认。

笔者不同意将医疗机构视同销售者或参照销售者地位对待，医疗机构提供药品的行为也不应认定为销售活动。“医疗机构是以应用科学技术手段（主要是医学科学技术）和药品从事疾病诊断、治疗活动的公益性机构。医疗机构在开展诊疗活动过程中必须使用药品，没有药品就无法正常完成诊疗活动，其使用药品的目的是为了防病治病，而不是为卖出药品；也就是说，医疗机构使用药品是诊疗的手段而不是目的。这就是药店销售药品和医疗机构使用药品的本质区别……提供药品存在差价的情形，并不足以认定医疗机构就是销售药品，而是国家确定的对医院补偿机制的组成部分”。[1] 而对药品这一特殊商品完全适用消费者保护的原则和理念并不能真正实现社会效益。因为药品不单纯是用来交换的商品，还是内含了公共性、福利性的商品，医疗机构提供药品的行为尽管具备了药品销售的外观，但因其具有的特定目的——疾病治疗，而与一般的商品销售不可等同。所以，医疗机构与一般商品的销售者不可一视同仁，否则顾此失彼，必将使更大的利益遭受损害。就像学者所称：“‘齐二药’假药案件一审民事判决表面上看可以在一定程度上弥补受害者的损失，但实质上却损害了更多消费者的潜在利益，主要原因：一是齐齐哈尔第二制药有限公司以倒闭不具备赔偿能力为由逃避赔偿，企业承担的保证安全义务已无从谈起，而且会起到示范效应，以后只要发生类似事件，受害者都会将医院作为被告要求赔偿，这将削弱企业建立保障社会安全义务的意识，难以对企业起到应有的惩罚和警示效应。二是若医院被认为是赔偿能力最强而被判决承担责任，就会使得医生和护士为加强自我保护、顾虑引发纠纷而回避报告药品不良反应事件，进而不利于因药品质量造成损害的患者救治。这样做的后果就是减少了药品风险发现的可能性，扩大了

[1] 周继华：“公立非营利性医院是药品的使用者，而非销售者——从中山三院‘齐二药’假药案件看医院的法律身份”，载 http://www.chinahealthreform.org/index.php/case/medicine/20-medicine/706-2008-12-22-01-59-40.html，2010 年 11 月 3 日访问。

问题药品损害的范围，使更多消费者的权益受到损害。”[1]

在前述无过错输血感染案件中，同样存在这样的问题。立法者意图通过血站和医疗机构转嫁无过错输血感染的风险，可是立法者忽视了一点：采供血机构是国家的公益事业，它关涉社会大众的生命和健康，过于严苛的责任制度非但是其不能承受之重，而且会影响国家公共卫生事业的大局。所以将血液和其他药品类推适用产品责任，只是一种权宜之计，目的无非是及时救济受害的患者。而要真正实现这一目的且不影响我国公共卫生事业的发展，必须思考适合需要的独立的责任承担机制。

综上所述，血液是否是产品的争论直接指向无过错输血感染案件中责任承担的问题。输血用血液经过了加工制作，其产品属性毫无疑问。但是输血用血作为一种药品，有其天生的危险性，这种危险性因其所具有的公共福利性而需被容忍。因此，探讨血液致害的责任时，绝不能将其与一般的产品致害责任相等同而不考虑其特殊性。无过错输血感染案件中，究竟由采供血机构赔偿还是由患者自己买单，已经充分显现了损害填补和公平之间的矛盾。我们要做的不应当仅仅是从中作出选择，而应当是尽可能兼顾，实现双赢。输血用血液在检验合格的情况下，为诊疗的目的提供给患者使用，在正常的用法、用量下引起了有害反应（病毒感染），因此无过错输血感染其实是药品不良反应的一种具体表现形态，人们对于血液是否是产品的争论间接反映出人们对药品不良反应损害责任承担的思考。让我们将视线从血液放大到所有的药品。由于科技水平和认识水平的限制，所有药品均有出现不良反应的可能性，为了治疗疾病，这些不良反应成为患者不得不容忍的风险。作为药品的生产者、提供者，为满足治愈疾病的

[1] 杨悦：“从‘齐二药’假药案件民事判决看完善我国药品质量的法律责任”，载《前进论坛》2009 年第 3 期。

目的，在符合现有技术水平的条件下，生产提供带有合理风险的药品，即便事后患者遭受了严重损害，亦不能令生产者、提供者独自来弥补。因为药品不单是一种商品，它还承载了更多公共福利的任务，其作用的两重性与生俱来，是法律上严格的产品责任所无法包容的。所以，将药品等同于产品进而适用产品责任规则的做法并不合理，其实质是将药品的公共福利性和作用的两重性湮灭在药品的商品属性之中。

药品责任需要一分为二，区分药品缺陷责任和药品不良反应损害责任。对于现有医药科技能够控制的危险，因生产者、销售者等方面的原因出现的，可以认定为药品缺陷，适用产品责任，如对假劣药可以适用产品责任。但是对于现有医药科技尚不能发现、不能控制或者不能克服的药品危险如药品不良反应，我们应充分重视其公共福利的一面，不能苛以产品责任，否则只会打击医药事业发展的热情，造成公共卫生事业发展的萎缩。对于这种危险，必须思考一种有效的分散措施，才会实现救济与公平的兼顾。

第三节　药品不良反应与国家赔偿责任

药品作为一种特殊的产品，从生产、销售到临床使用的全程都受到国家的严密控制，由于国家公权力的深度介入，于药品发生不良反应的情形，由国家对受害人负担一定民事上的责任有充分的法理基础。广义上的国家赔偿责任除了一般意义上的国家赔偿责任外，尚包括国家补偿责任，前者主要是针对国家机关工作人员违法行使职权构成民事侵权的情形，后者则是适用于国家权力行使虽无违法情节但确给相对人造成民事损害的情形——对于药品不良反应救济具有适用的余地。

一、国家赔偿概述

国家赔偿是指国家对国家机关及其工作人员违反法定义务或侵犯公民、法人和其他组织的合法权益所造成损害给予赔偿的活动。由国家作为损害赔偿的主体，是近代才确立的法律制度。在等级森严的漫长奴隶社会和封建社会中，国家具有至高无上的地位，国家权力的行使绝无责任可言。在前资本主义社会，对侵权造成的损害给予赔偿这一公理性原则仅仅存在于市民社会和私人生活领域，适用于平等的民事主体，却从未渗透到公共生活领域。国家对民权的侵害不承担任何赔偿责任，人们也没有要求国家赔偿的权利意识。到了资本主义时期，市场经济成为主要的社会经济结构形式，市民社会和政治国家的分离界定了新的社会架构基础，价值规律和平等交换原则决定了社会主体之间的平权关系，摧毁了人身依附的社会基础和特权观念，催发了平等、自由、民主和法治的观念，在法律上建构了较为系统的权利体系和分权制衡的政治权力架构，限定了国家权力行使的方式、范围和价值目标，国家赔偿制度才具备了诞生的土壤。从法理上讲，个人利益获得了法律权利的形式后，权利主体就合法拥有了向侵权主体提出赔偿的法律主张，而不管侵权责任者是个人还是国家。[1] 国家赔偿责任只有在民法发达的平权型社会才能存在，而人权保障观念与浪潮的兴起是国家赔偿责任产生和发展的巨大推动力。

关于国家赔偿的法理基础有不同的学说：（1）国家与私人平等说。认为国家是公法人，应当与自然人一样对因不法行为给他人造成的损失负赔偿责任，贯彻法律面前人人平等原则。（2）公平负担平等说。认为国家活动的目的是维护公共利益，

---

[1] 冯娜：“国家赔偿责任理念与机制研究”，吉林大学博士学位论文，2008年。

受益的是社会的每一个成员，所需费用也应当由全体社会成员公平负担。[1] 此外，还有人权保障说、危险责任说等学说。关于国家赔偿责任的性质，历来有公法责任与私法责任之争。我国1986年的《民法通则》将国家机关工作人员侵权作为一种特殊侵权责任加以规定，而1995年的《国家赔偿法》倾向于公法责任，2009年颁布的《侵权责任法》未将国家机关及其工作人员侵权单独加以规定，留待2010年修订的《国家赔偿法》对国家赔偿制度加以完善。不管怎样，国家应当对因违法行使权力给私人造成的损害负赔偿责任是当然之理，这种责任不可否认具有一定民事赔偿的性质。

国家赔偿中的核心问题是归责原则，归责原则是判断责任成立与否的根本准则。关于国家赔偿应采取怎样的归责原则，存在很多的争论。从全球范围看，各国国家赔偿实行的归责原则不尽相同，有过错责任原则、无过错责任原则、违法责任原则等。从国家赔偿制度发展的历史来看，基于人权保障的考量，逐步减轻受害人的举证责任，国家承担更大的责任，是发展的大势所趋，而归责原则也呈现严格的趋势。在我国，国家赔偿长期以来采行的是违法责任原则。违法责任原则是不同于普通民事侵权过错责任原则、无过错责任原则的特殊归责原则，其以国家机关工作人员行使职权的行为在客观上是否违反法律规定作为判断责任成立与否的标准，而不是以行为人的心理状态——主观上是否有过失作为判断标准，这样的好处是方便举证，有利于对受害人的救济。2010年，《国家赔偿法》经过了重大修正，修改后的《国家赔偿法》实现了国家赔偿制度的重要变革，其中一项变革就是归责原则的变化。新《国家赔偿法》取消了单一的违法归责原则，从而在实质上承认了国家赔偿归责原则的多元化。可以说，

---

[1] 高家伟：《国家赔偿法》，商务印书馆2004年版，第35～36页。

这是国家赔偿制度中牵一发而动全身的重要变化。新《国家赔偿法》第2条第1款规定："国家机关和国家机关工作人员行使职权，有本法规定的侵犯公民、法人和其他组织合法权益的情形，造成损害的，受害人有依照本法取得国家赔偿的权利。"与原《国家赔偿法》第2条比较，将"国家机关和国家机关工作人员违法行使职权"修改为"国家机关和国家机关工作人员行使职权"，看似简单删除了"违法"二字，却标志着我国国家赔偿归责原则的重大进步。修改后的《国家赔偿法》确立了包括违法归责原则和结果归责原则在内的多元归责原则，意味着即便国家机关及其工作人员的行为并不违法，但有过错或者从结果上看已经造成损害的，国家仍需承担赔偿责任。这将有利于处理事实行为和刑事司法行为造成的损害赔偿问题。[1] 不过还应当看到，违法责任原则仍旧是国家赔偿的主导性原则。

二、国家赔偿适用于药品不良反应的法理基础

药品的制造、营销与应用既是处在行政权力的监控之下，药监部门等国家机关在药品制售的各个阶段实施各种具体行政行为，倘若这些行为符合《国家赔偿法》规定的责任构成要件，自当成立国家赔偿责任。一般认为国家对药害事故承担赔偿责任有以下法理基础[2]：第一，国家对药品上市、行销的介入。制造者因须符合国家规定始可制造行销药物，这使国家标准成为药物安全有效的评估依据。卫生行政机关扩大介入药物安全有效之管理，因而应负担责任。第二，国家自身参与药物研发制造与推广。特别是当药物的研发涉及公共利益者，国家

[1] 马怀德："国家赔偿制度的一次重要变革"，载《法学杂志》2010年第8期。

[2] 朱怀祖：《药物责任与消费者保护》，五南图书出版公司1997年版，第241~243页。

常常参与。国家与民间团体以契约为药物制造行销的，应可使其共同负担赔偿责任。第三，就效率而言，如寄求国家严格管理以完全防止药害事故发生，实难做到，对需长期潜伏或特异体质所致不良反应，预防性行政管理与事故事后赔偿，以成本考量后者更有效率。

将国家赔偿责任适用于药品不良反应在国际上有例可循。日本在斯蒙病（SMON）判决中即实行了国家赔偿的原则。受害者以生产厂家、国内进口业者以及批准制造该药的国家为被告，向各地法院提起了损害赔偿请求诉讼。其中金泽判决认定国家与制药公司构成共同侵权行为人，国家作为不真正连带债务人承担四成责任，制药公司承担六成。东京地方法院判决未全部肯定国家的责任，认为国家与制药公司并不构成共同侵权行为人，但也应承担一部分责任，因此二者的债务处于不真正连带债务关系上，认定国家的责任为全部义务的1/3。❶ 另外一个重要判决发生在1983年，日本健康福利部（Health and Welfare Ministry）在得知采用未经加热消毒的血液制品可能会导致使用该制品的血友病患者感染艾滋病毒之后，仍批准本国制造商继续生产未经加热消毒的血液制品。直到3年后被召回，已有许多血友病患者感染上艾滋病。法院最终支持了受害者的诉请，判决政府和制造商每月要支付给每位感染艾滋的血友病患者 150 000日元。❷

三、新《国家赔偿法》背景下国家赔偿适用于药品不良反应之空间探讨

药品不良反应受害人可否向国家主张赔偿，应依药品卫生

---

❶ 陈武："药品不良反应法律责任及救济机制探讨"，四川大学硕士学位论文，2006年。

❷ 刘凤媛："美国药品侵权救济中的法律适用与政府监管"，载 http://www.civillaw.com.cn/article/default.asp?id=45478，2011年1月8日访问。

行政管理行为是否属于《国家赔偿法》所列应予赔偿的情形、是否满足国家赔偿责任的构成要件而定。国家赔偿分为行政赔偿和刑事赔偿，涉及药品不良反应的国家赔偿在性质上只能是行政赔偿。行政赔偿包括对人身权的损害赔偿和财产权的损害赔偿，药品不良反应赔偿显然属于后者。《国家赔偿法》第3条规定："行政机关及其工作人员在行使行政职权时有下列侵犯人身权情形之一的，受害人有取得赔偿的权利：（1）违法拘留或者违法采取限制公民人身自由的行政强制措施的；（2）非法拘禁或者以其他方法非法剥夺公民人身自由的；（3）以殴打、虐待等行为或者唆使、放纵他人以殴打、虐待等行为造成公民身体伤害或者死亡的；（4）违法使用武器、警械造成公民身体伤害或者死亡的；（5）造成公民身体伤害或者死亡的其他违法行为。"根据上述规定，药品不良反应赔偿不在明确列举的4项具体情形之中，若要主张国家赔偿责任只能从第5项"造成公民身体伤害或者死亡的其他违法行为"中寻求根据。这是一个弹性条款，即行政机关及其工作人员的具体行政行为只要违反了法律规定，并且造成了公民身体损害或者死亡等人身损害后果，即使不在前4项列举的情形中，也不妨碍国家赔偿责任的成立。这就使得药品不良反应国家赔偿责任成为可能，具备了法律适用的依据。值得注意的是，虽然新修订的《国家赔偿法》对于国家赔偿的归责原则作了重大修改，由单一的违法责任原则改为多元化的归责原则，但是在行政赔偿部分仍旧坚持了原有的违法责任原则。第3条第（5）项明确要求应予国家赔偿的行为必须是"违法"行为。

基于《国家赔偿法》的上述精神和规定，对药品不良反应损害适用国家赔偿责任有一定的空间存在，但是有严格的条件限制，核心要求是国家机关对药品的行政管理行为必须是违法的，合法的药品行政行为，即使有药品不良反应损害的发生，仍旧无法成立国家赔偿责任。事实上，药品不良反应因药品本身的危险性所致，因国家机关违法导致的情况较为少见。这样，对药品不良反应损害以国家赔偿救济的路径虽并非不可能，但适用范围有限，不可能作为救济受害人的普遍性制度。

就具体适用的情形而言，药品不良反应的国家赔偿责任主要发生在新药的核准、药品批次的检验以及撤销核准和通知回收等环节。在行政法上，行政行为分为羁束行政行为与裁量行政行为，后者又分为法规裁量[1]和自由裁量两种情况。一般认为，国家赔偿仅针对羁束行政行为和法规裁量行为适用，因为这二者合法与违法的界限相对清晰，而在自由裁量的情形，行政机关有充分的自由决定权，违法的认定比较困难。在药品批准上市、批次检验等行政管理环节当中，于行政机关有自由裁量权的情形国家免于承担赔偿责任，于法律规定了比较明确的标准或幅度的场合，药政部门违反这些标准和幅度为行政行为导致药品不良反应发生的，则应负国家赔偿责任。

新药批准是一个至关重要的环节，如果由于药政部门的违法行为批准了本来不该批准的药品使其具备了合法的外衣，产生不良反应损害患者健康，则国家应对受害人负担赔偿责任。毕竟如果没有国家批准，该药品就不会进入市场，药害事故也就不会发生。药品作为一种特殊的产品，关系人民生命健康，对每一种新药的上市国家必须严格把关。我国《药品管理法》及其实施条例对新药的上市审批作了明确而严格的规定，从新药的研发到生产、上市，有一套严格的批准程序。研制新药，必须按照国务院药品监督管理部门的规定如实报送研制方法、

---

[1] 法规裁量行为，是指法律规范对于行政行为的内容、行使和程序作了一定范围和程度的规定，由行政主体在其限定的幅度内进行裁量的行为。自由裁量行为是指法律只规定了原则，由行政主体在符合立法精神和原则的前提下，自主采取相应的措施。

质量指标、药理及毒理试验结果等有关资料和样品，经国务院药品监督管理部门批准后，方可进行临床试验。完成临床试验并通过审批的新药，由国务院药品监督管理部门批准，发给新药证书。❶ 生产新药或者已有国家标准的药品的，须经国务院药品监督管理部门批准，并发给药品批准文号，药品生产企业在取得药品批准文号后，方可生产该药品。❷ 国务院药品监督管理部门组织药学、医学和其他技术人员，对新药进行审评，对已经批准生产的药品进行再评价。❸ 对于这些审批规定，药品管理部门应当严格遵照贯彻执行。这些规定应认为属于《国家赔偿法》第 3 条第（5）项所称“其他违法行为”中的“法”，违反这些规定使具有不良反应危险的药品获批上市的，应对受害人承担赔偿责任。

值得注意的是，新药的上市核准是相当复杂的过程，其间多涉危险利益分析判断，其中涉及高度专业性的问题，一般由各类专家组成委员会进行评估。以此而言，应认为新药之核准属国家裁量权功能，而非作业功能，如认定国家有责，其影响巨大，负责人员作决策之时，难免瞻前顾后，故应使其免于可能成为诉讼对象之威胁。然而，新药核准可分为计划决策阶段与作业阶段，前者涉及多方面分析判断，应由相关专家委员会决定，后者则仅依一定业务程序执行，如资料的形式审查等，因其已程序化和标准化，已不复具有裁量权功能。❹ 对于后者，应认为有国家赔偿适用的空间。在美国“Berkovitz v. United States”案中，婴儿因服用 Lederle Labratories 所制 Sabin 口服疫

---

❶ 《药品管理法》第 29 条。

❷ 《药品管理法》第 31 条。

❸ 《药品管理法》第 33 条。

❹ 朱怀祖：《药物责任与消费者保护》，五南图书出版公司 1997 年版，第 244 ~ 245 页。

苗受害，原告认为该药是由美国国家卫生研究院生物标准局核发疫苗制造执照，故以联邦侵权赔偿法向该局求偿。该法第1346条（a）规定，因国家受雇人职权范围内之过失与错误行为或不行为，致受财产损害与损失或人身伤害与死亡者，国家因其私法地位，须负赔偿责任。但有例外规定，根据第2680条（a）规定，如国家部门或其受雇人基于具裁量权功能者，不论其执行与未为执行，或有无裁量权滥用情形，国家不得为上述侵权责任之请求对象。理由是国家因政策需要而为选择判断者，法院不得再对行政机关之社会、经济与政策决定，以侵权诉讼进行间接猜测。诉讼中原告称：（1）制造者未依规定提出试验资料，该局仍予以核发执照；（2）该药未符特定管理安全标准，该局仍予以核发执照。对于原告理由（1），法院认为：试验资料的提供是法规要求的，行政机关无裁量权，核准行为可诉请赔偿。对于原告理由（2），法院认为：关于安全标准的制定，该局有自由裁量权，该裁量行为不可诉；如果药物有特定安全标准，该局并无决定药物规格可否偏离该标准值裁量权，未达标准仍予以合法执照的行为诉请侵权赔偿。❶

药品的批次检验是药政管理的另一个重要环节。一些药物——特别是生物药物如抗生素、胰岛素等，可能因纯度与杂质因素影响安全有效，于行政管理另立基准，须由主管机关每批产品制造后，派员抽样合格后，方可销售。与新药核准的问题相似，对于基准的制定，行政机关有自由裁量权，不可诉请国家赔偿；而检验执行阶段，仅是重复机械性作业过程，无裁量权存在，可依据侵权法请求赔偿。在上述“Berkovitz v. United States”案中，法院认为：对于疫苗检验标准的制定，

❶ 朱怀祖：《药物责任与消费者保护》，五南图书出版公司1997年版，第245～246页。

被告局有自由裁量权，对何批疫苗需要抽样检验也有自由决策空间，并非如制造者必须逐批检验。但就所抽样特定批次之检验，则须完全依法定标准，这属于作业性程序，并无裁量权，受害人可诉请赔偿。

此外，发现药品不良反应而未能及时撤销核准或作出回收通知者，也可能导致国家赔偿责任的成立。

四、药品不良反应中的国家补偿责任

在新《国家赔偿法》背景之下，药品不良反应国家赔偿的判定仍以“违法”与否为根本判断标准，行政机关的行政行为如果没有违法，原则上就不能成立国家赔偿责任，但在有些情形对受害人的损失完全不予救济并不公平，此时需要由国家对受害人进行适当的补偿，即行政补偿责任。通常认为，狭义的国家赔偿与国家补偿是并列关系，二者存在着诸多差别。

（1）目的不同。行政赔偿是国家对其违法行为承担的一种法律责任，其目的是恢复到合法行为所应有的状态。而行政补偿以法律规定为依据，其目的是为因公共利益遭受特别损失的相对人提供补救，以体现公平负担的精神，并不意味着任何对行政机关的非难。❶

（2）产生原因不同。行政补偿的前提是因行政主体的合法行为引起了损失。而行政赔偿是以违法行政行为造成损害为前提的。同时，行政主体的行为并不限于行政行为，只要是为了公共利益而实施的一切合法行为，都有可能引起行政补偿责任的发生。❷

---

❶ 张曼莉：“行政赔偿与行政补偿之比较研究”，载《辽宁教育行政学院学报》2008 年第 5 期。

❷ 王喜珍：“中国行政补偿制度的现状和完善”，载《社科纵横》2005 年第 4 期。

（3）适用的原则不同。行政赔偿在我国适用慰抚性原则，赔偿额往往小于等于实际损失额，因而当事人双方在不违背国家利益、集体利益和他人合法利益的前提下，可以自由协商。而行政补偿不适用等价原则，补偿的数额一般由法律规定。[1]

（4）承担责任的时间不同。行政赔偿一般发生在损失发生之后，而行政补偿一般在损失发生之前就已经决定了。行政赔偿以现实、直接的损害为限；行政补偿则是根据法律规定、当事人之间事先达成的补偿协议确定。[2]

（5）承担责任的方式不同。行政赔偿责任以金钱赔偿为原则，以恢复原状、返还财产等方式为辅助的赔偿责任方式；行政补偿责任多为支付一定数额的金钱。[3]

药品不良反应中的国家补偿责任最典型的情形就是疫苗接种不良反应的行政补偿。根据我国《疫苗流通和预防接种管理条例》的规定，疫苗分两类，一类疫苗实行强制接种；另一类疫苗实行自愿接种。一类疫苗由于涉及公共健康利益，故由国家强制实施，公民必须接受接种，此类接种在性质上属于国家权力行使的行政行为。另一类疫苗的接种有利于提高全民的整体健康水平，预防多发疾病，使绝大多数民众受益，但确有少数人在接受接种之后产生不良反应。这是由药品本身的危险性决定的，国家机关对于不良反应的发生并无违法情节。但是既然此类预防接种不由当事人自愿选择接受或拒绝而由国家意志单方决定，对于发生的不良反应损害，由国家出面补偿才符合公平精神。另外，社会大众因为疫苗接种受益，对于少数特定受害人的损害也应由公众通过税收等方式间接负担方为合理。我国卫生部于 2005 年颁

[1] 张曼莉：“行政赔偿与行政补偿之比较研究”，载《辽宁教育行政学院学报》2008 年第 5 期。

[2] 同上。

[3] 同上。

布并实施的《疫苗流通和预防接种管理条例》第46条规定："因预防接种异常反应造成受种者死亡、严重残疾或者器官组织损伤的，应当给予一次性补偿。因接种第一类疫苗引起预防接种异常反应需要对受种者予以补偿的，补偿费用由省、自治区、直辖市人民政府财政部门在预防接种工作经费中安排。"这种补偿不同于赔偿，不是对受害者全部损害的填补，只是基于公平考量的适度救济。

国家补偿与国家赔偿的关系值得探讨。虽然二者在理论上的界限是相对明确的，但这种区分的实质意义受到质疑。有学者认为，二者的上述区别都是形式意义上的，实质都是特别损害的公平补救性财产给付。在一些领域——特别是危险责任领域，如预防免疫接种、军事演习、野生动物保护、暴行受害者补偿、信赖补偿等，二者事实上难以区分，合法或违法的区分不仅不可能，而且没有实质意义。在这些领域，认定赔偿责任的主要依据是损害后果，而不是致害行为是否合法、公务人员是否有过错。简言之，只要发生特别损害的后果，赔偿责任即告成立。二者都是公民为了公共利益遭受的特别牺牲的负担均衡，侵害行为是否合法，仅是致害原因的发生形式不同，并不影响特别损害后果由全体社会成员平均分担这一实质。区分合法与违法，主要意义在于内部追偿，将这些区分转移在外部法上的公平给付义务上，不仅没有实际意义，反而使问题复杂化。有鉴于此，我国有学者主张将损害赔偿与损害补偿作为下位概念，纳入统一的国家赔偿制度之下。德国也有学者主张淡化侵害行为是否合法的区分，突出"特别损害的公平性补救给付"这一实质，将"国家补救性给付"作为上位概念，或者将国家赔偿作为不同损害赔偿和损失补偿请求权形式的集合概念。[1] 笔者也认为，国家赔偿与国家补

[1] 高家伟：《国家赔偿法》，商务印书馆2004年版，第10~11页。

偿的区分仅是形式上的，没有实际意义，徒增很多麻烦。在疫苗强制接种的场合，国家的强制行为致公民受到损害，违法性很难成立。对于行政补偿，虽然在理论上概念是明确的，但在实定法中，关于行政补偿的法律规范稀少、零散，不像国家赔偿有一套比较成熟的规则可循。因此，行政补偿制度亟待完善，可考虑将其纳入统一的国家赔偿制度当中。这未必意味着要完全抹杀二者的区别，而是在统一的制度框架之下，通过特别制度的设计兼顾到这种差别。新《国家赔偿法》在归责原则上的变化体现出国家责任认定中对违法性的淡化，未来将国家补偿纳入国家赔偿至少在法律框架内成为可能，从而为药品不良反应损害救济提供了新的空间和思路。

由于缺少关于药品不良反应损害赔偿的专门立法，各方主体包括法院对于药品不良反应损害赔偿的理解非常自由，导致在选择和适用法律时非常随意。各方主体均会竭尽所能选择对自己有利的法律，而法官也会根据自己的理解对案件作出裁判。由于现行几部可作为药品不良反应赔偿依据的规范均不能彻底撇清某一方主体的责任，因此各方主体实际上均处于责任大网的边缘，哪一方将落入网中都有可能发生，而这最终要看法官对案件的态度。同时，这种存在于审判中的自由性使药品不良反应案件的结果常常大相径庭，大众对药品不良反应案件性质的认识也更加迷离，法律所当具备的预测功能和裁判应有的稳定属性在药品不良反应赔偿案件中失去了存在。更令人深思的是，所有依据现行相关规范作出的判决都仅仅是案件处理的权宜之计，仅仅着眼于当下案件的责任如何负担，却缺少对药品不良反应损害责任分担的深度设计。在目前的法律框架下，作出这样的判决无可厚非，但却仅仅解决了一个一个呆板的案件，对于整个社会没有形成任何积极的影响。当然从根本上看，造成这种局面的原因是立法对药品不良反应损害赔偿规定的欠缺，形成如此司法现状实属无奈，但提出一个核心价值理念并设计一个总的赔偿原则以指导立法则是可行的，这样不仅可以避免审判的盲目和随意，使公众可以对裁判形成预期，而且可以通过对审判实践社会效果的评价，帮助未来立法的制度设计。对此，司法部门有不可懈怠的责任。

第四章

QINQUANFA SHIYEXIA DE YAOPIN BULIANGFANYING SUNHAI JIUJI

侵权法视野下的药品不良反应损害救济

对药品不良反应的受害人提供法律上的救济不容置疑，在目前药害事件频发的局面下，救济已成为一项迫切任务。问题在于，对受害者的救济应通过怎样的路径实现。从法律上看，药品不良反应属于众多民事损害类型的一种，性质上属于人身权（主要是生命权、健康权）损害。对于此绝对性权利遭受损害的救济，传统上向来以侵权法为基础性救济机制——无论是大陆法系还是英美法系。在这样的法律思维惯性下，药品不良反应损害救济的研究思考，亦不可回避以侵权法视角作为分析的思维起点。本章即从侵权法的视野展开研究，深入探讨侵权法对于药品不良反应救济的可适用空间。

第一节　药品不良反应侵权判定的归责原则

在侵权责任的判定中，归责原则是最为核心的要素，它集中体现了责任追究的价值判断与利益衡量，药品不良反应侵权的判定亦必须以归责原则的分析为基础展开。药品既为产品之一种，关于药品责任的归责自然应从产品责任的归责原则入手。惟需特别关注者在于，药品作为一种特殊的产品，在其侵权责任的追究中涉及特殊的利益衡量，所以对其归责原则应作特别考量。综观各国产品责任归责原则的沿革，经历了从过错责任向无过错责任（严格责任）的转变，近些年又呈现出严格责任之矫正趋势。而对于药品，基于其特殊性，各国立法和实践常采用特殊的规则。药品责任的归责原则在不同国家之间存在差别，某些国家，如德国对药品实行较普通产品更加严格的归责原则；另有一些国家，如美国则对药品采取较一般产品责任更为宽松的态度。在我国，对于药品的特殊性并未在立法上给予充分的考虑，现行制度体系中药品民事责任的规范严重缺位，在一般产品责任规范之外极少有关药品责任的特别法律规定。而药品不良反应的问题就更加特殊，相关法律规则严重欠缺。以侵权法中一般的归责原则对药品不良反应案件进行分析时，存在一定的问题。

一、药品不良反应与过错责任原则

过错责任原则是侵权责任的一般归责原则，在归责原则体系中具有基础性地位。过错责任原则在药品不良反应案件中的适用空间极其有限，因为根据药品不良反应的定义，致害药品质量合格，使用过程也无任何不当，故相关民事主体包括生产者、销售者、医疗服务提供者均不存在过错。过错责任原则适用的空间主要是针对药品不良反应发生后相关主体未及时采取报告和其他补救措施造成损失扩大的情况。

药品不良反应是由药品本身的风险性决定的，难以避免，相关民事主体对此没有过错。而一旦药品投入流通，不良反应经临床使用而显现，药品生产者、销售者及医疗机构即有义务及时向主管机关进行报告，并根据不良反应的严重程度采取适当的补救措施，包括向消费者警示及召回义务，学理上统称为“后续观察义务”。疏于履行这些观察义务或者履行不当造成损害扩大乃至造成重大药害事故的，则表明这些主体主观上存在过错，应对由此造成的损害承担侵权责任。《药品管理法》第 71 条规定：“国家实行药品不良反应报告制度。药品生产企业、药品经营企业和医疗机构必须经常考察本单位所生产、经营、使用的药品质量、疗效和反应。发现可能与用药有关的严重不良反应，必须及时向当地省、自治区、直辖市人民政府药品监督管理部门和卫生行政部门报告。”《药品召回管理办法》中则对召回义务作出了规范。关于不履行或不适当履行后续观察义务的民事责任，《药品管理法》第 93 条规定：“药品的生产企业、经营企业、医疗机构违反本法规定，给药品使用者造成损害的，依法承担赔偿责任。”该条所称“赔偿责任”，应解释为侵权赔偿责任。以上规范属于行政法规范。

在民法方面，2009 年 12 月 26 日颁布的《侵权责任法》对观察义务及观察缺陷的民事责任作了明确规定。依据《侵权责任法》第 46 条规定，产品投入流通后发现存在缺陷的，生产者、销售者应当及时采取警示、召回等补救措施。未及时采取补救措施或者补救措施不力造成损害的，应当承担侵权责任。另据《侵权责任法》第 47 条规定，明知产品存在缺陷仍然生产、销售，造成他人死亡或者健康严重损害的，被侵权人有权请求相应的惩罚性赔偿。根据上述规范，药品生产者、销售者违反观察义务的应认定为主观上有过错，因此造成患者损害的，应适用过错责任原则判定侵权责任成立，当然仅限于对因未履行观察义务造成损失扩大的部分进行赔偿。

二、药品不良反应与严格责任原则

（一）概述

在整个归责原则体系中，严格责任原则与药品不良反应的关系最为复杂。严格责任原则在不很严格的意义上大体等同于无过错责任原则，在产品责任领域更多采用严格责任的称谓。在侵权法历史沿革上，严格责任是为弥补单一过错责任在损害救济方面的不足而产生和发展起来的，其突出特点是不问加害人主观上有无过错，因此不具有传统侵权责任的非难性色彩，而旨在对不幸损害在当事人间进行合理分配。产品责任是最早实行严格责任的领域之一，其抛开生产者的过错不论，而以产品本身是否具有不合理的危险——缺陷作为判断侵权责任成立与否的根本标准。产品严格责任的推行对于保护消费者权益发挥了举足轻重的作用。然而，严格责任原则并非在任何产品责任诉讼中都绝对适用。事实上，关于严格责任的争论自其诞生的那一天起就从来没有停止过。生产者没有任何过错仍会被追究责任，批评者认为这种责任已经失去了侵权责任的道德评价和教育功能，纯系不幸损害之分配机制，过重的法律责任可能会给产业经济的发展乃至社会整体利益带来负面影响。在经过了最初的盛行之后，近年来出现了对严格责任的反思与限制趋势。涉及药品责任领域，严格责任的推行面临更多复杂的问题，特别是鉴于药品对于公共健康的重要意义，法律责任的追究不得不考虑到对医药产业发展及公共利益的影响。

药品损害案件的情形比较复杂，在责任追究时对归责原则的选择不可一概而论。传统上严格责任原则在产品责任案件中适用的前提是产品存在缺陷——设计缺陷、制造缺陷和警示缺陷，而在典型意义的药品不良反应事件中，致害药品并不存在通常意义上的缺陷，因此严格责任原则是否可以适用应作特别讨论。事实上，药品不良反应是由“发展风险”导致的。所谓“发展风险”，是指在产品投入流通时依据当时的科学技术水平尚无法发现的风险。在产品责任法上，发展风险通常是作为产品责任的抗辩事由存在的，然而也有一些国家将发展风险作为一种特殊的缺陷称为研发缺陷，与设计缺陷、制造缺陷和警示缺陷并列，同样负赔偿责任。研发缺陷实际上是一种特殊的设计缺陷，只是在产品投入流通时客观上无法发现。

（二）比较法上的考察

比较法上的研究表明，基于消费者保护的目标，严格责任原则仍是产品责任——药品责任归责的指导原则，另外各国在对该原则的具体适用中均加以适当限制以防止其滥用。严格责任原则在药品责任领域中的贯彻，在不同国家间体现出不同的宽严程度。由于各国法律传统与公共政策价值取向的差异，药品责任归责原则的发展及完备程度也不一致，或重于消费者权益的维护，或重于制造商与消费者利益的平衡。❶ 这里仅选取在两大法系中各具代表性的德国法与美国法进行评介。

1. 德国法

德国法向来为大陆法系各国学习之典范，《德国药事法》对药品责任实行危险责任原则，在比较法上颇具特色。1990 年生效的《德国产品责任法》对产品责任实行严格责任原则，但允许以发展风险作为抗辩。然而《德国产品责任法》却明确将药品责任排除在适用范围之外。❷ 德国在制定《德国产品责任法》之前，早于 1976 年就制定了《德国药事法》（该法于 1978 年 1 月 1 日生效），该法是欧洲最早的一部关于药品责任的专门立法。《德国药事法》是《德国产品责任法》的特别法，关于药品责任只能适用《德国药事法》的规定。《德国药事法》在第 84 ~ 94 条规定了药品责任，其中尤以第 84 条最为重要，该条规定："因使用于本法适用范围内交付消费者之具许可义务，或经法规免除许可义务，而供人类使用之药物，如致人死亡或使身体、健康受非轻微之损害，则于本法适用范围内将该药物上市之药物制造者，负对被害人补偿其所受损害之义务。上述赔偿义务限于：（1）依指示使用该药物之损害作用，已超越医药科学知识所得容忍之程度，且损害之原告系发生于药物研发或制造之范围内者；（2）基于不符医药科学知识之标示或使用资讯所生之损害。"❸ 通常认为该条在德国确立了药品危险责任。危险责任是一种比严格责任更加严格的法律责任，二者的重要差别之一就在

---

❶ 叶正明："药品责任制度研究"，湘潭大学硕士学位论文，2004 年。

❷ 该法第 15 条规定，在药事法施行地区，提供须经许可登记，或依法规命令免经许可登记，指定为人类用之药品给消费者服用，而由于该药品之使用致人死亡或伤害身体或健康者，不适用商品责任法之责任；依其他规定之责任不受影响。

❸ 朱怀祖：《药物责任与消费者保护》，五南图书出版公司 1997 年版，第 498 页。

于前者的免责事由更加严格，特别是体现在发展风险抗辩不得作为免责事由，一般认为危险责任是无过错责任的一种特殊形式。[1] 根据《德国药事法》第 84 条的规定，即使药品是经过批准的、使用并无不当，纯粹是因药品的潜在风险造成的，药品生产商仍需对此负责。对于一般的产品，虽为严格责任，但生产者可以以发展风险抗辩主张免责。而对于药品，发展风险抗辩不得适用。德国的药品危险责任模式在国际上独树一帜，与世界上大多数国家将发展风险作为免责的抗辩形成鲜明对比。德国法之所以对药品责任采用如此严格的立场有着特殊的社会背景，那就是"沙利窦迈（Thalidomide）事件"的影响。

2. 美国法

美国法上的产品责任制度在国际上颇具影响，产品严格责任最初就源自美国法院的判例，1963 年的 Greeman v. Yuba Power Products, Inc. [2] 案标志着严格责任的确立。1965 年，美国法学会《侵权法重述（第二版）》在第 402 条 A 款明确规定了产品严格责任，被绝大多数州采纳。有人称"侵权行为法整个历史中既定法理最迅速、最引人注目的变革"，就是产品责任的归责理论从"一般产品责任"原则发展到"严格产品责任"原则。[3] 严格责任的施行有利于消费者权益保护，然而在发展当中严格责

---

[1] 关于严格责任、危险责任与无过错责任的关系，在学界长期存在混乱的认识。在不十分严格的意义上，严格责任与无过错责任大体上是等同的，原则上都不考虑过错，严格责任是英美法系通行的称谓，无过错责任则是大陆法系的叫法。但严格区分起来，二者仍有细微的差别，主要体现在免责事由上。严格责任仍有法定的免责事由，而一些无过错责任类型如航空事故损害、核损害等，连不可抗力亦不可免责，此类没有任何免责情形的即属于危险责任的范畴，所以无过错责任与危险责任相比外延更广，其包含了危险责任。

[2] Greeman v. Yuba Power Products, Inc., 59 Cal. 2d 57, 377 P. 2D 896, 27 Cal. Rptr 697(1963).

[3] 刘静：《产品责任论》，中国政法大学出版社 2000 年版，第 68 页。

任的滥用导致责任的绝对化倾向，逐渐引起人们的反思与批评。从20世纪80年代初开始，在严格责任的发源地美国，兴起一场产品责任法的改革运动。改革者们认为过分偏袒原告的产品责任制度既不公平，也不具有经济上的合理性。他们主张建立保持一定弹性的产品责任制度，采纳发展风险、产品误用等抗辩限制责任的不适当蔓延，以遏制严格责任向绝对责任发展的势头。[1] 从产品严格责任的发展轨迹可以看出，更好的平衡企业利益与消费者利益，既避免严格责任的绝对化，又避免向过错责任的过度回归，使产品责任朝着更加理性的方向前进，这是发展的大势所趋。人们往往将产品责任笼统的称为“严格责任”，并未区分具体的情况。事实上，针对不同类型缺陷的产品责任的归责原则是有所差别的。美国在经历了产品责任法的革命以后，真正的严格责任其实只存在于产品制造缺陷之上，对于设计缺陷和说明警示缺陷，则更多的考虑生产者过错的因素，实质上是适用过错责任原则。[2]

在药品责任领域，严格责任的适用受到美国法院更加严格的限制。与德国法对药品责任实行较普通产品更加严厉的危险责任不同，美国法对于药品制造商的侵权责任采取较一般产品责任更加宽松的态度。在美国，产品责任法历来有一项传统的规则：生产者原则上仅对药物的制造缺陷和警示缺陷承担赔偿责任，直到晚近法院仍然拒绝仅凭处方买卖的药物之设计缺陷而判令其制造者承担损害赔偿责任。[3] 传统上，法院拒绝对含有设计缺陷的处方药品追究侵权责任，是基于处方药品有一套独特的风险收益体

---

❶ 李蔚：“论产品的发展风险责任及其抗辩”，载《法学评论》1998年第6期。

❷ 杨麟：“论美国产品责任法中的缺陷认定理论”，见王军主编：《侵权行为法比较研究》，法律出版社2006年版，第409页。

❸ 在三类产品缺陷当中，设计缺陷与发展风险的关系最为密切，设计上的潜在危险常常是因科技水平的限制导致的，因此发展风险又被称为“研发缺陷”。

系，对一个病人有害的药物可能对其他病人有益。[1] 美国法学会《侵权法重述（第二版）》创造了“不可避免的不安全产品”（unavoidably unsafe products）的规则，对药品责任影响甚大。在现有的人类知识水平下，存在着一些产品，制造商难以保证这些产品相对于消费者的预期目的和通常用途而言完全安全，尤其在医药领域，这种情况更为普遍。那些对社会极为有用但又无法克服其内在风险的产品，如药品等，只要被适当制备，并有适当警示和指示，就不能认为其具有缺陷或存在不合理的危险，由此造成使用者不幸的后果，生产者将不承担严格责任。[2] 正是基于这种理论，即使是在严格责任最盛行的时代，法院也极少对药品施加严格责任。《侵权法重述（第三版）》延续了对药品责任的宽松立场，并有进一步的发展。鉴于药品的特殊性，《侵权法重述（第三版）：产品责任》第 6 条对处方药的责任作了特别规定，对药品缺陷实行比一般产品缺陷更严格的认定标准。第 6 条（c）款规定，如果某种处方药品引起的可预见的损害风险与其可预见的治疗效果相比十分巨大，以致理性的卫生保健提供者在知道可预见的风险和治疗效果的情况下，都不会给任何一类患者开具该药品的处方，那么该处方药由于设计缺陷而不具有合理的安全性。据此，某种处方药只要对某类病人有疗效，即使对其他人——甚至是大多数人有害，也不能认定存在缺陷，只有该药品对任何一类病人都不会产生疗效时才能认定存在缺陷。风险的可预见性被作为判断药品缺陷存在与否的重要标准，而可预见性乃是主观方面的问题，是判断过错的重要尺度。美国法对于药品责任的态度如此宽容，以至于有美国学者指出，自产品严格责任规

---

[1] 美国法律研究院，肖永平、龚乐凡、汪雪飞译：《侵权法重述第三版：产品责任》，法律出版社 2006 年版，第 208 页。

[2] 美国《侵权法重述（第二版）》第 402 条 A 款注释 K 项。

则确立40年以来，美国法院从未对药品生产厂商施加真正的严格责任。[1] 之所以采取如此宽松的立场，主要是考虑医药产业对公共健康利益的影响，担心过分苛严的责任会抑制药品研发的热情，阻碍药品产业的发展。综上分析可以看出，美国法对于药品责任——特别是对因研发缺陷（一种特殊的设计缺陷）导致的药品不良反应案件，采纳的是过错责任原则而并非严格责任原则。国内不少研究者认为，美国法对产品责任实行严格责任原则，据此模糊推论出药品责任也实行严格责任原则，实乃一种误解。

3. 中国法

在我国，《民法通则》《侵权责任法》等法律规范当中确立了严格责任原则。严格责任原则的重要特征是必须有法律的明文规定，而关于药品责任我国现行法中并无适用严格责任原则的特别规定。根据《侵权责任法》及《产品质量法》的相关规定，产品责任实行严格责任的原则，药品为产品之一种，故可作推定适用该原则的解释。然而问题并非如此简单，就药品的制造缺陷和警示缺陷的责任而言，适用严格责任原则没有太大疑问，关键在于药品设计缺陷——特别是与发展风险相关之研发缺陷是否亦应适用该原则值得商榷。我国有关产品责任的法律规范并未明确将缺陷进行细化分类，故上述问题的解答面临困难。

在理论研究上，不少学者主张为了加强对受害者利益的保护、实现损害填补的目标，应当通过立法完善明确对药品不良反应适用严格责任原则。应当看到药品不良反应与严格责任原则确有一定的契合之处，患者是一类特殊的弱势消费者，其利益需要倾斜保护，药品不良反应事件中各方主体均不存在过错，这些特

[1] Jane Stapleton, Liability for Drugs in the U. S. and EU: Rhetoric and Reality, *The Review of Litigation 2007, 26.*

征看来恰恰适合以严格责任原则来调整。可是进一步的思考就会发现采严格责任原则未必能使药品不良反应问题获得圆满解决。首先，即使采用严格原则，也不意味着受害患者一定能够获得救济，因为在该原则下仍有抗辩事由存在，尤其是发展风险的抗辩。《产品质量法》第41条规定："因产品存在缺陷造成人身、缺陷产品以外的其他财产损害的，生产者应当承担赔偿责任。生产者能够证明有下列情形之一的，不承担赔偿责任：……（三）将产品投入流通时的科学技术水平尚不能发现缺陷的存在的。"这是关于发展风险抗辩免责的明确规定。药品不良反应主要就是由于发展风险导致的，因此即使是在严格责任原则下，生产者亦可据以免责。其次，就算侵权赔偿责任成立，受害者能够获得救济的程度也是有限的。严格责任作为一种分配正义而非矫正正义的实现形式，在赔偿数额方面常设有限制，受害者由此获得的损失填补必然要受到制约。最后，如果效仿德国对药品责任实行更加严格的危险责任，令药品企业对不可知风险承担赔偿责任，那么由此产生的社会效果未必理想，企业负担加重、药品发展受阻、公众缺医少药的局面是可能的恶果。美国历史上就曾出现大批疫苗企业因不堪诉讼与赔偿重负而退出市场并导致疫苗短缺的情况。日本为解决药品不良反应的损害救济问题，曾试图学习德国对药品实行危险责任的做法，但最终改采基金补偿的风险分散性机制以实现损害救济的目标。这些经验教训值得我国借鉴。在笔者看来，严格原则并非化解药品不良反应救济困境的最佳出路。

三、药品不良反应与公平责任原则

公平责任原则曾是我国侵权法上的一项重要的归责原则，与过错原则和无过错原则共同作为归责原则的体系，其意义在于弥补后两项原则皆无法适用造成的不公。然而关于公平责任的归责原则地位素有争论，许多学者认为这种责任并非真正意义上的法律责任。《侵权责任法》颁布以后，公平责任的地位有所下降，一般认为其不再成为一项归责原则，其实质为一种补偿而非赔偿。公平责任的特征是当事人双方对损害的发生皆无过错，而法律又无适用严格责任或无过错责任的特别规定，如不给受害人任何救济有悖公平精神，因此根据实际情况对损害在当事人之间进行合理的分摊。在过错原则、严格责任原则或无过错原则对药品不良反应皆不适用的情况下，公平责任是最后的希望。药品不良反应的特点也的确使公平责任有一定的适用空间。在我国的司法实践中，确有法院根据公平责任的精神判决给予药品不良反应受害者适度的补偿。1999 年 12 月 11 日，患者张某因肩关节疼痛找个体医生万某看病，被诊断为蛔虫病，万某给张某开出 12 片左旋咪哇，分两晚服用，张某遂按医嘱服药。1999 年 12 月 24 日，张某出现行走不稳、头昏、意识不清等症状，经某医院医学鉴定为脱髓鞘性脑病，是左旋咪哇引起的不良反应。2000 年 3 月 16 日，张某出院，医院综合鉴定其为 4 级伤残。2000 年 4 月，张某诉至法院，要求生产该药的制药厂赔偿张某各项损失共计 38 万余元。最终，法院判决该制药厂补偿张某损失 11 万余元。本案中，张某的损害是由于药品不良反应所致，各方当事人均无过错。法院依据《民法通则》第 4 条“民事活动应当遵循自愿、公平、等价有偿、诚实信用的原则”和第 132 条“当事人对造成损害都没有过错的，可以根据实际情况，由当事人分担民事责任”予以判决，适用公平责任原则确定责任。在本案判决中，法院认为医生万某开出的 12 片药品获利甚微，因而不承担责任；而制药厂的一个批号药品获利相对较多，因而承担部分责任；患者张某的身体特质是导致脑病的重要原因。因此，根据

公平原则作出上述判决。❶

笔者认为，在药品不良反应诉讼中，为化解法律适用的困境，实现适度救济、维护公平的目标，在一定情形下适用公平责任是可行的，不过由此收到的实效却非常有限，受害者获得的救济可能仅具有象征意义，因此尚需其他机制对受害者进行更为充分的救济。

第二节　药品不良反应侵权判定中的因果关系证明

在侵权法的框架下，要认定药品侵权责任成立，因果关系是必须具备的要件，即必须证明患者所受健康损害是由其所使用的药品的不良反应造成的。因果关系的证明历来是侵权判定中最困难的问题，关于因果关系证明的学说也是侵权法理论中最复杂的部分。尽管存在众多的因果关系判断理论，却没有一种被普遍接受和广为适用的统一标准。而在药品不良反应案件中，受多种因素——患病因素的复杂性、药害长期的潜伏性、举证高度技术性等影响，因果关系的证明更加困难。这种因果关系举证的困难往往使受害者在诉讼中遭遇阻碍。以“龙胆泻肝丸事件”为例，著名药品企业同仁堂生产的龙胆泻肝丸被曝可能导致严重的肾脏疾病，自2003年以来引发一系列诉讼索赔案，但最终大多被法院判决驳回，法院给出的主要理由就是因果关系证明不充分。在相关诉讼中，同仁堂的辩护律师指出，原告所患肾脏疾病不能证明一定是服用龙胆泻肝丸所致，因为很多诱发因素均可导致此类疾病发生，除非原告能够证明其所患疾病与龙胆泻肝丸有直接关

---

❶ 陈武：《药品不良反应法律责任及救济机制探讨》，四川大学硕士学位论文，2006年。

联。按照这样的逻辑，即使已有国内外众多文献报道和众多药害实例，但在国家有关权威部门作出龙胆泻肝丸的长期毒性鉴定之前，受害人如果不能证明龙胆泻肝丸有毒并且无其他诱发因素，就不能认定法律上的因果关系，而这对患者来说几乎是“不可能完成的任务”。[1] 关于“龙胆泻肝丸事件”，曾有人描述一种举证悖论的现实：“你必须先到公证处去，验证你的肾没有问题，然后当着公证员的面吃下相关企业的 2 盒药，你再去检查发现了肾功能衰竭，然后你才能够告。”[2] 药品不良反应案件中的举证困境暴露了一般的因果关系判定方法在面对药害案件时的不适应性，为克服这种不适应性，必须探索新的因果关系的证明方法。

一、药品不良反应因果关系证明的困境

在侵权判定中，因果关系是指加害行为与损害后果的牵连关系。关于因果关系的证明，在民法理论上有纷繁复杂的学说。在英美法系则将原因二分为事实原因与法律原因（近因［approximate reason］），在诉讼中仅后者可作为侵权责任成立的要件。在诉讼中因果关系的证明责任原则上由提出赔偿主张的一方承担，但在个别类型的案件中法律特别规定了因果关系的推定规则，由他方举证证明因果关系不存在，即实行举证责任倒置。目前关于因果关系证明的通说为相当因果关系说，即：无此行为，即不生此结果；倘有此行为，通常即生此结果。当然，并非在所有案件中因果关系的证明都是极困难之事，对于一般的侵权，受害者只要依据通常的事理向法官摆明被告行为与自己所受损害的真实联系即可。然而在某些特殊领域的责任判定中，因果关系的证明就

---

[1] 张建平：“法律上如何证明药品不良反应的因果关系”，载《药物警戒》2006 年第 3 期。

[2] 王佳琳、汪城：“龙胆泻肝丸案举证悖论：患者难证明病因跟此有关”，载 http://cn.news.yahoo.com/050119/353/28f9.html，2011 年 1 月 2 日访问。

比较困难，药品不良反应责任即是如此。

药品不良反应因果关系判定的困境是由药品不良反应本身的特点决定的。药品不良反应案件较普通药品责任案件的特殊性在于：第一，药品质量合格，在通入流通时不存在缺陷，故不同于假药、劣药致害责任；第二，药品使用方法合规，无任何不当，该损害纯粹是由药品本身不可避免的风险性造成的，药品生产者和医疗服务提供者无任何过错。据此，药品不良反应因果关系的证明，并非证明某民事主体的加害行为与患者损害的因果关系，而是证明药品本身的安全性与损害之间成立因果关系。这种证明面临更多复杂的问题，乃至可能最终演化为纯医学上的证明。

药品不良反应因果关系判断的困难之处就在于其涉及众多复杂的因素。首先是药品不良反应的潜伏性。一些不良反应在患者服药后数年甚至数十年才显现出来，其时间跨度带来许多举证上的困难，涉及病人自身的因素（如自身体质的变化，感染其他疾病，服用其他药物）、医疗环境因素的变化（如服药记录遗失欠缺，给药处方医师、购买地点及制造者不明）等。至于药害隔代、服药者与受害者并非同一人之情形，因果关系证明就更加困难。其次是举证的专业技术性。涉及药品的安全性、某种健康损害是否真为某类药物的不良反应所致，则必须借助高度专业性和技术性的手段，进行科学检测，使因果关系的证明成为纯自然科学上的论证。再次是致病因素的复杂性。与一般侵权的财产损害和人身损害不同，致人类罹患疾病的诱发因素众多，包括病人本身的因素（如特异体质）、生活环境因素（如不良生活嗜好、环境污染）等，这些因素错综复杂，患者所受损害究竟是因药物不良反应所致抑或其他因素所致，诉讼证明上颇具难度。最后是多数被告的问题。在致害药品生产厂商众多、且受害者无法证明究竟是服用了哪一生产厂家的药品而遭受损害的情形下，如何确定因果关系和被告，是颇为困难的问题。

由于上述特殊性，用侵权法上一般的相当因果关系理论判定药品不良反应的因果关系存在较大障碍。一方面，要受害者依据相当因果关系的一般方法证明服用某种药物通常会造成某种损害，常常是很难完成的举证任务，要知道对这种因果联系就连专业的药品生产者在药品投入流通时尚且无法发现。另一方面，关于药品不良反应因果关系的举证，现行法并未明确规定举证责任倒置，因此证明责任原则上还在受害者一方。由于因果关系证明的困境，患者在诉讼中频频碰壁可想而知，损害救济目标也就无法实现。这种状况必须改变，应针对药品不良反应的特殊性，创设特别的因果关系判定规则并应用于司法实践。我们目前已经看到了这方面努力所取得的突破，一些药害因果关系判断的新鲜理论出现并在某些案件审判中被法院采纳。

二、疫学因果关系理论

疫学即传染病学或流行病学，疫学因果关系即利用流行病学数理统计的方法来认定因果关系。疫学方法论在考虑因果关系的存在时，以盖然性理论之合理盖然说明为基础，主张即使不能经科学上严密之实验，亦不影响因果关系之成立。其主要研究方法是：将有关某疾病发生的原因就疫学上可考虑的若干因素利用统计学的方法调查各因子与疾病发生之间的关系，选出关联性、盖然性较大的因素进行综合性的研究和判断。疫学在某种意义上属于统计学的范畴，从疫学的观点确认因果关系时，某因子无须是必要条件，认定某因子与某结果具备因果关系并不排除其他原因也可能导致该结果的发生，只要证明在众多可能的原因中，某因子对结果的发生具有远远超过其他原因的高度可能性即可。在判断某因子对结果的发生的作用力是否具备超过其他原因的高度可能性时，以下 4 点是需要考虑的：第一，关联性的一致性或普遍性。若某因子的分布与危害结果的发生在时间、空间等方面的分布具有一致性，则该因子与该危害结果之间可能存在因果关系。第二，关联性的强度。在某因子存在的情况下，某危害结果发生的可能性愈大，该因子与该危害结果之间存在因果关系的可能性也愈大。第三，关联性的时间性。被怀疑是原因的因子应当作用于危害结果发生之前，作用于危害结果发生之后的可以否定其为该危害结果发生之原因。第四，关联性的整合性。因果关系的判断不应与现有的生物学、化学知识发生矛盾，尽管现有的科学知识未能证明导致危害结果发生的机理，但因果关系的推定起码不能违反现有的科学知识。如果因果关系的判断将违反现有的科学知识，则应当否认因果关系的成立。总之，根据大量的统计和观察，能说明某种因子对产生某种疾病具有高度的盖然性时，就可以肯定因果关系的存在而没有必要再去弄清楚为什么会是这样，也没有必要从严格的生理学或药理学上去证明这种判断的正确性，只要从流行病学上能够证明该因子的有害性即可，但绝不允许以人体内没有进入该因子也会得这种病为借口而否定该因子与危害结果之间的因果关系，也即没有必要说明只有该因子才是致危害结果发生的惟一原因。❶

将疫学因果关系引入侵权的判定是近10年来侵权法发展的一个重要动向。20世纪60～70年代，日本因环境污染、食品、药品公害广为流行，乃创立疫学因果关系。1960～1980年，在美国有害物体侵害人身和污染环境致人损害的案件中，法院较多地采用了数理统计和社会流行病学的统计方法。❷ 疫学因果关系理论改变了以往就诉讼个案对因果关系进行证明的方法，而转以民众的患病率为参照，即只要原告证明被告的行为与患病率之间

---

❶ ［日］藤木英雄著，丛选功等译：《公害犯罪》，中国政法大学出版社1992年版，第32页。

❷ 曹永灿：《产品责任构成要件研究》，郑州大学硕士学位论文，2003年。

的随机关系，即完成了证明责任。[1] 药品不良反应本身的特点决定了其因果关系很难就个案以直接证据来证明，只能以间接的事实、结合经验法则以高度盖然性方法为判断。[2] 疫学因果关系的特点恰恰适合于对药品不良反应因果关系的证明。

将疫学因果关系应用于侵权的判定，并非强行将医学标准拉入法律领域，事实上，疫学因果关系与作为侵权因果关系判断通行标准的相当因果关系有着共通的特征和密切的联系。相当因果关系的实质是，按照人类社会经验所认识到的在实行行为与结果之间存在实施某种行为就会产生某种结果的高度盖然性。然而，在现实中能否断定被作为原因的行为与结果之间具有百分之百的联系，这在某种程度上是可以怀疑的。在很大程度上，相当因果关系就是一种高度盖然性的因果关系而非完全肯定的因果关系，相当因果关系最终是以一定社会中的科学的、健全的社会常识作为基础来判断的，而疫学因果关系也具有这种高度盖然性的性质，这种盖然性也是根据健全的社会常识来确定的，这说明相当因果关系与疫学因果关系并没有本质的不同。[3] 只是就达到盖然性判断的手段而言，疫学因果关系主要采用数理分析与概率统计等自然科学的方法。因此，将疫学因果关系引入法律领域并不会产生严重的不适。疫学因果关系在刑法上有一定的适用空间，民法上由于对证明标准的要求更低，因此疫学因果关系适用的障碍更小。

若将疫学因果关系引入药品不良反应因果关系的判断，则上述的举证困境可获得适度的化解。在诉讼中，受害者无须就个案

---

[1] 杨立新：《侵权法论》，人民法院出版社 2004 年版，第 175 页。

[2] 朱怀祖：《药物责任与消费者保护》，五南图书出版公司 1997 年版，第 202 页。

[3] 臧冬斌："医疗事故罪中疫学因果关系适用之探讨"，载《中州学刊》2008 年第 3 期。

中服药与损害的特定因果关系为直接的证明，也不需证明该药是引起该损害的惟一原因，只需证明此类药物与该种损害的引起之联系在流行病学上的概率达到了一定的程度即可。当然，由于疫学因果关系实质上是一种推定的因果关系，这种假定允许被个案推翻，所以尽管有很高的因果概率，但是被告提出证据证明原告所受损害确非被告生产的药品不良反应所致，则因果关系不成立。另外还应当看到，疫学因果关系也存在不足，如原始资料收集困难，计算模式与判断标准仍属主观，所得概率的科学性值得怀疑。以日本的SMON案为例，受害人达 10 107人，且损害程度、情形不同，服药时间、地点、剂量不同，制造者及主要成分相同药物众多，对相关诸多证据的收集程序相当复杂，另于统计判断上对存有服药未发病者与未服药而发病者亦须考虑，所以选择统计模式对结果判断有相当程度的影响。另外，对普通的患者而言，要计算某种药品的致害概率并非易事。由于这些因素的影响，疫学因果关系并未在药品不良反应案件中获得普遍的适用，仅是在个别情况下采用。

三、多数不确定被告的因果关系判断理论

药害案件因果关系的形态错综复杂，有一因一果、一因多果、多因一果、多因多果等众多情况，其中最具典型意义者为在生产同类药品的诸多厂商中无法辨认出真正致害者时的因果关系的判定。通常来讲，要想在产品责任诉讼中成功获得赔偿，原告必须证明某个具体生产者的产品真实地造成了他的损害，而对于药品的受害者而言，常出现的状况是其无法指明某个具体的生产者，充其量只能指出一群可能致害的生产者。药品不良反应常常潜伏多年才能够显现，患者长期服药，加之药物销售地区广泛，肇事药物究竟为何者制造极难判断。最具代表性的案例是“DES安胎剂案”。己烯雌酚（DES）是由美国食品药品监督管理局

（FDA）于1941年批准投放市场的一种保胎药，但后来证明该药有不良反应，即孕妇服用时，如果胎儿为女性，出生后阴道和子宫容易癌变并同时可能患有其他多种疾病（如乳腺癌等），发病率高达30%～90%，潜伏期最少为10～12年。DES销售多年，分布地区广泛，服用该药的受害者众多，最终引发的索赔诉讼数量巨大，其中最著名的是“辛德尔诉阿伯特实验室案”（Sindell v. Abbott Laboratories）。原告辛德尔的母亲在怀孕期间服用了DES药物，致使辛德尔成年后不幸患上恶性膀胱瘤和乳腺癌。当时有190家公司生产DES，由于距离服药的时间久远，辛德尔母亲究竟是服用了哪一家药厂生产的DES药物无法查知。如果坚持传统的因果关系举证原则，若永远无法找到真正的致害者，则受害者永远无法得到救济。为解决涉及多数被告的因果关系无法证明的问题，美国法院在审判中发展出的诸多理论颇具启发意义。具有代表性的主要有：共同行为理论（concertofaction）、选择责任理论（alternative liability）、企业责任理论（enterprise or industry-wide liability）和市场份额理论（market-share liability）。[1]其中，尤以市场份额理论最具影响。这些理论共同的精神在于，为实现损害救济的价值目标，在决定侵权责任承担时，适度放松对因果关系举证的要求。这些侵权法上的一般理论对于解决药品不良反应案件中不确定多数被告人的问题具有一定的启示意义和实用价值，但同时又都不同程度的存在局限性。

（一）共同行为理论

共同行为理论建立在这样的思想基础上：两个或两个以上主体对于一项侵权行为达成事实上的协议（tacit agreement）。该协议不以明示为必要。典型的例证是二人飙车致其中一车伤人，此

---

[1] Paula M. Simpkins, Rejection of Market-share Liability for Childhood Vaccine Manufacturers: Shackil v. Lederle Laboratories, *Rutgers Law Review* 1991, 43.

时令该二人对同一损害负相同的责任，因为每一个人都违反了不鲁莽驾驶的义务从而引起了可预见的损害。然而在实践中大多数法院并不倾向于将这一理论应用于医药责任领域。例如，在几起DES诉讼案当中，法院就拒绝适用共同行为理论，因为这些女性受害者在服药10多年后患癌症，无法证明当时的DES生产厂商之间存在这样一种隐形的协议。更重要的是，法院认为生产者的一个普通商业行为不足以被苛加共同行为责任，否则就逾越了该原则原本期望的责任范围，实际上是要求任一生产者对整个产业的药品缺陷承担责任——即使其能够证明致害产品并非自己所造成。

（二）选择责任理论

选择责任理论为Summers v. Tice[1]案首创，该案法院使原告不能证明其所受损害是由被告二人中何者行为所致时，转由被告证明原告损害原因非自己的行为，否则即应负连带赔偿责任。其法理为被告对证明损害非其行为所致处较有利地位，再者每个被告在给原告造成危险这一点上都是有过失的。共同行为理论与选择责任理论的主要区别在于，数个侵权者的行为是独立（independently）实施的还是共同（jointly）实施的。在选择责任理论中涉及的数个行为是分别由数个加害者各自独立实施的，但只有一个是真正致害的原因，而在共同行为理论中数人的行为是结合在一起共同造成损害的。[2] 然而在DES类型的案件当中，法院对共同行为或选择责任理论皆少采用，因为无论在哪种理论中，至少涉案行为人都必须是确定的，而在DES类型的案件当中则存在众多潜在的加害人，缺乏使所有加害人责任黏合起来承担连带

[1] Summers v. Tice, 33 Cal. 2d 80, 199 P. 2d 1 (1948).

[2] 英美法上的共同行为理论类似于大陆法系侵权法上的共同加害行为，而选择责任理论类似于大陆法系的共同危险行为责任。

责任的法理基础。此外，选择责任理论认被告有举证优势，然而在DES案件中却未必如此，因其发病期过长，且处方药多由批发商贩卖至医疗机构，故制造者自身无机会与病人直接接触，搜集证据并非更容易。❶

（三）企业责任理论

在“Hall v. E. I. Du Pont de Nemours & Co. , Inc. ❷案”中，法院确立了企业责任理论。本案原告13人皆系因瓶盖爆裂眼睛受损的小孩，案件计有12起，陆续发生于1955～1959年。被告有6家制造者，皆属美国产业工会的主要成员。诉讼中原告遇到的困难在于无法指认出具体的致害产品生产商，法院最终判令该类产品所有的生产商共同承担赔偿责任，主要的考虑是：对爆裂瓶盖产品上没有适当的警示说明各生产商均是知情的，作为全国统一的产业工会的成员，所有的生产企业集体性地选择了不对危险产品采取具有可行性的安全改进措施，因此该产业的每一个成员企业对于原告的损害皆负有责任，尽管真正的致害者只有一家企业。法院将因果关系的举证负担转移给被告，由其证明因果关系的不存在。然而涉及药品责任多数被告因果关系不确定的问题，企业责任理论的适用存在障碍。因为该理论适用的前提是某产业的企业间存在高度密切的联系，而在药品领域生产者之间的联系未必达到如此程度。在辛德尔案中，加州法院不采用企业责任理论，法官认为围绕Hall案的条件和事实与“DES案”显有不同。第一，法院在适用企业责任理论时高度谨慎，避免动辄对一个产业施加责任，在“Hall V. E. I. Du Pont de Nemours & Co. , Inc. ”案中仅涉及6家企业构成的产业，该原则的适用不会殃及

---

❶ 朱怀祖：《药物责任与消费者保护》，五南图书出版公司1997年版，第217页。

❷ Hall v. E. I. Du Pont de Nemours & Co. , Inc. , 345 F. Supp. 353 (E. D. N. Y. 1972).

数量过多的企业，而生产 DES 药品的企业有数百家。第二，DES 案中没有共同的风险控制被建立在每个被告作为成员的同一产业联盟之上。

（四）市场份额理论

在辛德尔案中，加州最高法院审上述 3 种理论皆不适用后，最终创设了著名的市场份额理论。法院认为只需将销售份额占市场比率实质多数（substantial share）的生产者列入被告即可，因为生产者事实上造成原告损害的可能性是与其 DES 产品所占市场份额成正比的。一旦原告证明了某被告达到了实质性市场份额的要求，证明责任即转移至该被告一方，只有证明了致害 DES 并非自己的产品才可脱身，无法证明的则应根据其市场份额承担相应比例的赔偿责任。法院最终判决 5 名被告向辛德尔承担相应比例的赔偿，并提出了以下几项政策考量的因素作为判决的支撑：第一，现代科学技术及产业发展的复杂性要求在法理上对因果关系作不同于传统原则的分析，DES 的本质特点使受害者无法证明真正致害的生产者。第二，在无辜的原告和有过失的被告之间，后者更应当负担损害的成本，并且其更便于将成本通过价格、保险等方式分散出去。第三，使生产者负责可敦促其提供更安全的产品。然而，辛德尔案判决仍遗留了至少两个明显的问题：第一，各个被告的责任是彼此独立的还是连带的并不清楚；第二，占市场份额不足百分之百的数名被告是否须扩张性的对受害者的损失负百分之百的赔偿也不清楚。在 Brown v. Superior Court❶ 案中，加州法院对上述两个问题作出了解答，各被告的责任是独立的，因为连带的责任实质是让一个生产者对其他生产者的过错行为负责；赔偿对象并非损失的全部，而是按比例的，

---

❶ Brown v. Superior Court, 44 Cal. 3d 1049, 751 P. 2d 470, 245 Cal. Rptr. 412 (1988).

因为百分之百的赔偿与市场份额理论的比例精神相悖。

辛德尔案所创设的市场份额规则对包括大陆法系的侵权法理论——特别是因果关系理论产生了十分重大的影响，对药品不良反应案件的审判具有实益。市场份额理论的重要意义在于，一方面，化解了 DES 案件中因果关系举证的困境，使弱者获得救济；另一方面，又成功的避免了将过多的生产者拉入被告行列，合理限制了责任的范围。市场份额理论同时也存有不足。反对者提出，占有率计算因标准不同必然有异，应以何者为准将影响原告和被告双方权益。另外，销售额比例达到何种程度才认为达到了实质多数，难以作出妥当的决定。辛德尔案判决中持反对意见的 Richardson 的观点值得重视，他指出所谓实质多数比例系属不确定概念，另外判决放弃向来必须有被告行为与损害关联性法理值得怀疑，更重要者在于如要求生产者负全面责任（blanket liability），已尽各项义务而仍需负责，则是对制造者的反生产政策，不利于药品产业的发展和大众的长远利益。[1] 美国各州法院在审理 DES 类型案件时，对市场份额理论采取不同的立场。一些州采纳该理论但作了一定的修正，如纽约州上诉法院在“Hymowitz v. Eli Lilly & Co. 案”中认为，被告不能通过简单的证明致害产品非出自本厂而免责。有些州如新泽西州法院则完全拒绝适用该理论。

四、因果关系证明理论前景之展望

在药品不良反应案件当中，因果关系的证明相当困难，患者维权面临瓶颈。在侵权法的视野下，因果关系至关重要，无论在哪一种归责原则之下，因果关系都是必须具备的责任构成要件，

---

[1] 朱怀祖：《药物责任与消费者保护》，五南图书出版公司 1997 年版，第 221 页。

因而是诉讼中不可绕过的问题。药品不良反应案件中因果关系的证明更加困难，这在根本上源于药品责任领域本身的特殊性。围绕药品责任因果关系举证的困难，在比较法上发展出各种关于因果关系判断的新理论。这些关于因果关系证明的理论突破，对于化解开篇所述的我国药品不良反应案件举证困境具有重要的启示意义。然而同时也必须看到，这种作用在目前来看仍是有限的，疫学因果关系只能例外的适用，而对于市场份额理论，虽然国内的侵权法理论上充分肯定其意义，但在实务上迄今未见具有典型意义的审判实例。药品不良反应维权在中国依旧困难。

侵权制度的基本价值在于救济受害者，但反过来讲，救济受害者的制度却并非仅侵权法一项，尚有保险、基金、社会保障等风险分散性救济机制的存在。因此，一些研究者提出，与其局限在侵权法的框框里苦苦寻求破解因果关系举证困境之道，不如绕开这一障碍，将目光转向其他途径。事实上，对于药品不良反应损害，以保险、基金等社会分担方式解决是重要的发展趋势，美国、日本、瑞典等发达国家皆有相关立法与制度。侵权法与社会化救济方式的交错是当代法律发展的一个重大趋势。更进一步地，我们还应看到，社会化救济方式的作用同样是有限的，受社会发展中各种条件的限制，不可能完全取代侵权法，因此因果关系证明的问题仍旧不可避免。退一步讲，即使是在社会化救济方式中，也并非完全不需要证明因果关系。在美国，依据《国家儿童疫苗伤害法案》及据此建立的制度，国家对因预防接种遭受不良反应损害的儿童实施基金补偿，但并不排除受害人提起侵权诉讼索赔的权利。疫苗补偿实行列表制度，对在列表范围内的疫苗并在规定的时间内报告的不良反应，可申请补偿。对于列表外的疫苗及超出规定时间报告的接种不良反应，该制度框架也并未绝对排除申请补偿的权利，但是施加了特别的举证负担，那就是申请者必须证明其所受损害确是因接种该疫苗所致，即因果关系的证明。[1] 因此，关于因果关系证明的理论在社会化救济程序中仍有适用的空间。再者，抛开填补损害的目标，因果关系对于药品不良反应的监测、报告与召回等行政安全制度也是不可回避的问题。因此，关于因果关系的研究始终有其意义，对于药品不良反应因果关系的认定，仍需继续探索更加合理且具司法可行性的方法。

药害案件因果关系认定的理论创新，必须基于药品责任的特殊性展开，其关键点在于个别受害者救济与社会整体利益的平衡。一方面，为使无辜患者所受损害获得补偿，并考虑举证能力的因素，在因果关系的证明上应当适度降低标准，减轻受害者的举证负担。另一方面，考虑到药品风险的不可避免性以及药品对于公众健康的重要意义，应避免对生产者苛加过于严格的责任，以免抑制新药研发的热情、阻碍药品产业的发展，使大众面临缺医少药的局面。为此，在因果关系的证明上不能一味放松要求，在因果关系模糊不清的情况下，不能一概推定因果关系存在；在涉及不确定多数被告的情形下，不能动辄将过多的企业乃至一个产业拉入被告席，这是市场份额理论带给我们的重要启示。

第三节　药品缺陷的认定

前面探讨了侵权判定的一般规则对药品不良反应的适用之后，接下来从类型化侵权的视角展开研究。在众多法定的类型化侵权中，产品责任是解决药害救济问题最相关和最便捷的路径。在整个产品责任制度中，缺陷是最核心的概念，产品存在缺陷是

---

[1] James B. Currier, Too Sick, Too Soon?: The Causation Burden under The National Vaccine Injury Compensation Program Following De Bazan v. Secretary of Health &Human Services, *Federal Circuit Bar Journal 2009*, 19.

侵权责任成立的前提。药品责任也不例外，其成立必须以药品存在缺陷为要件。产品责任法上围绕缺陷的认定有复杂的方法与理论，而药品由于其特殊性，在缺陷认定中于一般方法之外必须加以特殊的考虑，适用一些特殊的规则。

一、产品缺陷的一般理论

（一）缺陷的概念

国际上一般将“缺陷”定义为产品存在的危及人身及财产安全的“不合理危险”。如美国《侵权法重述（第二版）》第402条A款对产品缺陷进行的描述：凡销售有不合理危险的缺陷产品者应对最终使用者或消费者因此遭受的人身或财产损害承担赔偿责任。我国《产品质量法》第46条规定，缺陷是指产品存在危及人身、他人财产安全的不合理的危险；产品有保障人体健康和人身、财产安全的国家标准、行业标准的，是指不符合该标准。“不合理危险”乃是与“合理危险”相对而言的。在一定意义上讲，任何产品均具有一定的危险性，绝对安全的产品是不存在的，产品责任法律规则的旨意并非使生产者对一切危险负责，而是仅令其对“不合理”的危险负责。然而某种产品之“合理”抑或“不合理”该如何判断，是一个十分复杂的问题。产品责任制度直接关系到两大利益团体——消费者集团和生产者集团之间利益的冲突与平衡，各国立法上基于本国社会经济背景进行政策考量所作出的利益平衡选择不一，故对产品缺陷范围的规定宽严不一。

（二）缺陷的分类

产品缺陷可进一步细分为若干具体类型，缺陷分类的意义在于针对不同的缺陷，其认定的方法不尽相同，责任追究的规则也不尽一致，因此分类有利于责任的精确化。国际上通行的分类方法是将缺陷分为三类，即设计缺陷、制造缺陷和警示缺陷，这主要是受美国法的影响。美国是产品责任立法的先驱，其产品责任制度对各国的产品责任立法产生了重大影响。《侵权法重述（第二版）》最初并未对产品缺陷进行分类，至《统一产品责任示范法》和《侵权法重述（第三版）》才将“产品缺陷”细分为制造缺陷、设计缺陷及警示缺陷三种类型。除三分法外，在国际上亦有采四分法者，即在上述三种类型之外另加入研发缺陷，代表性国家为德国。所谓研发缺陷，主要是指因受科学技术发展水平限制引发的发展风险，这些风险在产品投入流通时尚不可预见。在比较法上普遍的立法例是将发展风险作为免责的抗辩，将其作为缺陷并追究责任的立法例并不多见。发展风险与本书所探讨的药品不良反应关系尤为密切，因此将在下文作专门讨论。

1. 制造缺陷

产品在制造过程中由于原材料的瑕疵或人为的失误，使生产出来的产品不符合生产者自己制定的生产标准，这样的缺陷就称为制造缺陷。制造缺陷的案件中对生产者科以纯粹的严格责任，无论其在制造过程中是否善尽合理注意的义务，其都须对制造出的缺陷产品负责。[1] 产品制造缺陷具体包括原材料的缺陷、零部件的缺陷、装配的缺陷和工艺的缺陷等。

2. 设计缺陷

设计缺陷是指“采用替代设计方式即可减少或避免不合理危险的发生，但生产商却没有采用该设计，因此而导致的不合理危险”。简单地说，就是由于产品设计不合理造成产品的危险。由于设计缺陷的产生与避免往往与科技发展水平有很大关系，有时甚至不可避免，因此欧美国家规定这类缺陷适用于过失责任，

---

[1] 杨麟：“论美国产品责任法中的缺陷认定理论”，见王军主编《侵权行为法比较研究》，法律出版社2006年版，第418页。

并且要求原告证明有合理的可替代的设计方式的存在。❶ 由于产品制造缺陷与产品设计缺陷在实践中不易区分，美国法学会在《侵权法重述（第三版）》中明确指出了二者的区别：产品制造缺陷由于个别产品不符合生产者的设计要求造成的，仅会导致个别产品存在不合理危险；而设计缺陷则是指虽然整个生产线都符合生产者的设计要求，但该设计本身就存在缺陷，这将导致整批或整类产品存在不合理危险。

3. 警示缺陷

警示缺陷是指产品提供者对产品的危险没有作出必要的（适当的、明确的、易理解而且详细的）说明、警告或安全使用方面的指导，从而对使用者构成不合理危险。警示缺陷的称谓很多，如指示缺陷、警示缺陷、说明缺陷、警告缺陷等，但“警示缺陷”这一称谓最合适，因为该缺陷来自警告和指示两个方面，前者警告产品存在危险，后者指导如何安全使用产品。❷ 尽管理论和实务对警示缺陷的认可较制造缺陷晚很多，但由于警示缺陷的证明较制造或设计缺陷的证明要容易得多，因而警示缺陷成为产品责任诉讼中消费者最常援引的诉因。至于警示缺陷的归责原则，《侵权法重述（第三版）》采用了过失责任理论，而这也得到了实务和理论界的认同。

美国关于产品缺陷的分类对于产品诉讼至关重要。三种缺陷分别代表了产品不安全的三种形态，在认定是否具有“不合理危险”时应当适用各自适宜的标准，在三种缺陷造成的损害责任中，也应适用不同的归责原则。相比之下，我国现行法并未对产品缺陷进行分类，而是以统一的标准去认定缺陷是否存在，并

---

❶ 罗勇：“产品责任法之产品‘缺陷’问题比较研究”，载《西南民族大学学报（人文社科版）》，2007 年第 10 期。

❷ 董春华：《中美产品缺陷法律制度比较研究》，法律出版社 2010 年版，第 63 页。

适用统一的归责原则决定责任的承担。未来的产品责任立法应在缺陷分类方面有所进展。

（三）缺陷的认定标准

缺陷的认定是产品责任判定的关键和难点，围绕这一问题在理论上发展出众多标准，尤以美国法最为成熟。在众多种判断标准中，“消费者预期标准”和“风险—效益标准”是最重要的两个标准。

1. 消费者预期标准

“消费者预期标准”最早出现于美国《侵权法重述（第二版）》第402条A款的释义。其中的G款释义把“缺陷条件”定义为“产品离开销售者控制时对最终消费者具有不合理的危险，并且最终消费者对此状况并无预期”。第I款释义把“不合理的危险”定义为“被销售的产品的危险程度超出了购买该产品的普通消费者的预期，且该消费者必须具有为社会所共知的有关该产品性能的通常知识”。在消费者预期标准下，产品缺陷的实质是产品的危险程度超出了一个“合理的消费者”根据社会消费常识所作出的判断，这种消费常识的形成来源于各种各样的途径，如广告、产品的外观、社会公众对产品功能的一致看法等。消费者预期标准是一个客观的标准，法院所考虑的是假设的“合理的消费者”会怎样预期，而并不考察案件中实际的消费者是如何预期的。[1] 然而，消费者预期标准存在诸多的缺点，除了模糊性太大、客观性不足以外，很多情况下还会出现不利于消费者的情况。例如，当消费者因缺乏专业的制造和设计知识而对产品安全没有形成预期或形成了低层次预期时，那么即使产品致害也不能认定存在缺陷。之所以出现这种情况，是因为将消费者预

---

[1] 杨麟：“论美国产品责任法中的缺陷认定理论”，见王军主编：《侵权行为法比较研究》，法律出版社2006年版，第412页。

期与“不合理危险”之间画起了等号。而实际上，消费者预期不过是“不合理危险”的一种判断方法，在消费者预期无法适用的领域，应当允许其他的判断方法适用。

2. 风险—效益标准

在很多无法适用消费者预期标准的案件中，法官采用了一种叫做“风险—效益”的判断方法。风险—效益标准的实质内涵是，如果产品所带来的损害风险超过了它所产生的社会效益，那么产品就存在着不合理危险。1973 年，约翰·韦德教授（《侵权法重述（第二版）》的主报告人）提出了运用风险—效益法要考虑的 7 个因素，被许多法院在判决中引用。这 7 个要素是：（1）该产品对全社会及消费者个人的效益；（2）该产品引起损害的可能性以及损害可能的严重程度；（3）更安全的设计的可能性；（4）生产者是否能在不损害产品的性能和效益以及不过分增加成本的情况下，减少该产品可能带来的风险；（5）原告通过谨慎使用避免损害的可能性；（6）使用者对产品潜在危险的认识程度（这种认识或是来源于社会常识，或是来源于产品的指示或警告）；（7）生产者通过提高产品价格或参加责任保险分散损失的能力。❶ 很明显，风险—效益标准受到了经济学思想的影响，将效率引入侵权责任承担中来。尽管也受到了学者们的质疑，但对于判断产品缺陷而言确实提供了一种现实的思路。

二、药品缺陷的认定

（一）药品缺陷认定的特殊性

药品缺陷的认定应以上述产品缺陷认定的一般标准为基础，但同时亦必须考虑到药品较普通产品相比的特殊性而作特别的对

❶ 董春华：《中美产品缺陷法律制度比较研究》，法律出版社 2010 年版，第 88 页。

待。缺陷本质上是产品的危险，仅就危险性而言，药品的危险程度比普通产品更高。“是药三分毒”，药品风险常常不能预见、无法避免。若仅从此高风险的角度考量，则极易不适当的扩大药品缺陷的范围，几乎没有几种药品不存在缺陷。在认定药品缺陷时，还必须考虑到药品产生的效益。尽管药品具有很高的危险性，但是疾病造成的损害更大，药品对于治疗疾病、挽救生命的作用远胜过其风险。药品与普通产品相比在具有更高风险性的同时，攸关公共利益的程度也更高。对于药品缺陷的认定，必须基于这种特殊性展开，从风险和效益两个方面进行衡量，只要效益大于风险，就不应认定存在缺陷。关于药品缺陷的认定究竟应采消费者期待标准抑或风险效益标准，有学者认为应兼采两项标准，以消费者期待标准为基础、并为危险利益分析最为妥适。从美国法院的审判经验来看，在认定药品缺陷时较普通产品更加频繁地采用了风险效益标准。

药品分为处方药和非处方药，前者必须通过专业的医疗服务者开具并给出使用指导，后者则是可以自行购买并服用的。对这两类不同药物的缺陷认定标准未必相同，应作区别对待。有学者主张对处方药与非处方药缺陷的判定采不同标准，非处方药以消费者预期作为判断标准，而处方药则以消费者期待标准为基础，兼进行药品成本效益分析。[1] 对于处方药而言，是有医师等专业人员参与药品的使用，药品的选择和判断来自医师等专业人员。对处方药如采用消费者期待标准，则因使用药品的决定者是医师，对药品的预期药效期待主要来自医师等专业人员，药品实际使用者却是患者，遭受药品损害的是患者，期待者与使用者的不一致，使消费者期待标准解释上有阻断之处。药品除自身含多重药理作用之外，它还可能与其他化学物质相互作用，药理作用复

---

[1] 宋跃晋：“药品缺陷的法律分析”，载《河北法学》2010 年第 11 期。

杂，普通的消费者无法掌握药品安全水准，也不会清楚特定药品的危险程度，很难形成消费者的期待观念。

药品缺陷之判断应对其安全性、有效性综合考虑，不仅就药物的质量而言如此，药物之说明亦须以此两项标准评估。不论采取消费者期待说抑还是风险效益说，皆有相同效果。就前者而言，消费者就使用药物之目的性有此预期，如不能符合者，当有缺陷。就后者而言，如药物有效性不与其危险性相对者（如轻微病症用药竟致严重不良反应者），亦属缺陷。[1]

（二）药品缺陷认定的特别规则

药品基于其特殊性，缺陷的认定标准理应有别于普通产品。美国产品责任法上针对处方药品的特殊性就设立了一些特别的缺陷认定规则，如不可避免的不安全产品规则、博学的中间人规则等。另外，药品缺陷的种类不同，其认定标准也存在一定差别。《侵权法重述（第三版）：产品责任》对3类药品缺陷适用不同的判断标准，对药品的制造缺陷适用第2条A款关于普通产品制造缺陷认定的标准，而对于设计缺陷和警示缺陷，则适用第6条C款和第6条D款针对药品作出的特别规定。[2] 就制造缺陷责任而言，药品和普通产品不存在太大差别，均实行严格责任原则。而对于设计缺陷和警示缺陷，侵权法重述对处方药品设定了比一般产品更加严格的缺陷认定标准，使生产者可获得更大程度的责任豁免。美国法上关于药品缺陷认定的特别标准具有重要的借鉴意义。在我国，现行法上并未针对药品缺陷的认定规定特别的标准，司法实务当中，法院应当借鉴美国法上这些特别规则的精神以为裁判。

---

[1] 朱怀祖：《药物责任与消费者保护》，五南图书出版公司1997年版，第116页。

[2] 美国法律研究院，肖永平、龚乐凡、汪雪飞译：《侵权法重述（第三版）：产品责任》，法律出版社2006年版，第206页。

1. 药品制造缺陷的认定

根据《侵权法重述（第三版）：产品责任》第6条B款（1）项之规定，药品制造缺陷的判定要依据第2条A款规定的标准。第2条A款的内容是：如果产品背离其设计意图，即便在制造和销售该产品的过程中已尽可能地谨慎，该产品存在制造缺陷。[1] 该款实际确立了制造缺陷的严格责任，即如果产品的危险是在制造过程中产生的，则不论制造者对质量的监控是否符合合理性标准，制造缺陷责任都可以成立。在许多案件中，缺陷实际上是由于制造商的疏忽过失引起的，但原告无法有效地对此加以证明。严格责任因而展示了类似于“事实自证原则”（the thing speaks for itself）的功能，即允许应受救济的原告胜诉，即便其在举证责任上存在难以逾越的困难。因为制造缺陷而存在功能障碍的产品使得原告对产品功能的合理期望受挫。关于严格责任的种种政策考量在此不再赘述。第6条评注项C指出，对处方药品在设计缺陷方面的责任限制，并不能使其生产者在制造缺陷责任承担方面享有与其他产品的商业制造者不同的待遇。法院传统上会责令处方药品的制造者因其制造缺陷导致的损害承担责任。之所以将药品与一般产品的制造缺陷同等对待，是因为对制造中的风险控制能力而言，在药品制造商和一般产品的制造商之间并无差别，甚至于药品由于关系生命健康的重大性其生产者在遵守优良制造规范方面的责任更重。

一般商品损害事件中消费者以制造缺陷为由主张赔偿的情况比较常见，而药品损害事故中很少有患者提出制造缺陷诉讼。究其原因，主要是药品在使用时已经消耗掉了，患者主张制造缺陷的药品是离开生产企业的产品，所以用证物证明制造缺陷存在有

---

[1] 美国法律研究院，肖永平、龚乐凡、汪雪飞译：《侵权法重述（第三版）：产品责任》，法律出版社2006年版，第15页。

较大困难。[1]

2. 药品设计缺陷的认定

美国产品责任法上有一项传统规则，生产者原则上仅对药物的制造缺陷和警示缺陷负担赔偿责任，直到晚近法院仍然拒绝仅凭处方买卖的药物之设计缺陷而判令其制造者承担损害赔偿责任。[2]

《侵权法重述（第三版）：产品责任》第 6 条 C 款对处方药设计缺陷的判断规定了比第 2 条 B 款（一般产品设计缺陷的判断标准）更严格的缺陷检验标准。依据第 2 条 B 款，当产品之可预见的损害风险，能够通过销售者或其他分销者或者它们在商业批发销售链中的前手的更为合理的产品设计加以减少或者避免，而没有进行这样的合理设计使得产品不具有合理的安全性能，该产品则存在设计缺陷。该款采纳的判断标准是，是否存在一个更合理的其他设计，能够以合理的成本降低该产品所带来的可预见的风险。而根据第 6 条 C 款，如果某种药品或医疗设备，其可预见的伤害风险与可预见的治疗效果之间的联系如此密切，以至于任何理性的医护人员在知悉此种可预见的风险和治疗效果之后，都不会给任何一类病人开具该药物或医疗设备的处方。符合上述情况时，该处方药或医疗设备就因其设计缺陷而缺乏合理的安全性。据此，一种处方药只要对某一类病人有疗效，即使对其他类型的病人有害，仍然不具有设计缺陷。[3] 只有在该药品对任何一类病人都不会产生纯疗效时，风险和效益之比如此失衡，以致任何有理性的医护人员在了解这些已知或应知的风险存在

---

[1] 朱怀祖：《药物责任与消费者保护》，五南图书出版公司 1997 年版，第 121 页。

[2] 参见《侵权法重述（第三版）：产品责任》第 6 条评注项（a）。

[3] 美国法律研究院，肖永平、龚乐凡、汪雪飞译：《侵权法重述（第三版）：产品责任》，法律出版社 2006 年版，第 209 页。

后，都不会向任何一类病人出具此类治疗处方，这时才可判断该产品具有设计缺陷。这一标准显然较第 2 条 B 款严格得多。在诉讼当中，原告的证明要达到这一标准十分困难。

传统上法院拒绝对含有设计缺陷的处方药追究侵权责任，是基于处方药有一套独特的风险收益体系，对一个病人有害的药物可能对其他病人有益。药品尽管具有高风险性，但疾病可能更加致命，由于治疗疾病的需要，人类一刻都离不开药品——纵使其存在危险性。早在《侵权法重述（第二版）》当中，就确立了著名的“不可避免的不安全产品”规则。对于药品这样的无论如何不可能保证完全安全的产品，只要生产者对潜在的危险作了必要的警示，就不应认为存在缺陷。另外，基于处方药特别的管理机制，药品的使用必然经过专业医护人员的指导作为把关，尽管药品存在危险性，医生在对某个病人的病情与服药后的疗效相比认为用药得不偿失的，可选择不使用该药物。

美国法之所以对药品设计缺陷规定如此严格的认定标准，旨在对制造者的责任作出限制。这样宽容的规则反映了一种担心，对药品生产者课以过重的司法义务恐令有价值的医疗技术成本提高且不易取得。由于药品对于公众健康的重要意义，法律政策上必须考虑对医药产业实施必要的保护。这样的规则设计可谓用心良苦。然而对这些特殊规则在具体适用中，美国法院及学者的态度并不一致。如关于是否所有的药品都理所当然地属于“不可避免的不安全产品”，法官在不同的判例中有不同的看法。有些法庭认为评注（k）只能基于个案来适用。例如，在“希尔诉希尔里实验室案”中，法庭认为，只有那种“社会极端需要的”产品才属于评注（k）所保护的产品。这种以个案为基础的分析方式与评注（k）所使用的措辞比较一致，因为在评注（k）中列举了各种不同类型的处方药，但是评注（k）并没有暗示所有处方药或者所有其他类型的产品都应该被视为是不可避免的不安全产品。不过，也有法庭对评注（k）的解读不一样，认为可以广泛适用于其他类型的诉讼，如“布朗诉加州高等法院案”。该案是一个涉及 DES 的案件，加州最高法院判决指出，所有的处方药都被视为是不可避免地存在不安全因素的。而法庭所关注的是，如判处处方药缺陷责任，会导致该药品制造商将该药退市，这样在新药推出之前就会出现断药空当，并且导致制造商的保险费率急剧上升。同样，在“格朗德伯格诉厄普约翰公司案”中，犹他州最高法院也支持初审法院的观点，即必须强调处方药所带来的社会效益。审判法院提出，美国 FDA 之所以经常授权新的药品上市，是因为 FDA 知道这些新药在带来有效作用的同时都包含了一些已知的风险，并在平衡了风险与社会效益之后才授权销售许可。基于此，法庭认为：“不可避免的危险产品制造者不应该对设计缺陷承担责任。”[1] 而对于《侵权法重述（第三版）》将药品设计缺陷的判断完全委于医生判断的做法，亦存在很多批评。

（三）药品警示缺陷的认定

在药品责任案件中，以警示缺陷作为诉因的案例最为常见。分析其原因，制造缺陷在药品领域相对较少发生，对于设计缺陷提起诉讼很难获得成功，而以药品存在警示说明方面的不足作为索赔的理由在举证上比较容易。产品的警示说明起着提醒消费者产品危险及通过合理使用避免危险的作用。对于药品而言，警示有着更为特殊的意义。药品设计上的风险难以完全避免，但将这些风险告知给患者和开具处方的医生，就能够提供给他们正确决策、充分选择的机会。药品警示最重要的意义不在于避免损害的发生，而是在于通过告知药品的风险与疗效使医生和患者对是否

[1] 汪军民、涂永前：“论美国毒物致害侵权责任的特殊免责抗辩及对我国产品责任法的启示”，载《环球法律评论》2008 年第 6 期。

使用药物经过考虑后作出选择。追究警示缺陷责任的根本原因即在于因为警示上的疏忽使患者及医生丧失了本可获得的选择机会。由于警示说明对于药品的特殊意义，各国药事法上均十分重视对药品说明的规范，突出体现在对药品说明书的严格要求当中。我国《药品管理法》第54条也规定，药品标签或者说明书上必须注明药品的通用名称、成分、规格、生产企业、批准文号、产品批号、生产日期、有效期、适应症或者功能主治、用法、用量、禁忌、不良反应和注意事项。药品的说明书由国家食品药品监督管理局予以核准。在美国法上的“不可避免的不安全产品”规则中，其适用的关键条件同样是生产者对这些产品不可避免的危险向消费者作了适当的告知。

药品不仅应当具有警示说明，且必须满足适当性之标准要求。药品警示是否适当一般从以下几个方面判断：（1）药品说明的警告内容是否充分揭示了危险范围；（2）警告内容是否适当指出了药品误用时所导致损害的严重性；（3）说明中警告部分醒目的程度能否引起理性患者、医师的注意；（4）沟通的方法是否能够使警示实际到达被警示的他方。警示就其作用而言可分为指示和警告，前者旨在告知合理使用以避免危险的方法，后者则在于告知药品危险性本身，这二者常常混杂在一起难以区分。警示的形式既可以是文字式的也可以是非文字式（如图形、气味、声音、颜色）的。文字说明方式既可以是书面的，也可以是口头的，实践中以药品说明书为常态，特殊情况下也可采口头直接说明的方式。药品警示应当以充分公开原则和重要事实原则为指导原则。充分原则要求，药品说明对药品危险存在及程度作完全揭露，使患者对药品的危险性有足够的注意；重要性原则是指药品说明还应当对内容有所选择，为使患者获取药效资讯真实，不能过分强调药物有效性和普及性，导致使用者忽略其危险性。警示的对象在非处方药主要为患者，在处方药主要是医生。

美国法上关于处方药品警示有一项著名的“博学的中间人”规则。因为处方药只有经过医生开具处方才能使用，所以一般来讲药品制造者只要对医务人员提供了充分的警示即认为已经履行了法定义务。不过，第三次侵权法重述规定了例外情况下直接向患者警示的规则，§6 条（d）款（2）项承认对于那些不需要医护人员亲自介入或评估就可以向病人分发的药品，制造商应保证直接向病人提供警示和使用说明。

三、药品不良反应中的缺陷认定

药品不良反应案件中，对受害者的民事救济面临法律适用的困境，若要以产品责任规则解决，必须证明药品存在缺陷，而依据药品不良反应的定义，该药品属“合格”药品，其缺陷的认定遇到特殊的难题。以一般的缺陷认定方法用三类缺陷与药品不良反应对号入座，发现皆存在严重障碍。首先，不良反应的发生并非因药品制造过程中的缺陷所致，药品完全是遵守制造规范而质量合格的。药品不良反应主要是因设计上的问题导致的，故与设计缺陷的关系最为密切。然而药品不良反应又不同于一般的设计缺陷，而是因受限于科技发展水平和人类认识能力局限导致的缺陷，在学理上常称为“研发缺陷”，而对于研发缺陷，各国法上常以发展风险抗辩免除生产者的责任。警示缺陷与设计缺陷常密切相关，发生不良反应之药品说明书中对于该不良反应未作警示说明，然而因为这些危险系属不可预见的潜在危险，故很难苛求生产者对此作出警示。

在我国，现行法上产品缺陷认定标准存在的瑕疵使药品不良反应的缺陷认定面临更大的难题。《产品质量法》第 46 条规定，缺陷是指产品存在危及人身、他人财产安全的不合理的危险；产品有保障人体健康和人身、财产安全的国家标准、行业标准的，是指不符合该标准。一般认为第 46 条确立了认定缺陷的双重标准，即不合理危险标准和技术性标准。不合理危险是较抽象的概念，产品有国家标准或行业标准的，优先适用该标准。对于该双重标准的合理性，学界多有质疑之声。虽然从第 46 条的字面意义来看存在不合理危险与技术性双重标准，但其实并非真正的双重标准，二者的现实地位是不同的。“所有的产品只要存在危及人身、财产安全的不合理危险就是缺陷产品，但如果有了国家标准、行业标准，只有违反这样的标准才属于不合理危险。所以，不合理危险的标准只能规范没有国家标准和行业标准的产品，因为产品一旦有了国家标准、行业标准，就排除了不合理危险标准调整的可能性”。[1] 在中国，技术性标准对于缺陷认定的作用相对于不合理危险标准处于绝对优势地位。国家标准、行业标准可操作性强、适用方便，而不合理危险标准十分抽象、模糊，司法实践中不好判断。不像在美国，对于“不合理危险”标准有较系统化的判断方法，在我国，无论是立法还是法院司法都没有形成成熟、清晰的不合理危险的判断方法，这一标准在实践中极少适用，几乎形同虚设。符合国家标准或行业标准就是没有缺陷，合格商品符合国家、行业标准，所以没有缺陷，这成为当然的逻辑推演。问题在于，即使是符合标准的“合格”产品，有时仍旧存在不合理的危险并因此造成损害，此时如果经营者单纯以产品符合标准提出抗辩而免责，对受害者而言是否公平就值得怀疑，亦即缺陷判断标准的周延性值得商榷。

对于药品这一问题更加突出。药品作为一种特殊的产品关系人的生命健康，国家实行严格的管理，针对药品的安全性多定有明确的质量标准，只有经过审批、达到质量标准的药品才能够投产并上市流通。而发生不良反应的药品，一定是《药品不良反

---

[1] 董春华：《中美产品缺陷法律制度比较研究》，法律出版社 2010 年版，第 127 页。

应报告和监测管理办法》所称的“合格药品”。按照《产品质量法》关于缺陷的认定标准，药品如果符合国家标准或行业标准，即属合格而不存在缺陷。既然产生不良反应的药品不存在缺陷，也就无法以产品责任的法律规则作为裁判依据。由于缺陷认定标准存在问题，特别是行政性技术标准的作用被不适当地夸大，许多学者主张进行改革，以不合理危险单一标准取代现在的双重标准，这样药品不良反应的侵权救济也会看到一丝曙光。然而在笔者看来，就算在我国改革产品缺陷的认定标准，以“不合理危险”作为根本的缺陷判断标尺，未必就能使药品不良反应法律适用的困境获得圆满解决。因为根据上述国际上对于药品缺陷的判断标准，未必就可认定发生不良反应的药品有“不合理危险”。司法实践中法院出于药品公共利益等方面的考虑，常对药品责任持宽松立场而否认不良反应药品的缺陷责任。比较法上的考察表明，关于药品生产者是否需对不可预知的设计风险负责，以及是否负有对未知风险的警示义务，虽无定论，但倾向性意见是持否定立场。

第四节　药品责任之发展风险抗辩[1]

药品具有天然的高风险性，任何药品均不可避免地存在不同程度的“副作用”，即使是质量合格药品在合理使用的情况下仍会发生不测的药品不良反应，这是由药品投入流通时的科学技术水平无法发现的风险——发展风险导致的。生产者是否须对此类完全不可预知的风险致害负赔偿责任，即为发展风险抗辩的问题。发展风险可否援为产品责任的抗辩历来是一个充满争议的问题，药品由于其特殊性，因而其发展风险抗辩的问题更加复杂。

[1] 本节内容与田野共同完成。

一方面，任何产品均具有一定的危险性，药品较一般产品具有更高的风险，其安全性更加受制于科技发展水平的程度。另一方面，药品与公共利益的攸关程度也更加突出。由于治疗疾病的需要，人类时刻都离不开药品，纵使药品存在难以避免的风险仍不可能禁绝其使用。对药品发展风险抗辩成立与否的分析判断，必须基于药品的特殊性展开，在特别的风险利益衡量基础上作出选择。发展风险抗辩是产品责任法中的重要问题，而药品责任对产品责任制度的发展又有着重要影响，透过对药品发展风险抗辩问题的深度剖析可以洞见药品责任乃至整个产品责任关于归责与免责的精神及其变革。

一、发展风险抗辩在药品责任制度中的意义

“发展风险”（development risk），又称为“发展危险”“发展缺陷”“研发缺陷”“潜在缺陷”“工艺水平抗辩”“科技现状抗辩”等。各国法中往往采取上述不同的概念表述，如德国法采“发展缺陷”的概念，而美国产品责任法则采“工艺水平抗辩”的称谓。这些概念在实质意义上基本相同，均是指在产品投入流通时按照当时的科学技术水平尚无法发现的致害风险，但在表述的角度上各有侧重，并借此微妙地体现了不同的处理问题的取向。“发展风险”“发展危险”的表述侧重客观描述产品的风险性本身，突出其潜在性特质。“发展缺陷”“研发缺陷”以及“潜在缺陷”等概念则是将发展风险界定为缺陷的一种，与制造缺陷、设计缺陷和警示缺陷并列。既为缺陷，就有追究责任之意。“工艺水平抗辩”“科技现状抗辩”的称谓则抓住了发展风险与科技水平的密切联系，并表明将其作为一种免除或减轻责任的抗辩事由之立场。

“发展风险”作为产品责任制度框架下之表达，是与缺陷密切相关的概念，其最终意义在于与其他制度协同配合，合理划定

归责与免责的范围。产品责任法之宗旨在于使产品经营者为产品缺陷所导致的损害向受害者负责，缺陷是产品责任成立的前提，而缺陷认定实质标准是产品存在“不合理危险”，因此“危险”（有时称为“风险”）乃产品责任的核心概念。产品存在危险的情况比较复杂，在一定意义上讲，任何产品均具有一定的危险性，绝对安全的产品不存在，产品责任法律规则的意旨并非使生产者对一切危险负责，而是仅令其对“不合理”的危险负责。然而某种产品危险之“合理”或“不合理”的判断，是一个十分复杂的问题。发展风险是产品一系列风险中的一种类型，顾名思义即发展中存在的风险，其隐含了与现实危险相对的含义。发展风险是指未知的并不得而知的潜在风险；现实危险则是指已经发现或虽未发现但有能力发现的产品危险，二者以科技水平和认知能力为主要区分标志，其中发展风险在产品投入流通时就已经存在，只是由于科技水平的制约无法预知而已。区分现实危险与发展风险的意义在于责任追究的规则不同，对于已预知或可预知的产品危险经判断如属不合理危险（包括设计、制造与警示缺陷），则可成立缺陷产品责任，这种责任的追究要么基于生产者的过错，要么基于严格责任原则，有着充分的正当性基础。而对于那些不知并且在当时的科技水平下也无法得知的产品风险，于其发生现实损害的情形，是否应追究生产者的责任，需要在法律上作出更为谨慎的处理，负责抑或免责，均需有充分的令人信服的法理基础，这种基础的寻找与产品现实风险致害责任的法理基础相比要困难得多。事实上，使生产者对产品完全不可知的风险负责看起来缺乏充足的理由，因此大多数国家都不追究此类责任，而发展风险的意义即在于使生产者获得免责之抗辩。判断产品危险“合理”与否有各种各样的标准，主体对于风险的预知、控制能力是其中一个重要的标准。通常来讲，法律仅要求民事主体对可知、可控的风险负责。发展风险本质上反映的是人类认识能力的局限性，这样的风险在当时的科学技术水平下不可预见并不能避免，即使尽到最大的努力仍是如此，倘若法律强令生产者对此类尚无能力控制的“过于遥远的风险”（remote risk）负责，恐致责任的滥用。

发展风险抗辩的产生有着特殊的背景，它是作为产品严格责任的矫正机制而发展起来的。严格责任的施行显然有利于保护消费者权益，然而在发展当中严格责任的滥用导致责任的绝对化倾向，逐渐引起反思与批评，发展风险抗辩正是这一浪潮的产物。侵权责任法不仅是据以判断侵权责任成立而承担赔偿责任的法，也是据以判断侵权责任不成立而免责的法。发展风险抗辩是作为产品责任法中合理限制责任追究范围的机制而存在的。

发展风险在药品责任制度中有着尤为特殊的意义。药品具有天然的高风险性，其不可知、不可控的程度较普通产品更甚。任何药品均不可避免地存在不同程度的“副作用”，其中一些通过反复实验研究可以预知并记载于药品说明书中，但受制于当时的科技水平总有一些致害风险在投入流通时无法发现，即使生产者尽到最大的努力与注意、即使药品流通与使用过程完全合规仍是如此，所以美国的产品责任法将药品称为“不可避免的不安全产品”是非常精确的。无论科技怎样进步，药品永远难以保证绝对安全，尽管如此，由于药品对于治疗疾病、挽救生命的意义，不可能禁止药品的使用。问题的关键在于，对于那些已现实遭受药品发展风险损害的受害者应如何在法律上进行救济，其可否向生产者主张侵权损害赔偿，生产者可否以发展风险主张抗辩。

药品发展风险的问题在药品不良反应事件中反映得最为突出。发生不良反应的药品本身是质量合格的，区别于假药和劣药，其使用过程也并非不当，损害多数情况下是由药品本身不可预知的发展风险所致，此时是否应令经营者对受害人负赔偿责任以达救济弱者之目的，实乃见仁见智的问题。普通产品发展风险抗辩成立与否的问题已是争议颇多，药品由于其特殊性发展风险抗辩的问题更加复杂。在一般产品，尽管存在理论上的争议，但在各国立法上大多承认发展风险抗辩免责。药品较一般产品具有更高的风险性与公益性，这究竟应当作为追究更加严格的法律责任的依据，还是作为减轻或免除责任的事由，值得深思。比较法上的考察表明，分采上述两种取向的立法皆而有之。

药品作为一种特殊的产品，对产品责任制度的发展有重大影响。我国台湾地区药事法学者朱怀祖指出："药物责任于商品责任领域居主导地位，然亦多为争议焦点。此皆因药物所涉层面复杂且攸关人类生命、健康，不可不慎为决策。诸种考虑因素之权衡取舍，孰轻孰重之间，常使立法政策，时或迈步向前，时而踌躇引退。药物于商品责任演进所扮演角色与功能，实具启发与参考价值。"❶ 这段评述精辟地阐释了药品责任在整个产品责任体系中的重要地位及特殊性，而药品发展风险的问题，实乃药品责任制度中最为核心和前沿的问题之一，透过此一问题的认识，可窥见药品责任乃至整个产品责任法关于归责与免责的精神及其演变。

二、发展风险抗辩之争论点评析

发展风险可否援为产品责任之抗辩一直以来都是产品责任领域争论最为激烈的问题之一，而在讨论药品责任之发展风险抗辩时，更需加入对药品特殊性的考虑因素。

（一）风险认知的判断时点

生产者对产品风险的认知随着时间经过而增加，药品不良反应在投入流通时可能尚不知晓，而于不良反应引发现实损害诉至

❶ 朱怀祖：《药物责任与消费者保护》，五南图书出版公司1997年版，第2页。

法院之时，整个社会的相关药品科技水平在此期间可能有所进展。对产品责任的追究既以生产者的风险认知能力为重要参照，故风险认知的时点问题至关重要，究竟应以销售之时还是法院审判之时为判断时点，颇具争议。由整个民法体系观之，违约责任与侵权责任等不同责任形态的风险判断时点不同，对责任的成立及范围影响甚巨。契约责任之风险认知以契约成立时为准，[1] 侵权过错责任以加害行为实施时为时点，侵权严格责任则推定生产者具有产品危险的认知。侵权严格责任中推定认知时点，又有销售时说和审判时说之分，其对于发展风险抗辩的适用与否具有重要影响。采审判时说者认为，审判时的认知状况举证比较容易，有利于诉讼简化，另外采事后标准有利于敦促生产者在将产品投放市场时尽可能除去危险。采销售时说者则认为，过失责任诉讼是以产品销售时为标准，在严格责任诉讼中不应有所区别，采事后标准还将使社会急需商品——特别是药品上市受延阻，另外因风险事先不可知生产者取得责任保险也存在重大障碍。若采审判时说，则发展风险难以作为责任抗辩；反之，若采销售时说，则发展风险抗辩得以主张。前者显然对受害者有利而被生产者斥为不公，后者则导致相反的效果，实乃两难之利益取舍问题。综观世界各国立法例，采销售时说者居多。在采销售时说者，为求制造者利益与消费者利益的平衡，美国学者认为可采两种方式补充：第一，如被告制造者于侵权严格责任诉讼主张其销售中无商品危险认知时，应由其负举证责任；第二，对销售后因科技进步发现新危险时，制造者仍有通知消费者的义务。以药品不良反应的情形观之，许多合法上市的药品依销售时的科技水平判断不良

[1] 根据我国《合同法》第 113 条规定，当事人一方不履行合同义务或者履行合同义务不符合约定给对方造成损失的，损失赔偿额不得超过违反合同一方订立合同时预见到或者应当预见到的因违反合同可能造成的损失，由此可见，应以合同订立时作为赔偿风险的认知判断时点。

反应是不可能的，然若以审判时有所进步之技术标准判断，则可能是可知的，药品企业与患者的利益如何权衡值得深思。从药品需求的迫切性——特别是治疗重大疾病的新药的上市刻不容缓，从鼓励新药研发的角度思考，药品风险的认知时点似应采销售时说较为妥适，作为平衡药品制造者应在诉讼中负担更多的举证责任，并在药品上市流通后承担后续追踪观察义务。

（二）风险认知的科技标准

无论采销售时说或审判时说作为风险认知判断时点，在某一特定时点的科技水平标准本身都具有层次性，判断生产者的风险认识能力究竟应以怎样的标准衡量，以当时世界最先进的科技水平，还是可以适度降低标准，对赔偿责任有着重大影响。关于这一问题，存在两种观点：一种观点认为，所依据的技术发展水平不是指某一地区或某一国家的状况，而是指在该领域世界科学技术水平的状况；另一种观点认为，尽管生产者被认为是其所在领域的专家应承担与该领域最先进的技术发展保持并进的义务，但这并非一种完全程度上的义务。生产者固然必须尽全部的努力来与最新的思想保持并进，但这样一种努力的合理性将会取决于对新思想进行定位或探寻所涉及的困难。如果生产者尽了合理的努力却仍未获知上述信息，则可以在产品责任诉讼中主张开发风险的抗辩。[1] 欧洲法院就发展风险抗辩导入了一种客观的评价标准。首席法官列举了影响产品流通信息的一些因素，比如一本以英文在美国出版的国际期刊上所开展的研究和以中文在中国出版的科技期刊上所开展的同种研究是不同的，所以这种科技知识是不能超越地区界限的。在这种情况下，让欧洲的生产者对亚洲研究人员所发现的缺陷承担责任是不合理的，因为期待欧洲的生产

---

[1] 梁亚："论开发风险抗辩在产品责任诉讼中的适用"，载《法学杂志》2007年第5期。

者了解以中文出版的科研信息是不合理的。“知识水平”必须包含整个科学界信息流通中的所有资料，而且要基于研究人员所能够实际接触到相关信息的机会，根据合理性标准进行解读。在英格兰，法庭已经开始适用前述“中文信息例外”（Manchuria exception）的原则。据英格兰法庭的解释，这种抗辩只适用于下面特定场合，即大众无法获得的、一些未出版的文件或者研究成果，或它们仅储藏在一些图书馆中或者属某个特定公司的研究机构。对“最高工艺”的解释，它“必须解释成包括整个科学界信息流通中的所有资料，但必须牢记一点，要以合理标准为据，要考虑制造商实际上是否能够有机会接触这些流通信息”。尽管制造商的主观知识与此无关联，但是一般可得到的知识还是与此存在关联的。使用这种抗辩的可能性不依赖于制造商所拥有的主观知识，而是依赖于其必须掌握的客观知识，也就是那些一般可以获知的科技知识。[1] 欧洲法院的做法具有启发意义，诉讼中对科技水平的判断原则上应以某一时点人类的所有知识信息为客观标准，而不能以被告的主观知识为依据，被告并不知晓但客观上应当知晓的，不得以不知风险主张抗辩。当然也必须顾及生产者是否有机会接触、掌握这些知识信息，在知识经济的时代，科技发展速度极快，药品的研发科技更是日新月异，要求每一个药品厂商随时了解世界科技的最前沿发展并不现实。

（三）发展风险抗辩是否适用于严格责任

在过失责任诉讼中发展风险可作为产品责任免责之抗辩，这基本没有争议。最为激烈的争论集中在发展风险抗辩可否适用于

[1] 涂永前、韩晓琪：“论产品责任之发展风险抗辩”，载《西南民族大学学报（人文社会科学版）》2010年第10期。

严格责任诉讼的问题上。❶ 持否定说者认为，发展风险抗辩是过失责任的产物，将之运用于严格责任危及产品责任制度的发展。严格责任为“商品本身法则”的责任，它关注的是产品本身的客观状态，以此来决定制造者的责任，它并不考虑制造者的主观状态怎样，即不考虑制造者主观上是否有过失。❷ 而发展风险抗辩免责的原理在于，制造者对于产品潜在的致害风险无认知并且也无能力认知，其实是表明制造者主观上没有过错，这又回到了对行为的判断而不是产品本身的客观判断。出于平衡企业与消费者利益、保护弱者的特别政策考量，产品严格责任并不考虑制造者的过错，其对风险是否有认知能力并非所问。事实上，在发展风险致害的场合，那些据以追究制造者严格责任的利益衡量仍旧有意义，并不因风险是可知的抑或不可知的而有本质的不同。倘若认可发展风险可以免责，在持否定说者看来，无异于颠覆了严格责任存在的基础而向过错责任复归。而持肯定说者则认为，若令生产者对发展风险负责，将使严格责任几近于绝对责任，对消费者的过分倾斜保护将导致法律有失公正，使责任绝对化，与古代的结果责任模式并无二致，近代侵权法的道德判断功能及正义性将因此而丧失殆尽。

“发展风险可谓商品责任体系之灰区，而为无过失责任与过

---

❶ 产品责任虽为严格责任，但并不排斥受害者提起过失责任诉讼。过失责任诉讼的不利之处在于原告要负担较重的举证责任，特别是要证明生产者主观上有过错，而在严格责任诉讼中则免于此项证明。但是如果原告有充分的把握能够证明被告存在过错，则可以获得的赔偿往往更多，甚至是惩罚性赔偿。而在严格责任诉讼，虽然容易胜诉，但赔偿额上常设有限制。因此，原告可根据情况自愿选择过失诉讼或严格责任诉讼。

❷ 杨麟：“论美国产品责任法中的缺陷认定理论”，见王军主编《侵权行为法比较研究》，法律出版社2006年版，第408页。

失责任发展上之争议据点。”❶ 发展风险抗辩广泛适用的产品责任还能称为严格责任吗？这是向过错责任的复归，抑或可以变通解释为在保持客观责任本质的基础上进行了适度限制，着实令人困惑。发展风险与严格责任有着千丝万缕的联系，审视严格责任从产生到发展至今的脉络，考察其社会经济背景的变革，或可获得有益启发。20 世纪 60 年代，产品严格责任原则的确立和广泛适用把对消费者的保护带入了一个前所未有的黄金时期。在这一时期，产品责任案件逐年成倍地增长，原告胜诉率及获得的赔偿数额越来越高。进入 70 年代以后，更有一些法院的判决使严格责任呈现出向绝对责任发展的势头。频繁的诉讼、高额的赔偿、不断提高的保费使企业不堪重负、怨声载道。企业界将产品责任案件的原告和律师称为“蝗灾”，学者们也开始对这种他们认为过热的产品责任诉讼之发展势头表示忧虑并提出质疑：严格责任有助于美国经济的发展吗？过分倾向于原告是否体现了法律的公平？从 20 世纪 80 年代初期开始，美国兴起了一场产品责任法的改革运动。美国的产品责任法并不是如许多人所期待的那样由严格责任趋于绝对责任，而是慢慢地向另一个，甚至可以说是向相反的方向演变。改革的途径包括联邦立法、州立法、法院审判实践中的改革以及《侵权法重述（第三版）》的制定。改革的精神是限制严格责任的滥用，主要内容包括限制严格责任适用的主体、理由，扩大被告的抗辩事由，增加原告的举证负担，限制赔偿的范围等。改革虽然是悄然发生，但对产品责任诉讼的影响却十分重大。据 Rand 公司统计，1976 ~ 1983 年，原告的胜诉率呈下滑状态，到 1988 年已跌到 36.6%；据《经济学家》杂志统计，1985 ~ 1992 年，产品责任诉讼实际下降了 36%；补偿性与

---

❶ 朱怀祖：《药物责任与消费者保护》，五南图书出版公司 1997 年版，第 166 页。

惩罚性赔偿达100万美元的陪审团判决从1984年的400多件骤跌至1985年的不足240件。[1] 直到20世纪80年代末90年代初，这场革命才开始引起普遍注意。许多人直到为这场改革追本溯源的时候，才惊奇地发现革命已在不知不觉中进行了10余年并且产生了如此广泛的影响。围绕着改革的是与非、对与错，学者、法官、律师、政客们展开了激烈的论战。改革者们执意要为美国的产品责任法律制度，尤其是严格责任，继续“动手术”，而严格责任理论的拥护者们则竭力为严格责任原则申辩，为消费者的权益保护呐喊。[2] 由于美国的产品责任法对于世界的巨大影响，这场革命与争论是世界性的。

发展风险抗辩正是在这样的产品责任法革命的背景下产生的，是作为对严格责任的限制机制而存在的。几十年来，关于改革严格责任的争论始终未曾停息，而发展风险抗辩的问题更是处在争论的风口浪尖之上，其背后的实质乃是企业利益与消费者利益的博弈与拉锯战。未来争论仍将继续，利益冲突仍旧存在，但可以肯定的是，严格责任虽然严格，但并非绝对，并非使生产者对一切产品损害负责，仍应有适当的抗辩免责事由，以严格责任之“严格”本身否定发展风险抗辩欠缺说服力。另外，还要特别注意到发展风险抗辩在不同缺陷类型案件中适用的差别。在制造缺陷的诉讼中，几乎不适用发展风险抗辩，而于设计缺陷和警示缺陷案件中，发展风险抗辩则有相对较大的适用空间。从美国的经验看，即使是在适用发展风险抗辩的案件审判中，法院也不是简单的直接适用，而是加以条件限制，法院很少仅以工艺水平抗辩进行判决免责，而是仅将其作为重要的裁判参考因素之一。

---

[1] ［美］罗伯特·考伦、托马斯·尤伦著，张军等译：《法和经济学》，上海人民出版社1994年版，第622页。

[2] 王传辉、黄迎：“美国产品责任法革命述评”，载《政治与法律》1997年第5期。

这正是顾及发展风险抗辩对严格责任的破坏作用所作的有益平衡。关于发展风险抗辩可否适用于严格责任诉讼，绝对肯定或绝对否定的立场都是偏激的，有条件、有限制的适用才是正确的做法。

具体到药品发展风险与严格责任的关系上，又有特别之处。鉴于药品的特殊性，许多国家都在一般的产品责任法之外另对药品加以特别立法规范，适用特殊的法律规则。比较各国的药品责任特别法规范，有趣的发现两种截然相反的做法。德国在《产品责任法》之外另立《药事法》，前者承认发展风险抗辩免责，后者则排除了发展风险抗辩的适用，基于药品比一般商品更高的危险性这一点而对其适用较一般严格责任更加严厉的危险责任原则。美国则是基于另外方向的考量——药品风险的不可避免性及药品对于公众健康的重要意义，对药品责任采取更加宽松的态度，药品生产商一般都可基于发展风险抗辩而免责——哪怕是在严格责任最盛行的年代。《侵权法重述（第二版）》在规定了产品严格责任的同时，又提出了不可避免的不安全产品这一概念，对其实行更宽松的责任规则，药品正是最典型的这类产品。《侵权法重述（第三版）》更是在第6条关于处方药的特别规定部分将风险的可预见性明确作为判断责任成立与否的标准。

三、药品发展风险抗辩的域外法考察

（一）欧洲法上的药品责任发展风险抗辩

欧洲国家在产品发展风险抗辩问题上的态度并不一致。关于发展风险，欧共体前后几个有关文件态度不一。1976年《欧共体产品责任法草案》第2条第2款规定：“制造人使其商品流通之时，即使依当时科学技术发展，并不认为商品具有缺陷者，制造人仍应负责。”这一规定在欧共体内引起极大争议，其后的《产品责任斯特拉斯堡公约》（以下简称《斯特拉斯堡公约》）

就回避了发展风险问题。通过多年的艰苦谈判，欧共体理事会于1985年7月25日通过《产品责任的指令》（85/374/EEC）。根据该指令第7条（e）款的规定，制造商对产品投入流通时的科学技术知识水平不能发现的缺陷不承担责任。但根据该指令第15条之规定，该条款不是一个强制性条款，未完全排除发展风险责任，它例外允许成员国对于第7条（e）款的规定作出保留，卢森堡和芬兰就行使了这一权利，排除了发展风险抗辩的适用。❶ 法国采取了折中解决办法：原则上制造者可以进行相应的免责举证（《法国民法典》第1386－11条第4号），但对人体产品特别是血液和血液产品（《法国民法典》第1386－12条第1款）作了排除性规定，并且在农产品、药品及化学品领域都设置了一定的例外，这个例外就是当产品上市10年时间内，其缺陷被发现并且生产者没有采取一切必要措施来避免损失，那么将不适用发展风险抗辩。德国在人体组织器官、血液衍生品及药品领域是禁止适用发展风险抗辩的。西班牙的情形与德国大致相当，在人体组织器官及血液衍生品领域都不适用发展风险抗辩，并且在农产品领域排除供人类消费的产品可以发展风险作为抗辩的情形。归纳起来，欧洲国家关于发展风险抗辩的做法大概可以分为以下3类：（1）发展风险可作为抗辩者，如英国；（2）不采发展风险抗辩者，如芬兰、卢森堡；（3）对一般产品可以适用发展风险抗辩，对特别产品如药品则不适用该抗辩，如德国。

在药品发展风险责任的问题上，德国法的规定颇具特色，其对药品责任实行危险责任原则，不得以发展风险作为抗辩。1990年生效的《德国产品责任法》贯彻了欧盟指令的要求，对产品责任实行严格责任原则，但允许以发展风险抗辩。然而《德国

---

❶ ［德］克雷斯蒂安·冯·巴尔著，张新宝、焦美华译：《欧洲比较侵权行为法（下卷）》，法律出版社2001年版，第480页。

产品责任法》却明确将药品责任排除在适用范围之外。[1] 德国关于药品责任的问题适用的是《德国药事法》，而《德国药事法》第 84 条之规定通常被认为在德国确立了药品危险责任。德国实际上是将发展风险作为一种缺陷类型，与设计缺陷、制造缺陷和警示缺陷并列须负损害赔偿责任。然就全球范围观之，药品危险责任并非普遍的做法，除德国之外鲜有国家采此模式，当然这一特殊立法未必就代表了未来的发展趋势。

（二）美国法上的药品责任发展风险抗辩

在产品发展风险抗辩的问题上，美国法院的做法并不一致，支持与否定的案例都有存在。就一般的产品责任诉讼而言，法院不会轻易地仅以工艺水平抗辩而判决免责。无论是在过失还是在严格责任诉讼中，符合工业惯例、行业标准都不是结论性的确凿证据，生产商就此免责的可能性并不算大。[2] 然而在药品发展风险的问题上，美国法的态度则宽容得多，药品厂商主张发展风险抗辩大多可成功免责。传统上，法院也拒绝对含有设计缺陷的处方药品追究侵权责任，依据《侵权法重述（第三版）：产品责任》第 6 条第 C 款规定的精神，[3] 涉及处方药品的缺陷引发的责任，只与那些在售出时能够被合理预见到的伤害风险有关，而对

---

[1] 《产品责任法》第 15 条规定，在药事法施行地区，提供须经许可登记，或依法规命令免经许可登记，指定为人类用之药品给消费者服用，而由于该药品之使用致人死亡或伤害身体或健康者，不适用商品责任法之责任；依其他规定之责任不受影响。

[2] 董春华：《中美产品缺陷法律制度比较研究》，法律出版社 2010 年版，第 43 页。

[3] 《侵权法重述（第三版）：产品责任》第 6 条 C 款规定：如果某种药品或医疗设备引起的可预见的损害风险与其可预见的治疗效果相比十分巨大，以致理性的卫生保健提供者在知道可预见的风险和治疗效果的情况下，都不会给任何一类患者开具该药品或医疗设备的处方，那么该处方药或医疗设备由于设计缺陷而不具有合理的安全性。

不可预见的危险加诸责任，会抑制制造厂商开发新型药物的积极性。此外，保险公司的精算师也无法对未知与不可知的风险进行准确的评估，承保不可知的风险造成的损失将会引发许多问题。[1] 另据第 6 条 D 款关于药品说明警示缺陷的判断，生产者也仅对可预见的损害风险负有说明和警示的义务。根据上述规定，《侵权法重述（第三版）》虽未明确规定药品发展风险抗辩，但实际效果无异。

四、药品责任发展风险抗辩的政策考量与利益平衡

关于药品发展风险致害的责任与抗辩，在理论上存在巨大争议，在比较法上亦存在分歧。究其原因，乃在于各种利益与价值的冲突及其取舍的困难。最直接的是药品生产者利益与消费者利益的冲突，更深层次的则是公平与效益价值的冲突。承认发展风险抗辩似对生产者及效益价值的实现有利而对消费者不公，若采否定说则致相反的效果。此乃利益取舍的问题，各种利益均为正当却很难兼顾，必须作出取舍，最终无论选择何者皆面临利益的得失。既然如此，解决该问题的方向乃在于衡量各项利益与价值，基于各种法律政策因素的考量，作出最佳的利益平衡之选择。由于药品与一般产品相比具有特殊性，分析药品发展风险的责任与抗辩问题，必须基于这种特殊性展开。

（一）药品风险的不可避免性

药品由其本身的特点决定了其较普通产品具有更高的风险性，从药理学药品的作用机制角度看不良反应是不可避免的。药品在投入流通前都要经过大量的试验——包括前期动物试验与后期临床人体试验，以尽可能发现药品存在的致害风险，对于已发

[1] 美国法律研究院，肖永平、龚乐凡、汪雪飞译：《侵权法重述（第三版）：产品责任》，法律出版社 2006 年版，第 213 页。

现的不良反应依据法律要求记载于药品说明书中。即便如此，总有一些不良反应是不可预见的，在当时的医药科技水平下是无法发现的，即使生产者尽到最大的努力与注意，即使药品经审批检测合格上市，即使流通过程及使用方法无任何差错，仍难以避免。无论人类科技怎样发展，药品永远难以做到完全安全，总有潜在风险存在，这是生产者所无能为力的。《侵权法重述（第二版）》使用“不可避免的不安全产品”的概念十分恰当地表述了某些产品风险不可避免的特性，而药品是最典型的此类产品。在决定责任的承担时，必须充分考虑到这种特殊性而在法律规则上有所区别。风险的可知、可控性应当作为判断责任时的重要考量因素——即使不是唯一的和决定性的标准。若强令生产者对完全不可知、不可控的风险负责，无异于使生产者实际成为产品的保险人，难免有责任过苛的嫌疑。

（二）药品对于公众健康的意义

药品在具有更高风险性的同时，其较普通产品攸关公共利益的程度也更高。由于治疗疾病、挽救生命的需要，人类时刻都离不开药品。虽然药品具有风险性，但却远不及疾病给人类带来的威胁。由于治疗的迫切性需求，不可能等到药品完全安全再投入使用——这一点客观上也根本做不到，即使改进技术化解了一些风险，但仍有新的风险产生。在衡量药品是否有缺陷（不合理危险）而决定责任承担时，必须将药品的风险与效益进行比较，特别应注意这种风险效益衡量的特殊性。在美国产品责任法中，就有风险——效益的缺陷认定标准适用于设计缺陷和警示缺陷案件。药品有着更加特殊的利益风险衡量。

首先，需要将药品的风险与疾病的危险进行比较。药品虽具有风险，但药品所治疗的疾病往往具有更大的危险，疾病本身的致命性使药品即使具有风险其使用仍具有正当性。这方面最突出的例子就是狂犬病巴氏疫苗，一旦注射了巴氏疫苗将产生极为严重的破坏性后果，但由于狂犬病总是导致可怕的死亡，因此对疫苗的销售和使用都是正当合理的，不论疫苗具有的危险性程度多高。[1]

其次，一种药品对某些病人有害，对其他病人则可能有疗效，判断药品的效益超过风险还是相反，不能简单的根据数量计算。按照《侵权法重述（第三版）：产品责任》第6条关于处方药责任的规定，一种药品只要对某些病人有疗效，即使对其他患者有害，仍不具有缺陷。只有当药品对任何一类病人都不会产生纯疗效，以致任何医者在知道可预见的风险和治疗效果的情况下，都不会给任何一类患者开具该药品的处方时，方可认定该药品有缺陷。据此，如果某药品对100个人中的90个人有害，对10个人有效，亦不可就此断定该药品存在不合理危险。如果10个人因为服药生命被挽救，而另外90个人被给予了适当告知药品潜在风险而有选择是否服药的机会——特别是处方药的开具与使用经过了专业医生的把关，则该药品不具有应负责任的缺陷。

（三）消费者利益

药品不良反应在投入流通时是潜在的，但在引发实际药害事件的情形，损害则已经是客观存在的，摆在面前的问题是如何对受害者进行救济。药品厂商纵然因风险的不可知性而对损害的发生没有过错，因服药而受害的患者则更加无辜。对于业已发生的实际损害如何在当事人间进行分担才算公平须作谨慎考量。令生产者对不可知风险负责纵然有责任过苛的嫌疑，相反若依据发展风险抗辩使生产者免责而令患者独自承担不幸损失，则将使公平价值遭受挑战。生产者通过制造药品并将其投放市场而带来了风险，生产者比消费者有更好的能力去控制风险，生产者因为销售有风险的产品而收获利益，在发生损失后生产者比消费者有更强

---

[1] 参见《侵权法重述（第二版）》第402条（A）款注释K项。

的经济实力负担损失，上述这些理由使生产者看起来更应当负担不可知风险所致的损失，起码应负担一部分。在法治文明社会，救济弱者、填补损害乃法律的根本宗旨，为此在产品侵权判断中放宽乃至忽略过错要件，以所谓的严格责任判令生产者承担赔偿责任，这种精神对药品同样应当适用。对药品不良反应的受害者进行救济有充分的正当性，并且较普通产品损害救济更加迫切。更进一步的问题是，对受害人的救济如何实现，在法律上通过怎样的路径解决。侵权赔偿是最常采用的救济途径，但必须明确的是这绝非唯一的路径，也并非在所有的情形下都是最佳的选择。在药品发展风险致害的场合，判令生产者赔偿对受害者有利，但又会带来责任绝对化的问题。在侵权法之外另辟蹊径，或可产生柳暗花明的效果。

（四）产业利益

发展风险抗辩是否适用的确会对医药产业的发展造成影响，不能适用该抗辩导致的不利因素包括新药研发热情受挫、保险获得的困难与保费的攀升、药品成本提高而丧失价格竞争优势等。以保险为例，产品严格责任的推行是与责任保险制度密不可分的，生产者可以将产品责任投保，在发生现实损害时由保险公司负责赔偿。然而发展风险的承保面临着特殊的困难：由于无法预见，风险无法进行准确评估，即便同意承保也将会向生产者收取超高的保费，从而加重企业的负担。保费上涨导致药品成本提高，生产者不得不随之提高药价，这就在同业竞争中处于价格劣势，一些药品企业遭遇生存困境退出市场乃是事实。药品厂商在付出高额保费和承担巨额赔偿后对药品加价使药价飞涨，也并非仅是理论上的假设。最显著的例子之一，美国 DPT 三合一疫苗的价格从 1982 年的 0.11 美元上升到 1986 年的 11.40 美元，其中 8 美元用于保险费的支付。由此引发的连锁反应就是许多营利性公司的破产，曼维尔公司破产案就是一例。[1] 在药品领域，也出现过大量疫苗企业退出市场的局面。任何一个国家在制定和实施产品责任法的过程中，都不能不在重视保护消费者的同时，充分考虑到产品责任对企业生存、技术进步，乃至对一国的经济发展可能产生的影响。[2]

（五）社会整体利益

相较于个别受害者及企业，药品责任的宽或严对整个社会利益的影响更值得关注，法律制度的设计与执行必须通盘考虑对整个社会有利抑或不利而作出选择。受害者利益、企业利益与社会公共利益错综复杂、相互影响，应辩证的看待和处理。否定发展风险抗辩在药品责任中的适用而令生产者赔偿，表面看来对消费者是有利的，但实际的效果却未必如此简单。过分苛严的药品责任在使药品厂商面临生存危机的同时，对整个消费者群体利益、社会公共利益也会造成一定的负面影响。生产者在付出高额保费和承担高额赔偿后对药品加价使药价飞涨，在使企业在激烈市场竞争中陷入价格劣势的同时，也绝非消费者之福。如果大量企业因不堪重负而倒闭，幸存的企业因惧怕承担发展风险引发的未知赔偿责任使创新的热情受到抑制，将导致药品供应下降，对抗重大疾病的新药研发不足，人类将面临缺医少药的局面。有评论认为，“这是一个愚蠢的产品责任制度的原本可以避免的社会成本”。[3]

---

[1] 多年前，人们并不知道石棉剥落会致人损害甚至死亡。曼维尔公司是美国主要的石棉生产商，在石棉剥落危险被发现后，该公司由于著名的毕沙达案引发的1 600起侵权索赔而申请破产保护。

[2] 涂永前、韩晓琪：“论产品责任之发展风险抗辩”，载《西南民族大学学报（人文社会科学版）》2010 年第 10 期。

[3] ［美］罗伯特·考特、托马斯·尤论著，张军译：《法和经济学》，上海人民出版社 1997 年版，第 617 页。

综合对上述诸多因素的考量，笔者认为，原则上应接受发展风险作为药品责任的抗辩，这会保全更大的利益。尽管存在理论上的争论，但世界上大多数国家立法上都承认发展风险抗辩作为产品责任的免责事由，也并未将药品排除在外，[1] 甚至对药品采取更宽松的态度。当然这并非意味着发展风险抗辩的适用可以绝对化，相反应加以适当的限制。

五、药品发展风险抗辩适用的限制

在我国，发展风险抗辩同样是一个存在争议的问题。我国《产品质量法》第41条规定："因产品存在缺陷造成人身、缺陷产品以外的其他财产损害的，生产者应当承担赔偿责任。生产者能够证明有下列情形之一的，不承担赔偿责任：……（三）将产品投入流通时的科学技术水平尚不能发现缺陷的存在的。"这是关于发展风险抗辩免责的明确规定，单从法条表述上看并无任何疑义。关于药品，在现行的法规规范当中未见排除发展风险抗辩适用的特别规定，故认为也可适用。但在法学理论上，关于第41条规定的合理性始终有质疑之声。一些学者主张为实现救济弱者、维护公平的目标应排除发展风险抗辩的适用，[2] 但也有一些学者从社会整体利益的角度考虑坚持肯定立场；[3] 还有一些学者主张原则上应坚持发展风险抗辩，但药品应排除适用。[4] 笔者认为，应肯定发展风险抗辩的原则地位，但在适用上应加以限制，同时允许例外的排除适用，这也是国际上的通例。关于药

[1] 德国是一个特例。

[2] 张再芝、谢丽萍："论产品责任中发展缺陷抗辩的排除"，载《政治与法律》2007年第2期。

[3] 管增军："浅论产品的发展缺陷"，载《潍坊学院学报》2005年第1期。

[4] 涂永前、韩晓琪："论产品责任之发展风险抗辩"，载《西南民族大学学报（人文社会科学版）》2010年第10期。

品，鉴于其特殊的风险利益衡量，较一般产品更有适用发展风险抗辩的理由而非排除适用。抛开理论上的争议，在法条肯定立场确定无疑并无排除规定的情况下，在药品责任诉讼中发展风险应可援为有效的抗辩事由，惟需继续讨论的问题有二：一是在现行法仅有一个相关条文的情况下，在司法实践中如何把握其适用而避免滥用；二是对于因发展风险抗辩成立而无法获得赔偿的受害患者如何在侵权赔偿之外另觅其他途径进行救济以为补救。对于后一个问题将在本书关于药害的社会化救济部分展开详细讨论，此处仅探讨第一个问题。

发展风险抗辩一旦成立，将产生使生产者免责的效果。发展风险抗辩是作为严格责任的矫正机制而存在的，作用是避免严格责任的绝对化，但严格责任仍是产品责任追究的指导原则。既是如此，对发展风险抗辩的援用即应有所限制，如果频繁的适用将使严格责任被架空，对消费者不利。综观各国对发展风险抗辩的适用，大都加以各种条件限制，生产者想成功地利用这一抗辩理由绝不是一件轻而易举的事。英国一个著名的保险代理人指出："开发风险抗辩的价值可能被生产者的代理人过高估价了。保险商的档案透露，迄今为止几乎没有成功地运用开发风险来进行抗辩的案例。"[1] 在我国，关于发展风险抗辩只有产品质量法中的一个简单条文，极易导致其滥用，为此应在实践中从严把握其适用的条件。

第一，致害危险是否为真正发展风险的判断。实践中，药品致害的情况比较复杂，有些是由可以预见的危险导致的，并非所有损害都是由发展风险造成，必须将两者区别开来。在美国，尽管产品责任法上有"不可避免的不安全产品"规则，但法院在

---

[1] ［英］斯蒂芬森·W. 海维特著，陈丽洁译：《产品责任法概述（中译本）》，中国标准出版社1991年版，第88～89页。

适用时多从严把关，法院认为并非所有的药品都当然的落入“不可避免的不安全产品”范畴，而要依据一定的标准并经一定的程序加以个案审查，一般要经过法官与陪审团两个阶段的分析判断。[1] 是否为发展风险抗辩的判断主要依药品投入流通时的科技水平进行判断，其中有两点对于合理限制发展风险抗辩的适用至关重要：一是“投入流通”的时间判断；二是“科技水平”的标准选择。究竟何为“投入流通”，《产品质量法》第41条并未作出解释。根据《斯特拉斯堡公约》第2条第4项规定：“如果生产者已将产品交付给另一人，则该产品即为‘投入流通’。”投入流通的形式多样，包括出售、出租、出借、寄托等方式，也不论是无偿还是有偿。在产品基于生产者的营业行为转移给他人而脱离其控制之前，生产者都承担着不断改进产品、消除危险的义务。如果此时危险为已知的，发展风险的抗辩就不能成立。产品的流通通常是一个持续的过程，如果在不断投入流通的过程中科学技术发展到了能够发现缺陷存在的水平，应如何确定制造者的责任？对此有学者认为，应以科学技术能够发现缺陷之前最后一次投入流通时为准，对此前投入流通的产品，制造者免责，对此后投入的产品则不能免责。[2] 关于判断发展风险的技术标准，不能以被告自己的主观认识为依据，而应采用相对较高的客观标准。只要在世界范围内，能够发现缺陷的科学技术知识已经公开，制造者原则上就有将之运用于其生产的义务——当然也要考虑生产者是否有机会接触和获取这些知识。

第二，对发展风险的适当说明义务。于药品投入流通时，纵然致害风险非显而易见，但对于隐含的致害风险，生产者仍负有

---

[1] 朱怀祖：《药物责任与消费者保护》，五南图书出版公司1997年版，第178页。

[2] 李蔚：“论产品的发展风险责任及其抗辩”，载《法学评论》1998年第6期。

适当说明以引起消费者注意的义务，否则仍应承担严格责任。第二次侵权法重述在讨论不可避免的不安全产品时，即以生产者对此类产品的潜在危险作了必要说明作为免于承担产品责任的前提条件。

第三，药品上市后观察义务的适当履行。药品投入流通，并不意味着生产者就此免除对药品安全性的一切注意义务。药品的某些致害风险纵使在投入流通时无法发现，但在药品投入流通后经患者使用其潜在的不良反应渐渐显现，由发展风险转化为现实危险，生产者有能力、也有义务搜集这些后续的药品不良反应信息，向主管机关报告，并向先前购买、使用药品的患者作出警示或说明，在一定条件下还应当召回药品。此种义务在学理上常称为观察义务，而怠于履行该义务则构成观察缺陷，生产者应就此承担侵权赔偿责任而不得主张发展风险抗辩。我国《侵权责任法》第46条规定了产品警示召回制度："产品投入流通后发现存在缺陷的，生产者、销售者应当及时采取警示、召回等补救措施。未及时采取补救措施或者补救措施不力造成损害的，应当承担侵权责任。"该条明确对生产者、销售者课以产品投入流通后的观察义务，适当履行该义务是发展风险抗辩免责的制约性条件，疏于履行该义务将导致赔偿责任的成立。警示召回制度实质上是对发展风险抗辩免责的一种矫正与平衡。关于观察义务，将在下一节当中深入讨论。

第五节 药品责任之跟踪观察义务[1]

药品安全攸关大众之生命健康，重大性药品上市前均要经过反复的安全性试验与层层严格的审批，然而无论流通前的安全机

---

[1] 本节内容之完成得益于田野的帮助。

制多么严格、周密，终难以完全避免药品在投入流通后发生此前无法预知的不良反应，这是由药品本身的风险性决定的，因此药品流通后之安全机制必不可少。药品流通后安全机制的关键在于，生产者对药品上市后的安全性继续履行谨慎观察义务，并以行政监管作为保障。本来任何产品均面临流通后的安全问题，而药品由于其风险性更高，流通后安全的问题更加突出，故履行观察义务的意义更加重大。我国现行的药品安全机制将重心放在药品流通前的安全监管，对于后市场安全制度——特别是基于私法角度的跟踪观察义务，无论在立法上抑或理论上均较薄弱，缺乏系统性整合。另需特别关注者在于，观察义务兼有公法义务与私法义务性质，在药品后市场安全机制中行政监管与侵权责任的关系如何协调、现行体制中二者各行其是的局面怎样获得改观，都值得深思。药品行政监管与侵权责任的交错是公法与私法融合趋势的典型例证，若能处理好二者衔接，则对于促进公法与私法之融合具有重要的启示意义。

一、观察义务概述

（一）观察义务的界定

观察义务，是指相关主体在产品投入流通后负有的继续观察产品的安全性、发现危险信息并采取相应补救措施的义务。观察义务乃学理上的概念，于实定法上并未采此表述。观察义务是与产品流通前的安全注意义务相对称的，以产品上市为分据点，前者是后者的延续。观察义务并非单一义务，而系种概念，之下包含报告、警示、召回等一系列具体义务。从主体上看，负有观察义务者众多，就药品而言包括药品生产企业、药品经营企业、医疗卫生机构等。于众多主体当中，生产者是最主要的观察义务主体。观察义务为一种后续性义务，所谓“后续”乃是与生产中的义务相对而言的，因此最典型意义上的观察义务是由生产者负担的，其他主体的观察义务主要是对生产者起辅助作用的。药品企业作为药品的制造者，直接控制着药品的安全与风险，处在药品安全机制的中心环节，因此本书所探讨的药品观察义务主要是就生产者而言的。观察义务的对象是产品潜在的危险，这些危险在产品上市前无法发现，只有通过投入流通使用后才能被捕捉。观察义务的履行手段是多样的，不能仅依字面义理解为单纯的消极观察，此外，尚包括对观察发现危险所采取的警示、召回等积极补救措施。就药品而言，观察义务包含一系列义务，包括药品不良反应信息的收集、分析、报告、警示及回收等项内容。观察义务还可分为积极的观察义务和消极的观察义务。前者是指制造者有义务去观察其产品在实务上的影响、竞争者的发展以及科学技术的进步；后者是指就与产品相关的指责等负面资讯加以掌握并评价。[1]

（二）观察义务的性质

观察义务的性质为何，是私法上的义务抑或公法上的义务，认识上存在一定分歧。以召回义务为例，有学者认为其为公法上的义务，是国家公权力调整厂商与消费者间关系的产物，其主要目的是维护公共安全。[2] 不过更多学者倾向于认为召回义务兼具有公法义务与私法义务的性质，[3] 笔者也赞同这种观点。召回义务的性质具有两面性：一方面，它是产品责任制度中生产者负有的对消费者的照顾、保护义务，企业在发现已上市产品存在缺陷后应主动召回，怠于召回给消费者造成损害的，应承担民事赔偿

---

[1] 郭丽珍：《产品瑕疵与制造人行为之研究——客观典型之产品瑕疵概念与产品安全注意义务》，神州图书出版有限公司2001年版，第112页。

[2] 吴祥佑："产品召回制度中发展缺陷抗辩存在与否辨析"，载《现代财经》2008年第4期。

[3] 杨立新、陈璐："论药品召回义务的性质及其在药品责任体系中的地位"，载《法学》2007年第3期。

责任，体现了私法义务的特质；另一方面，召回体现了国家公权力对产品流通后安全的深度介入，旨在维护社会公共利益，召回作为一项法定义务是强制性的，企业若不主动召回国家可强制实施，并可追究其行政法上的责任，由此可见强烈的公法义务的色彩。这两个方面并非互相割裂，而是紧密联系的。关于观察义务的法律规范，《药品不良反应报告和监测管理办法》和《药品召回管理办法》属行政法范畴，《侵权责任法》属民法，由此亦可见观察义务的两面性，其背后反映的乃是公法与私法交融之趋势。另需注意的是，观察义务由一系列具体义务构成，每种义务的公法或私法色彩浓重程度各有差别，如报告义务的公法色彩偏浓，而售后警示义务则为纯粹私法义务。

（三）观察义务在产品义务体系中的地位

观察义务与产品流通前的安全注意义务共同构成了产品安全注意义务的体系，二者各具特殊价值功能。产品流通前的安全义务主要针对可预知危险的防范，通过使生产者合理设计、妥为制造、适当警示以尽量消灭不合理危险，在事前预防损害发生。观察义务则是针对产品的不可知风险，其价值功能并非在于事前预防，而在于及时发现危险，进而采取补救措施，将损失降至最低。二者协同作用以达保障产品安全之目标。传统的产品责任法实质上将重点放在产品流通前的安全注意义务，旨在将危险消灭在事前，为此要求生产者在产品获批上市前恪尽各项安全注意义务，而一旦产品投入流通脱离生产者控制，即认为生产者已经完成了自己的主要义务，后续安全义务仅居次要地位。只是后来随着社会发展产品潜在风险致害事故频发，各国才开始重视产品流通后安全的问题，陆续在立法上对生产者课以后续观察义务。由于在安全注意义务体系中流通前义务一直处于中心，因此相关的理论及立法均比较完善，以产品缺陷为线索关于注意义务的类型、义务违反的认定标准及最终责任的承担有一整套成熟的理论与规则。相比之下，关于产品流通后的观察义务，理论及立法均不成熟，最初的关注点主要在于产品召回等具体义务，且主要限于汽车、药品等几类产品，并未将观察义务上升为产品流通后的一项一般义务。关于观察义务的内涵如何、外延上可细分为哪些类型、观察缺陷依何标准认定、法律责任如何追究等，迄今并未形成如流通前义务般系统化的理论，是之前被忽略而未来有待开拓的领域。于观察义务的发展沿革中，药品观察义务起了重要推动作用，乃是因药品流通后安全的问题较普通产品更加突出。

不同产品的危险性存在差别，生产者应承担的观察义务的高低程度也是不同的。就一般产品而言，一旦投入流通生产者即完成了主要义务，若无任何负面信息的反馈，并无义务对产品安全进行持续监测。药品由于其更高的风险性和药害的严重性，后续观察义务应实行更高的标准，制药商应履行积极的、持续的、合理的注意义务，不断地对药品进行测试和监控，不仅要注意药品本身副作用信息的搜集、分析，还要关注药学科技的发展。❶ 我国《侵权责任法》第46条规定："产品投入流通后发现存在缺陷的，生产者、销售者应当及时采取警示、召回等补救措施。未及时采取补救措施或者补救措施不力造成损害的，应当承担侵权责任。"这是关于普通产品投入流通后警示、召回义务的一般规定。该条仅是规定在已经发现明显的产品缺陷时经营者负有采取补救措施的义务，而并未课以主动发现缺陷的义务。而根据《药品不良反应报告和监测管理办法》和《药品召回管理办法》的相关规定，药品生产企业负有在药品上市后继续进行积极的跟

❶ 杨立新、陈璐："论药品召回义务的性质及其在药品责任体系中的地位"，载《法学》2007年第3期。

踪监测、信息收集、分析评价以发现药品潜在危险的义务。❶ 任何产品的生产者均负担一定的观察义务，但就普通产品而言，后续观察义务显然较流通前安全义务居次要地位，而药品由于其特殊性观察义务的履行尤显重要。

（四）观察义务的立法进展

日渐重视产品流通后之安全是产品责任领域的重大发展趋势之一，很多国家和地区陆续在立法上对观察义务作出规定。欧洲经济共同体委员会1992年6月29日92/59号关于一般产品安全的指令将产品观察义务提到了欧洲共同法的高度。❷ 该指令第3条“生产者和销售者的义务”规定：“根据所提供产品的特点，采取相应的措施让消费者了解这些产品可能发生的危险并及时采取合适的行动，包括在必要时召回产品，以避免这些产品流入市场发生危险。”❸ 各成员国大都遵循指令的要求，如德国就在本国法上确立了观察义务，将观察缺陷与设计缺陷、制造缺陷和警示缺陷相并列。❹ 美国《侵权行为法重述（第三版）：产品责任》也规定了产品售后的观察义务，关于药品要求生产企业对产品投入流通后才产生的缺陷或消费者滥用产品的行为进行适当

---

❶ 《药品不良反应报告和监测管理办法》第13条：药品生产、经营企业和医疗卫生机构必须指定专（兼）职人员负责本单位生产、经营、使用药品的不良反应报告和监测工作，发现可能与用药有关的不良反应应详细记录、调查、分析、评价、处理，并填写《药品不良反应/事件报告表》，每季度集中向所在地的省、自治区、直辖市药品不良反应监测中心报告，其中新的或严重的药品不良反应应于发现之日起15日内报告，死亡病例须及时报告。《药品召回管理办法》第10条：药品生产企业应当建立健全药品质量保证体系和药品不良反应监测系统，收集、记录药品的质量问题与药品不良反应信息，并按规定及时向药品监督管理部门报告。

❷ ［德］克雷斯蒂安·冯·巴尔著，焦美华译：《欧洲比较侵权行为法（下卷）》，法律出版社2001年版，第364页。

❸ 吴越等译：《欧盟债法条例与指令全集》，法律出版社2004年版，第280页。

❹ 杨立新：“产品跟踪观察缺陷与警示说明缺陷的认定”，载《人民法院报》2006年8月15日。

的监督，并向消费者提供警告和必要的产品回收行动，否则须对有关损害负责。我国《侵权责任法》也在第46条将警示、召回确立为针对所有产品的一般性的义务。关于药品观察义务的发展更快，各主要国家早就纷纷建立了药品不良反应报告及召回制度。2004年，我国卫生部出台了《药品不良反应报告和监测管理办法》，建立起药品不良反应监测报告制度。2007年，国家食品药品监督管理局颁布《药品召回管理办法》，对药品召回制度作出详细规范。

二、观察义务在药品责任制度中的特殊意义

任何产品均存在流通后的安全问题，但药品较普通产品相比流通后安全的问题更加突出，其根本原因在于两点：一是药品风险的不可避免性；二是药品对于公众健康的重要意义。

尽管药品上市前要经过层层严格的行政审批以使药品在销售时达到尽可能安全，但事实上绝对的安全永远不可能实现，药品不可知的潜在风险总是存在，事前监管只能起到有限的预防作用，不可能发现药品的一切危险信息，这种流通前安全机制的局限性决定了必须以流通后安全机制作为补救。这种后市场安全机制的运行需要一系列主体行为的协同配合实现，包括医疗机构对药品不良反应信息的及时报告、生产者的报告和警示召回、行政部门的有效监管等，而生产者在其中的作用尤其突出。药品厂商作为危险药品之源头，对于药品更加熟悉，对危险有更好的查知与监控能力——纵使在药品投入流通后。同时，生产者因药品销售而获利丰厚，理应对药品安全负担更大义务。在政府行政监管的引导下由生产企业认真履行观察义务构成药品流通后安全机制的主线。

观察义务在产品责任特别是药品责任体系中有着特殊意义。

产品责任法为保护消费者利益实行严格责任原则，在责任追究时生产者是否有过错在所不问，然而严格责任并非绝对责任，仍有抗辩事由的存在，发展风险抗辩即属其中。然而在生产者脱身之后，遗留下来的问题是对于受害者如何进行救济。生产者固然没有错，消费者更加无辜，何以由消费者独自承受不可预见风险之损害？发展风险抗辩不当的频繁援用将使严格责任被架空，对消费者不公。因此，在发展风险抗辩对严格责任作出限制后，反过来也需要对发展风险抗辩的适用加以限制。观察义务恰可以起到防止发展风险抗辩滥用的作用。生产者纵然可以以风险在产品投入流通时不可预见主张免责，但在产品投入流通后危险现实发生之时，生产者未适当履行及时察知、报告和召回等观察义务造成损害扩大的，不能主张发展风险抗辩免责。观察义务就像是一种利益平衡工具，在受害者利益、产业利益与社会整体利益之间寻求平衡。

三、药品观察义务的体系整合

不同产品投入流通后的观察义务不尽相同，在义务的具体内容和高低程度上存在差别。药品较普通产品相比，观察义务的体系更加复杂、标准更高。[1] 药品观察义务由一系列具体义务构成，包括信息的收集、分析和评价义务，药品不良反应的报告义务，将所发现的不良反应警示给患者的义务，以及召回缺陷药品的义务等。这些义务可进一步划分为两类，一是发现危险信息的义务；二是在发现危险后及时采取补救措施的义务。这些义务散见于不同的法律规范当中，且跨越行政法与民法两个领域，在理论上有加以系统化整合之必要。

---

[1] 宋跃晋："药品缺陷的法律分析"，载《河北法学》2010年第11期。

（一）信息收集与处理义务

生产者在将药品投入流通后，有义务主动采取措施调查、收集有关药品的不良反应信息，并对收集到的信息进行分析、评价处理。生产者的信息收集义务并非仅是被动的接受消费者反馈的信息，而是负有主动收集信息的积极作为义务。根据《药品不良反应报告和监测管理办法》第 13 条的规定，药品生产企业必须指定专职人员负责本单位生产药品的不良反应监测工作，随时对药品的不良反应进行检测，而对市场已反馈可能存在安全隐患的药品，则更应当启动特别调查程序。[1] 为方便对药品的监控，药品生产企业应当建立和保存完整的购销记录，保证销售药品的可溯源性。药品经营企业、使用单位应当协助药品生产企业收集不良反应信息，及时反馈。在调查收集到药品安全隐患信息之后，生产者还应当对信息进行评估以作为进一步行动的参考。[2]

（二）报告义务

药品生产企业负有向主管机关报告药品不良反应信息的义务。由于及时报告是采取有效补救措施、避免恶性药害事故的关键，许多国家药事法上均明确规定了报告义务。美国有一套严密的药品不良反应报告制度，依不良反应的严重程度不同，生产者

---

[1] 药品安全隐患调查的内容应当根据实际情况确定，可以包括：(1) 已发生药品不良事件的种类、范围及原因；(2) 药品使用是否符合药品说明书、标签规定的适应症、用法用量的要求；(3) 药品质量是否符合国家标准，药品生产过程是否符合 GMP 等规定，药品生产与批准的工艺是否一致；(4) 药品储存、运输是否符合要求；(5) 药品主要使用人群的构成及比例；(6) 可能存在安全隐患的药品批次、数量及流通区域和范围；(7) 其他可能影响药品安全的因素。参见《药品召回管理办法》第 12 条。

[2] 药品安全隐患评估的主要内容包括：(1) 该药品引发危害的可能性，以及是否已经对人体健康造成了危害；(2) 对主要使用人群的危害影响；(3) 对特殊人群，尤其是高危人群的危害影响，如老年、儿童、孕妇、肝肾功能不全者、外科病人等；(4) 危害的严重与紧急程度；(5) 危害导致的后果。参见《药品召回管理办法》第 13 条。

须采取相应的报告措施。对严重（指致命性的不良反应，其结果通常为死亡、住院、延长住院或永久残障）且非预期的药物不良反应，应于15日内以详细格式迅速报告，对于严重但可预期的不良反应亦须在15日内以叙述体报告，上述二者称为警示报告，此外对一般不良反应则有定期报告制度。日本药事法规定，上市后发现而未标于药物说明书者，如有死亡或严重障害情形者，应于15日内报告，中度障害者同上，轻微程度者应定期报告。我国也对药品不良反应报告制度作了较为细致的规定，主要集中在《药品不良反应报告和监测管理办法》当中。依据该《办法》，药品不良反应实行逐级、定期报告制度，必要时可以越级报告。生产企业应当每季度集中向所在地的省、自治区、直辖市药品不良反应监测中心报告，其中新的或严重的药品不良反应应于发现之日起15日内报告，死亡病例须及时报告。新药监测期内的药品应报告该药品发生的所有不良反应；新药监测期已满的药品，报告该药品引起的新的和严重的不良反应。除了季度报告外，药品生产企业还应以《药品不良反应事件定期汇总表》的形式进行年度汇总后，向所在地的省、自治区、直辖市药品不良反应监测中心报告。对新药监测期内的药品，每年汇总报告一次；对新药监测期已满的药品，在首次药品批准证明文件有效期届满当年汇总报告一次，以后每5年汇总报告一次。而对于群体性的药品不良反应，则应当一经发现立即报告。此外，关于进口药品，另规定有特别的报告义务。

（三）警示义务

药品流通后发现存在严重安全隐患的，生产者应当向消费者作出警示。警示义务以药品投入流通为节点分为两个阶段，规范的重心在于流通前的警示，对警示缺陷的认定有一套成熟的方法，而对于药品上市后的危险警示，法律规范和理论基础则比较薄弱。药品的某些不良反应在投入流通时不可知因而无法作出警示，只有在投入流通经实践检验后才能发现，此时生产者应当作出安全警示，说明危险所在及有效避免损害的方法。警示的对象不限于消费者，在一定情形下还应当包括医生——特别是对于处方药品。关于警示的方法，应以最有效的方式为之，当然也要具有可行性与合理性。我国《侵权责任法》第46条明确确立了产品流通后警示义务，但是关于义务履行的具体规则并无进一步规定。

（四）回收义务

如果药品的安全隐患较大，单纯的警示说明不足以避免损害的，则生产者应当采取更积极的补救措施即回收缺陷药品，最常见的形式为召回。所谓药品召回，是指药品生产企业按照规定的程序收回已上市销售的存在安全隐患的药品。召回义务与警示义务有密切的联系，都是观察义务体系的重要内容，但二者又有明显区别，表现在成立要件不同、适用的危险严重性不同、程序的严格程度不同、国家干预的程度不同、对消费者的保护力度不同等方面。[1] 召回是针对更严重的药品缺陷采取的更有力的补救措施，实施程序更严格，公权力介入的程度更高，召回义务兼有公法义务与私法义务的性质。《侵权责任法》第46条规定了产品的一般召回义务，药品则是最早实行召回制度的产品，《药品召回管理办法》对药品召回作了较详细的规范。药品召回分为主动召回和强制召回，根据药品安全隐患的严重程度不同则分为3级召回，各设有不同的召回规则。

药品上市后的观察义务包含多项具体义务，这些义务由近及远，既有公法性义务又有私法性义务，共同构成观察义务的有机体系，这些义务的履行与监管是药品后市场安全制度的核心。

---

[1] 杨立新、陈璐：“论药品召回义务的性质及其在药品责任体系中的地位”，载《法学》2007年第3期。

四、观察义务履行的法律效果——行政监管与侵权责任之交错

观察义务既为义务之一种，其履行与否攸关责任的承担。从法理上讲，责任是不履行义务所应承担的不利后果；反之，若适当履行义务应无责任的成立。照此一般的法律逻辑，药品生产者善尽观察义务的，可免于责任；相反，未尽适当观察义务的则为观察缺陷，应负相应法律责任，这似属当然之理。惟需特别讨论者是，药品观察义务兼具有公私两面性，相关的法律责任既有行政法上的责任，也有民法上的责任，在药品后市场安全制度中行政监管与侵权赔偿相互交错，二者关系如何协调值得特别研究。进言之，生产者严格遵守了行政监管的要求，是否亦可在民事上免于承担赔偿责任，抑或是行政监管与侵权赔偿各自独立运行、互不相干。在现行体制下——无论是中国的还是国外的，药品行政监管与侵权责任各行其是，表现在观察义务履行的法律效果上，生产者按照行政监管的要求履行了各项观察义务，这对于民事上侵权责任的追究并不会产生实质性的影响。如何改变这种割裂的局面，在两种制度之间建立衔接，是值得研讨的重大课题。

（一）药品行政监管与侵权责任的割裂

行政监管与侵权赔偿在确保药品安全这一目标上是一致的，但二者的作用机理与价值功能却各有其重。药品行政监管跨越流通前后的各阶段，但事实上以流通前监管为重心，旨在通过国家管制确保药品对普通大众的一般安全，尽可能避免损害发生。民法则仅以药品流通后的阶段为规范对象，关照的是在损害发生后怎样对个别的受害者进行救济，同时亦可通过赔偿责任追究的教育、制裁、预防功能之发挥达到敦促生产者善尽安全义务、提高药品安全的效果。行政法与民法既为不同的部门法，关于义务的履行、责任的承担等自然有各自的规则。从理论上讲，药品行政

责任与民事责任各自独立是可能的，达到了行政监管的要求只是行政责任不成立的理由，却未必可以同样免于民事赔偿责任，而追究了行政责任也并不意味着民事责任一定成立。例如，药品生产企业在发现药品的严重安全隐患以后未及时向主管行政部门报告、未及时采取召回措施，因违反监管义务而应承担警告、罚款等相应的行政责任，但未造成消费者的人身及财产损害，故不成立侵权责任。相反，虽然达到了药品行政监管的要求但仍旧造成了民事损害，并符合其他侵权责任要件的，则仍成立侵权赔偿责任。尽管药品行政监管与侵权责任各自独立在理论上是可能的，但却未必是最理想的状态。药品观察义务并非公私泾渭分明，行政责任与民事责任常纠缠在一起，于司法实践当中固然应当通过纷扰理清不同性质的责任，但是否意味着应当将二者完全割裂值得商榷。在笔者看来，在药品安全这一共同的价值目标追求之下，相关的法律制度应当协同作用，部门法之间的适度界限固然是必要的，但亦应注意彼此的衔接配合，以发挥最佳的规范效果。然而现实的状况恰恰是：药品后市场安全监管与侵权赔偿制度各行其是，虽不能说完全割裂，但与衔接顺畅相距甚远。这不仅是中国的问题，也是许多其他国家面临的问题。

在美国，围绕药品安全的保障历来有 FDA 监管与侵权法两套制度体系，这二者关系的协调成为一个麻烦的问题。FDA 对药品实行严格的监管，一种新药的上市要历经层层审查，经过复杂的试验检测与利益风险衡量，但这仍不能保证已上市药品完全安全，为此又设有一套严密的药品不良反应监测报告与召回制度，尽管如此不测之药品损害仍就难以完全避免。涉及受害者的救济、损害赔偿的问题，就脱离了 FDA 的权力范围而进入法院诉讼的轨道，以侵权法的规则解决。法院在审理药害案件时，主要以产品责任规则为依据，考虑到药品的特殊性，专设一些特殊的责任判定规则。这两套制度体系在各自运行的过程当中存在着相互割裂、缺乏衔接的问题。法院在作出裁判时，并不会以被告企业是否符合了 FDA 的监管要求作为判断侵权责任成立与否的决定性依据，服从监管但仍被判决承担赔偿责任的案例并非少数例外。为避免过苛的责任抑制新药研发的热情乃至损害公众利益，产品责任法上对"不可避免的不安全产品"规定只要尽到了适当的风险警示义务，即可免于承担侵权责任，但尽管如此，这种豁免的作用是有限的，并非在诉讼中绝对适用。在产品严格责任精神、保护弱势消费者利益的取向压力下，药品企业仍面临被判决承担赔偿——乃至于惩罚性赔偿的风险。FDA 的监管要求仅是药品安全的底线（a floor for drug safety），而并非一旦满足即可据以要求免责的安全上限（a ceiling for drug safety）。[1] 在诉讼当中，法院用自己的另一套标准判断药品责任成立与否。本来在涉及药品的安全性、损害与药品缺陷的因果关系等高度技术性的问题时，FDA 更有发言权，但其在诉讼中的专业权威并未得到充分尊重。FDA 监管与侵权赔偿诉讼各行其是的割裂局面滋生很多弊端，特别是来自产业界的声音——呼吁新药研发仍旧面临过大的法律风险，研究者也认为对公共利益而言这并非是好事。如何打破 FDA 监管与侵权诉讼的割据局面、在二者之间建立联系，成为近年来许多美国法律学者研究的重大课题。

在我国，药品行政监管与侵权责任割裂的问题同样存在。关于药品生产者的观察义务散见于行政法和民法规范中，其中信息收集义务、报告义务、召回义务等义务集中规定在《药品不良反应报告和监测管理办法》及《药品召回管理办法》等行政法规范当中，而警示义务、召回义务等则规定在《侵权责任法》当中。相比之下，行政法规范较为细致，民事规范比较简陋，而

---

[1] Margaret Jane Porter, The Lohr Decision: FDA Perspective and Position, *Food & Drug Law Journal 1997*, 52.

行政规范与民事规范缺乏衔接的问题则十分突出。《药品不良反应报告和监测管理办法》和《药品召回管理办法》对于不履行监测报告、召回义务的行政责任作了十分详细的规范，却并未涉及民事责任的问题，如生产者未及时上报药品不良反应造成事态扩大时是否需对扩大的损害向患者负侵权赔偿责任，以及责任追究的具体规则如何，无明文规定。《药品召回管理办法》第 29 条规定，药品生产企业召回药品的，不免除其依法应当承担的其他法律责任，该条旨在表明召回行政责任与民事责任各自独立，但用一句简单的话概括二者的关系实在过于简陋。《侵权法》第 46 条规定，产品投入流通后发现存在缺陷的，生产者、销售者未及时采取警示、召回等补救措施或者补救措施不力造成损害的，应当承担侵权责任，但是反过来讲，适当履行了补救义务但仍造成损失的，是否可以免于承担赔偿责任，则并不明确，易滋生纷争。再者，《产品质量法》第 42 条规定，产品因投入流通时的科学技术水平无法发现的危险致人损害的，生产者可免责，此即发展风险抗辩。然而，在法理上讲，发展风险抗辩的援用是以生产者适当履行了观察义务为前提条件的，观察义务在侵权制度体系中的主要意义即在于防止发展风险抗辩的滥用，可是现行法当中却未见任何将二者联系起来的条文。

我国药品后市场安全制度现状暴露了行政监管与侵权责任割裂的问题。行政与民事责任各自独立是现行法的基本立场，已经建立的为数不多的联系又失妥当。公法与私法的融合、私法公法化与公法私法化是近 10 年来法律发展的一个重大趋势，在这样的背景下，药品流通后的行政监管与侵权责任的追究应当衔接起来，更好的共同发挥作用。在笔者看来，所谓公法与私法“融合”，并非简单的在行政法中加入一点孤立的民法性规范或是相反，真正的融合应当是通过适当的制度设计在行政监管与民事责任追究之间建立顺畅衔接的纽带，真正的协同发挥作用而不是各自为战。所谓融合，并非要彻底打破部门法的界限，否定不同性质法律责任各自的特质，而是要在承认其独立性的前提下，也尊重它们之间的联系。具体回到药品观察义务履行的法律效果——暨后市场安全监管与侵权责任承担关系的问题上，现行的割裂局面亟待改变，应当在两者之间建立有机联系，关注监管对于赔偿责任的影响，而具两面性的观察义务是实现这种连接的最好契合点。

（二）行政监管与侵权责任的衔接

药品行政监管与侵权责任追究相融合为具重大意义之主张，然而最困难之处在于怎样实现这种融合，在制度设计上采取怎样的路径与模式。对此，美国研究者进行了有益的探索，提出了各种设想。一些研究者提出：为了鼓励药品研发、保护药品产业的发展，应通过立法为药品生产企业提供更大程度责任豁免的保护。作为交换性的条件，企业必须尽更高程度的后市场观察义务，在不良反应信息的监测、报告等方面作更多的投资与努力。考虑到产品责任与消费者保护的发展现状，绝对的免责并不实际，但是部分的免责——特别是免除承担惩罚性赔偿的责任是合理和可行的。这是一种折中而温和的改革建议，个别受害者保留了一定获得赔偿的权利，同时药品企业面临的法律风险被降低了，其可以更好地对未来的赔偿风险进行估量、计算，而公众由此得到的好处是更大程度的责任豁免使企业乐于在那些原本因惧怕承担责任而放弃的治疗人类重大疾病的新药研发领域进行投资与大胆创新。还有一些研究者试图在 FDA 监管与侵权诉讼之间建立“结构性的联系”（structural links）。《耶鲁健康政策、法律与道德杂志》刊载的《后市场监管、损害赔偿与诉讼的角色》一文指出，在药品侵权诉讼中，陪审团没有能力理解那些有关药品安全的复杂的科学性、统计性证据，他们往往同情个别受害者而倾向于判令损害赔偿乃至于过度的赔偿，却事实上忽略了药品产业受阻对更多消费者利益的消极影响。涉及药品安全性、侵权因果关系的判定等高度专业性的问题，FDA 更有权威，却并未在诉讼中得到尊重，企业符合了 FDA 的层层监管只是药品安全的底线，仍可能被追究侵权责任。这种状况应当有所改变，两套制度体系不能完全独立的运行，应当增加 FDA 在侵权判定中的话语权，有两种方式可供选择：一是直接赋予行政部门对药害案件的行政裁判权；二是将裁判权留在法院，但在侵权诉讼中对于药品安全性、因果关系判定等技术性问题的认定，委托由 FDA 作终局性的决定。其中后一种模式更具可行性。这样就将药品行政监管与侵权诉讼衔接起来。上述主张尚仅是理论上的建议，其科学性、可行性有待证明，但药品监管与侵权责任的融合确是大势所趋。一个实证的例子是，密歇根州的法律赋予生产企业完全的责任豁免，只要生产者严格遵守了 FDA 监管的要求并对药品潜在危险作了适当说明。由此实现了行政监管与侵权诉讼完全的制度对接。

在我国亦须加强药品后市场监管与侵权责任的衔接，具体模式有待进一步探讨。对此立法上迄今未有大的进展，在理论研究上亦未给予足够关注。具有两面性的观察义务是行政监管与侵权责任的重要连接点，二者衔接的关键在于立法上明确履行行政监管下的观察义务对侵权责任追究的影响，进一步讲就是使严格遵守监管、认真履行观察义务的生产者能够获得适度的责任减免。观察义务作为药品流通后的注意义务，较流通前义务相比得以被贯彻履行的障碍在于激励与制约机制的不足。在药品投入流通前，生产者若未尽适当注意义务，则无法获得上市批准，义务履行的制约机制是强大的。而在药品上市后，生产者的利益在销售时已经实现，再要求生产者对药品流通后的安全继续尽高度注意义务，即不再有强烈的动机与有效的制约机制。况且药品一旦投入流通即脱离生产者的直接支配，企业对药品风险的控制力减弱，而履行注意义务的难度则增加。从企业追求利益最大化的角度考虑，药品生产者在发现药品存在不良反应后向行政机关报告、向公众披露，一般会给该药品的市场销售带来负面影响，造成利润下降，故许多企业可能选择隐瞒不报。

观察义务获得切实履行的关键在于在法律上设计有效的保障机制，可分为两个方面，一是威慑机制；二是激励机制。威慑机制即令不履行观察义务的生产者承担法律责任——包括行政责任与民事责任，激励机制则使认真履行观察义务的生产者在药品不良反应事件中获得相应的责任豁免。现行法上威慑机制并不缺乏——无论是行政法上还是侵权法上。《药品召回管理办法》等行政性规范中关于不履行及时报告、召回义务等行为规定了警告、责令限期改正、责令停止销售和使用、罚款、吊销“药品经营许可证”等多项惩戒措施，《侵权责任法》规定生产者不履行警示、召回义务的应承担损害赔偿责任，有“明知”情节的还要承担惩罚性赔偿。然而关于激励机制，即认真履行后市场观察义务的好处，则没有规定。对侵权责任法关于不履行观察义务追究责任的规定是否可以作反面推定，即履行观察义务者可免责，在司法上尚不得而知。在笔者看来，对激励机制在立法上以明确的语言表明更加具有昭示意义，并非是立法语言的简单重复。从一定意义上讲，激励机制的作用可能比惩戒机制更好，目前我国药品不良反应报告统计的情况不佳，企业主动报告的积极性不高，从一个侧面反映了这一问题。

药品生产者履行行政监管下的观察义务对侵权责任的影响应作具体分析。在观察义务体系中，召回义务的两面性最突出，及时有效的召回既是履行了对消费者的保护义务，同时也是履行了行政法上的义务，由此产生侵权责任免责效果当无疑问。售后警示义务纯粹为私法义务，并不产生交错问题。最需值得讨论者为履行信息收集处理义务、报告义务对侵权责任的影响。信息收集、处理及报告义务主要见于行政法规范中，于民法上未见直接的规定，故行政法义务色彩较浓，尽管如此亦不可全然否定其兼有一定私法义务的性质。勤勉地收集药品不良反应信息、及时地向主管机关报告，也表明了对消费者负责的态度，在决定侵权责任的承担时应将其纳入考虑因素。总之，将监管与赔偿相联系，使善尽监管下之观察义务者获得适当的侵权责任豁免以为激励，对于确保药品流通后的安全至关重要。

侵权赔偿是现代社会对民事主体进行损害救济的基本路径，然而对于药品不良反应救济，在以侵权法上的各项原则、制度、标准与其进行一一对位思考时，会发现种种问题与不适。本章在侵权法的视野下，依循从侵权责任的归责原则、到侵权责任的构成要件、再到类型化侵权责任的顺序，对于以侵权法解决药品不良反应救济的可能性空间进行了体系化的探索。

在讨论点的选择方面，并未意图作面面俱到的分析，而是选择了侵权法中与药品不良反应侵权判定最相关的一些问题进行重点讨论。在侵权责任归责原则部分，重点探讨了严格责任原则与药品不良反应救济的关系。在侵权责任构成要件方面，特别讨论了药品不良反应因果关系判定的问题。在类型化侵权方面，选择了现行法上与药品责任最相关的产品责任进行讨论，且将关注点放在产品责任的核心——缺陷的认定之上，特别是重点讨论了与药品不良反应关系最为密切的发展风险与观察缺陷的问题。经过侵权法视野下的系统分析结果发现，以侵权法上的规则解决药品不良反应的损害救济问题，其适用空间虽不能说完全不存在但十分有限。以侵权判定的一般原则角度观之，过错责任原则极少适用，因为就典型药品不良反应的发生并无任何人负有过失。严格责任（无过失责任）原则在药品责任领域中的适用面临特殊的利益衡量问题，考量产品责任最为发达的美国法上的经验，真正严格责任只在药品制造缺陷判定中适用，药品设计缺陷和警示缺陷实质上实行的是过错责任原则。药品不良反应恰恰是由研发缺陷（一种特殊的设计缺陷）导致的，严格责任很难对其适用。公平责任原则虽不面临太多解释上的问题，但实现的救济力度微乎其微。由侵权责任构成要件的角度分析，最大的障碍在于因果关系的判定。药害案件中因果关系的判定涉及众多复杂的因素，如举证的高度技术性、药害的长期潜伏性、致病因素的不确定性等，特别是在药害案件涉及众多不确定被告的情形下认定因果关系更加困难。尽管有疫学因果关系理论、市场份额理论等特殊的因果关系判断理论被创设和应用，但也仅是能够部分地解决问题，药品不良反应因果关系的判定依旧迷雾重重。就类型化的产品责任制度而言，药品不良反应在产品责任的入门条件——缺陷的存在方面即面临障碍。依据我国现行法的规定，发生不良反应的药品属合格药品，不存在一般意义上的缺陷。药品不良反应本质上是因人类认识能力的局限引发之发展风险所致，即研发缺陷，对这种缺陷大多数国家立法例上一般允许以发展风险抗辩主张免责，仅德国药事法规定应就此承担危险责任。发展风险抗辩的援用受观察义务履行之限制，药品生产者在药品不良反应发生后，未尽及时报告、警示及回收义务造成患者损害的，应向受害者承担侵权赔偿（乃至于惩罚性赔偿）责任，不得主张发展风险抗辩。侵权法对药品不良反应的适用空间即主要存在于观察缺陷之上。

总体观之，侵权法对于药品不良反应损害救济的适用空间并不广阔，适用中障碍重重，于实践中考察的结果表明，受害者频频在侵权索赔诉讼中碰壁，因此实现的救济效果甚不理想。这种状况决定了，对于药品不良反应的损害救济，必须在侵权法之外探索另外的路径。值得关注的是，救济体系的多元化是当代法律发展的一个重大趋势。基金、保险、社会保障等风险分散性社会化救济方式正在兴起，在填补民事损害方面发挥了越来越大的作用，并对于侵权法产生了重要影响，形成协同互补之势。在侵权法理论上，近年来有提出“侵权法危机”之说者，所谓危机即主要来自社会化救济方式的影响。对于药品不良反应而言，其本身的特点恰恰适合以社会化救济方式进行损害填补。比较法上的考察表明，许多国家正是以社会化救济机制解决药品不良反应的救济，乃是大势所趋，也是我国未来前进的方向。当然，侵权法仍有一定适用的空间与价值。

第五章

YAOPIN BULIANGFANYING
SUNHAI JIUJI ZHIDU ZHI BIJIAO

药品不良反应损害救济制度之比较

第一节 德国药品不良反应损害救济制度

20世纪60年代的“沙利窦迈（反应停）事件”促进了德国药品责任立法的进展。1973年，由联邦卫生部首先提出立法草案，经过多次修改最终于1976年出台《药事法》。在最初的立法草案当中，对药害事故的受害人采三阶层式的救济模式，即过失责任、无过失责任及基金。在1974年第一次修订案中，无过失责任被删去，只保留了过失责任与基金二阶层救济模式，主要是因为业者对无过失责任激烈反对。不过，保险业者担心市场萎缩，力主加入无过失责任，并同意以合理费率承保责任险。最终的立法采危险责任与基金相结合的救济模式，集中规定于第84~94条。该法于1978年1月1日开始施行。《德国药事法》并非纯粹的关于民事赔偿责任立法，而是兼药事行政规范与民事责任规范为一。

一、给付条件

依《德国药事法》第84条规定，使用该法适用范围内供患者所使用的药品导致死亡或身体、健康受到非轻微损害时，将该药品置于市场流通的制造者负有赔偿义务。该赔偿义务限于：（1）依指示使用该药品所发生的有害作用，已超过当时医学知识和科技水平所能容忍的限度，且其原因系发生于药物研发或制造之范围内的；（2）根据不符合医学知识的表示或使用指示所产生的损害。

该条确立了药品责任领域的危险责任，其较一般的产品严格责任更加严格，特别是体现在生产者不能以发展风险主张抗辩方面。不过药品责任虽然严格，但也并非绝对责任。在侵权责任的构成要件方面，特别是损害要件，有严格的限定。患者服用药品后产生的不良反应在程度上存在差别，只有那些较为严重的不良反应损害，超越当时医学所能容忍者，才被纳入损害赔偿的范围，具体来讲包括死亡和严重的身体、健康损害。

二、给付范围

《德国药事法》仅适用于对死亡或身体健康损害的求偿，且两项给付范围都仅限于财产上的损害而都不包括精神抚慰赔偿，且死亡给付的范围清楚地规定应包括死亡受害人所扶养的第三人的扶养费用。而身体健康受损的补偿除了医疗费用之外，尚包括受害人因该损害所致暂时性或永久丧失或减少的劳动能力，或因此所增加的必要费用。给付方式可以是一次性给付，也可以是每年给付。不论是死亡给付还是身体健康损害给付，均设有上限。《德国药事法》第 88 条规定，对于每一个导致死亡或伤害的单一受害人，其赔偿为一次性给付时总额不超过 50 万马克，以年金给付时每年不超过 3 万马克，对于因同一药物致多数人死亡或受伤的损害，一次性给付时总额不超过 2 亿马克，以年金给付时每年不超过 1 200万马克。

三、请求权时效

药品不良反应受害人的请求权在损害发生且受害人认知其请求权并确定责任主体时产生，3 年内有效。无论是否认识到请求权的存在以及责任主体，受害人的请求权都将于损害发生 30 年后消灭。

四、资金来源

《德国药事法》在构建药品产品危险责任制度的同时，还设立了配套的基金制度。基金主要是用于赔偿给付，而基金的来源主要有两个：(1) 药品生产企业向经营保险业务的保险公司投保责任险。该保险是强制性的，药品企业必须投保。(2) 由药品生产企业与当地金融机构或欧盟成员国的金融机构或属于其他国家但与欧洲经济区定有合约的金融机构约定，由该金融机构承担以免除义务人的赔偿责任或对赔偿义务人提供保证，并且特别明示国家不负担提供赔偿的义务。通常情况下，这两者是配合使用的。

观德国的药品损害救济制度，其最大特色为损害转嫁机制与损失分散机制的结合。一方面，对药品不良反应损害赔偿施行危险责任；另一方面，则以责任保险等方式与之配合。这样，受害患者的利益得到了保护，而产业的利益也得到维护。总体上，德国的药害救济偏重于赔偿模式，这与德国作为大陆法系标杆的民法传统偏好有关。德国的药品责任较其他国家相比更为严格。在危险责任原则下，即使药品不良反应是因科学技术水平无法发现的风险导致的，生产者仍需对此负赔偿之责。这样严厉的责任体现了对人的生命、健康权的高度尊重。同时必须看到，德国药品危险责任的确立有着特殊的背景，即“沙利窦迈事件”的影响。其他国家在构建本国的药害救济体系时，是否可借鉴德国的经验，除了制度本身的功能外，也必须考虑立法背景的因素。还要看到，德国药事法尽管在侵权责任的成立方面实行严厉的危险责任，但是在责任成立后的赔偿范围上，则有意的进行了限制，如仅对严重的药品损害赔偿、仅赔偿财产性损害、设置最高赔偿限额等。

第二节 日本药品不良反应损害救济制度

一、日本药品不良反应损害救济制度发展的背景与立法进展

日本是 20 世纪遭受药害事件影响最严重的国家之一，在

1960～1970 年期间，相继出现了 5 起严重的药品不良反应事故，[1] 其中亚急性脊髓视神经病造成的影响最大。20 世纪六七十年代，在日本有众多人因服用奎诺仿导致斯蒙病，最初原因不明，后经厚生省的调查班调查，证实引发神经麻痹的原因是服用肠胃药奎诺仿所致。受害者以奎诺仿生产厂家、国内进口业者以及批准制造该药的国家为被告，向各地法院提起了损害赔偿请求诉讼。诉讼自 1971 年起由各地方法院分别审判，东京地方法院于 1976 年首先判决，认定制造者和国家皆有过失，并拟定不同受害人赔偿之和解基准。其后其他 8 个地区法院之判决也参考此基准。各地方法院相继作出了判决，在认定制药公司存在过失的前提下，判令制药公司承担过失侵权责任。其中，金泽和东京两地地方的法院更是认为国家也存有过失，分别判令国家承担 1/4 和 1/3 责任。[2] 在上述判决中，法院转换了过失的举证责任，认为医药品属于必须安全的产品，如果处于危险状态的话，一般而言，其制造者是有过失的，因此，产品有缺陷时可以推定为制造者的过失。从上述案例可知，20 世纪六七十年代的日本把药品不良反应致人损害定位为过失侵权。其判决适用依据是《日本民法典》第 709 条：因故意或过失侵害他人权利，负因此而产生的损害赔偿责任。[3]

由于过失责任主义对消费者权益保护不力，同时受欧美严格产品责任制度的影响，日本于 1975 年制定了《制造物责任法要纲试案》，拟对制造物致害实行无过失责任。然而由于该法争议较大，特别是对产品普遍实行无过失责任可能造成产业发展阻碍

---

[1] 叶正明："日本医药品副作用基金救济制度之法理基石与借鉴"，载《求索》2010 年第 3 期。

[2] 于敏：《日本侵权行为法》，法律出版社 1998 年版，第 321 页。

[3] 叶正明："国外药品不良反应损害救济制度述评及其对我们的启示"，载《民商法学》2005 年第 7 期。

多有顾虑，故该立法草案提出后迟迟没能通过，直到 1994 年《制造物责任法》才正式颁布。这是一部关于普通产品责任的法律规范，对药品责任并未作特别的规范。惟与药品相关而需特别注意者在于，该法在诉讼时效上有突破性规定，其第 5 条第 2 款规定，对于在身体中逐渐蓄积而损害人的健康的物质所致损害或须经过一定的潜伏期后才出现症状的损害，从其损害发生时起计算，10 年间不行使，因时效而消灭。该条确立了针对潜伏性产品损害的长时效，药品恰恰属于此类损害潜伏性产品。

尽管《制造物责任法》确立的严格责任原则有利于对消费者的保护，但日本对于药品导致损害的救济并未全面采行严格责任，考虑到药品的特殊性，无过失责任对医药产业发展可能带来的抑制作用，日本对药品不良反应损害救济另外进行了专门立法，建立起侵权之外的基金救济模式，其在国际上独树一帜。事实上，关于药害救济的特别立法在《制造物责任法》出台之前就已经颁行。早在 1976 年日本就制定了《预防接种法》，对强制接种疫苗遭受不良反应的受害者给予补偿。1979 年，日本又颁布了《药品不良反应受害救济基金法》，于 1979 年 10 月 1 日正式生效。本来，该法的制定受到《德国药事法》修正引进危险责任的影响，立法过程中有效仿德国做法的倡议，但最终立法未采危险责任而是选择了基金救济的模式。考其原因，大体有以下 3 个方面：（1）于民法侵权法外骤采无过失责任制度，对法律体系所生冲击，须妥慎考虑；（2）医药品产业研发、制造、行销有其社会必要性，不可反致其发展受阻；（3）无过失责任制度须有保险业务配合，否则将使医药产业负担沉重。[1] 该法由日本劳动健康福利组织监督实施，并于同年 10 月根据这部法律

---

[1] 朱怀祖：《药物责任与消费者保护》，五南图书出版公司 1997 年版，第 51 页。

的规定成立了药品不良反应救济基金。此后，药品不良反应救济基金的功能逐渐扩大，开始进行药品的研发振兴和调查工作，随着工作内容的逐渐增加，《药品不良反应受害救济基金法》在1987年修改为《药品不良反应受害救济·研究开发基金法》，1994年再次进行部分的修订，并最终更名为《医药品副作用被害救济·研究振兴调查机构法》。至此，以《预防接种法》和《医药品副作用被害救济·研究振兴调查机构法》为基础，日本建立起了分别针对疫苗和一般药品的不良反应损害基金救济机制。

二、日本药品不良反应救济制度框架——《医药品副作用被害救济·研究振兴调查机构法》简介

（一）立法目的

《医药品副作用被害救济·研究振兴调查机构法》第1条明确了立法目的，即对医药品有关的副作用所致疾病、障害及死亡，为医疗费用、障害年金、遗族年金之给付，以达医药品副作用相关健康损害之迅速救济之目的。除损害救济外，医药品副作用被害救济·研究振兴调查机构亦承担促进医药品技术研究及产业发展的任务，最终目的则为提升全体日本国民的健康水平。该法开篇就提出了平衡药害救济与医药产业发展的指导思想，而对于损害救济目标而言，突出了基金赔付相较于侵权赔偿的迅速性优势。

（二）药品及药品副作用的范围界定

该法并非对一切药品损害进行赔偿，仅对医药品的副作用进行给付救济。所谓医药品的副作用，根据《医药品副作用被害救济·研究振兴调查机构法》第2条的规定，是指为正当目的、正确使用许可药品所致的该药品对人的有害反应。对于使用目的、方法不当或者是未经许可的药品导致的损害，不能依据该法

请求基金给付，而只能依据侵权法等传统的路径寻求救济。所谓药品，包括在日本国内制造的药品与或批准进口的药品，但仅限于人用药品而不包括兽用药品；另外，由厚生大臣指定使用于癌症或特殊疾病目的之医药品亦被排除在该法适用范围之外。

（三）组织机构

1979年，日本据《药品不良反应受害救济基金法》建立ADR救济基金以后，由国家及制药企业合资设立了“医药品副作用被害救济·研究振兴调查机构”（OPSR），OPSR既办理受害救济，又推广新药的研发，该机构是医药产业企业出于社会责任而由民间发起的，经厚生省认可而设立的法人组织。经过20多年的发展，2001年12月，日本内阁采纳了一项“专项服务机构重建计划”，于2004年4月1日，根据《药品和医疗器械综合管理机构法》，医药品副作用被害救济·研究振兴调查机构（OPSR）与药品和医疗器械审评中心（PMDEC）、日本医疗器械促进协会（JAAME）合并，形成了一个统一管理药品、生物制品及医疗器械的机构，即药品和医疗器械综合管理机构（PMDA），主管ADR损害救济、药品和医疗器械的审评及上市后的安全性评价工作，它们共同构成了日本特色的“安全三角”体系。

（四）救济给付要件

根据《医药品副作用被害救济·研究振兴调查机构法》，凡在日本医院、诊所或药店购买的药品，只要在正常条件下使用，患者遭受伤害并达到一定程度，即可获得相应的救济，具体要件为：首先，要求受害者遭受的伤害必须达到一定的程度，即导致疾病且需要住院治疗或者残疾导致日常生活显著受限或者是死亡；其次，申请救济的药品必须是经过厚生劳动省（MHLW）许可的药品，包括处方药和非处方药，但列入PMDA公布的《非救济对象药品一览表》中的药品并不在救济范围之列，其中包括110种抗恶性肿瘤药、免疫抑制药，血液制剂以及100种动物用药、生产专用药品、体外诊断用药。再者，有下列5种情况之一不列入救济对象：（1）法定预防接种者，但自愿预防接种者除外；（2）药物生产者及销售者损害赔偿责任明确的情况；（3）因生命急救目的超过通常使用剂量导致的损害，而其发生已经预先认知；（4）主管机关所要求的特殊疾病用药物使用者（癌症和其他特殊疾病使用的医药品为厚生劳动省指定的药品）；（5）轻度药品副作用损害或不适当使用药物所致的损害。

（五）给付范围

该法规定的救济给付范围包括医疗费用、医疗津贴、障害年金、残疾儿童养育费、遗族年金、遗族一时金、丧葬费7项。医疗费用，是指遭受ADR伤害后所需的治疗费用；医疗津贴，即对于遭受ADR伤害者，除所需治疗费用以外另付一种定额救济；障害费，即给予年满18周岁以上、遭受残障的被害人一定的定额补偿生活费；残疾儿童养育费，即给予未满18周岁的被害人一定的定额补偿生活费；遗族年金，如对于家庭中维持生计的被害人死亡，给予其家属的定额生活补贴，此补贴一般不超过10年；遗族一时金，如对家庭中维持生计以外的被害人死亡，给予其家属的定额生活补贴；丧葬费，即给予死亡者丧葬费用的定额补贴。需特别注意的是，精神损害抚慰金没有列入赔偿范围。各项救济金给付内容根据住院及院外治疗方式、残疾程度等而有所区别。

（六）资金来源

PMDA所给付的ADR救济基金主要由药品生产企业缴纳的资金构成，同时政府也给予一定的拨款补助。日本立法规定药品生产企业、销售商每年4月1日~7月31日向日本医药制品机构进行申报、缴纳。企业缴纳金分为一般缴纳金和附加缴纳金，一般缴纳金是指所有在日本上市药品的生产企业按规定都必须缴纳的资金，金额是以生产者上一年药品销售量为基础，按厚生劳动省所规定的征收比率计算所得金额；附加缴纳金则是指为造成具体伤害的药品生产厂商按规定额外缴纳的资金。基金征收比率依据救济制度的实践和需要而每年另行制定，2003 年以来，征收比率控制在 0.3‰，并有增加的趋势；[1] 同时由日本政府对该机构近一半的行政事务费用进行拨款补助。[2] 另外，也有一些财团的额外捐助。PMDA 确定了相关的组织管理与监督机构及部门。PMDA 要求每年年底都有一定的储备资金，称为责任储备，并要求该责任储备能够应付下一年度的救济申请额度，这样以保证该组织的救济基金具有较强的抵御风险的能力。

（七）申请程序

ADR 救济申请，可由受害人或者死者家属直接向 PMDA 提出，由 PMDA 转送厚生劳动省（MHLW）下设的药品事务与食品卫生委员会，无须其他中介机构，PMDA 根据委员会的审议决定支付受害人救济金。如果受害人对案件的审议决定的救济金支付不满意，可以在自其被告知审判结果的 2 个月内向厚生劳动省申请重新审议，此时上诉人需要提交上诉意见。申请人要证明其发生药品不良反应的病因和症状及其药品不良反应与正常使用药品之间存在着因果关系，同时请求诊治医生开具诊疗证明和处方药证明。申请人需要递交的救济申请文件包括申请表格、诊治医生的处方和诊断书，相关的表格都可在 PMDA 处免费领取，也可在 PMDA 官方网站自行下载。

三、其他健康损害救济制度

除了已取得良好效果的 ADR 损害救济制度之外，在日本，

---

[1] 孙骏、唐慧鑫、马爱霞："日本药品不良反应损害救济制度的建立与实践"，载《药物警戒》2007 年第 4 期。

[2] 姚雪芳、丁锦希："公共卫生安全应经事件中的药害补偿机制研究"，载《上海医药》2009 年第 30 期。

健康损害救济制度还包括生物制品感染救济制度、SMON 患者救济制度、艾滋病毒抗体阳性者和艾滋病患者救济制度以及通过指定产品感染丙型肝炎的患者救济制度。[1] ADR 损害救济和 SMON 患者救济是依据 PMDA 法，而后三者则是 PMDA 对通过诉讼达成和解的受害者给予的救济支付。

鉴于人和动物源的药品和医疗器械可能含有病毒等感染源，在制造过程中即使采取了基于最科学的保护性措施，也不可能完全消除来自生物制品的感染，药品和医疗器械机构于 2004 年 4 月设立了生物制品感染救济。其适用于合理使用生物制品达到一定程度损害的受害者，如需住院治疗的疾病或残疾，对于疾病预防治疗引发的感染以及病人继发感染，受害者也有获得损害补偿的资格。

SMON 患者的医疗救济津贴始于 1979 年 12 月，由国家政府和药品制造企业委托 PMDA 负责救济金给付。SMON 病患者医疗津贴包括向 1～3 级的 SMON 病患者提供医疗津贴，由药品制造企业委托支付，对于具有比较严重或者非常严重症状的 3 级 SMON 病患者提供的医疗津贴，也由药品制造企业委托支付，然而从 1982 年起，对于较重症状（排除比较严重和非常严重的情况）的 3 级 SMON 病患者的医疗津贴由日本政府负责委托支付。

艾滋病毒（AIDS）抗体阳性者和艾滋病患者救济金是 PMDA 受余爱福利基金会委托，对通过血液制品感染的患者进行的受托给付业务。为了艾滋病预防治疗事业的发展，PMDA 向艾滋病毒抗体阳性者和艾滋病患者提供医疗费用补贴，由此取得患者的健康状况报告。另外，PMDA 对由于血液制剂或血液凝固因子

---

[1] 王华、杨悦："日本健康损害救济体系介绍及对我国的启示"，见《2009 年中国药学会药事管理专业委员会年会暨"国家药物政策与〈药品管理法〉修订研究"论坛论文文集》，第 963 页。

制剂中混入艾滋病组在治疗过程中造成的健康损害的患者以及艾滋病毒感染 2 级或 3 级的患者提供医疗补贴。

通过指定产品感染丙型肝炎的患者救济依据“由于丙型肝炎病毒污染的制定纤维蛋白原产品和指定凝血因子 IX 产品而感染丙型肝炎的患者的救济金援助特殊措施法”提供救济。

第三节　瑞典药品不良反应损害救济制度

瑞典是一个代表性的福利型国家，对于药品不良反应损害的救济，采颇具特色的集团保险模式。瑞典从 1975 年开始就实施病人伤害保险制度，这是一种自愿参加的救济制度，适用对象为与医疗照顾直接相关的人群。1978 年，瑞典又建立了药物保险制度。事实上，药品责任保险制度并非基于立法建立，而是基于医药产业与保险业团体之间自由订立的协议。瑞典药品保险协会（The Swedish Pharmaceutical Insurance Association）是为了保护其成员利益而发展起来的非营利性组织，根据《药品相关损害的赔偿条约》（*Undertaking to Pay Compensation for Drug- Related Njuries*）处理有关药品保险和协会内部的事宜。凡是有资格在瑞典从事药品生产或进口药品的企业，都可以成为协会的成员。药品保险协会代表其所有成员的利益，以集体保险方式与保险公司签订合约，由保险公司代为协会成员承担赔偿责任，保险费用则由协会成员企业共同承担。[1]

一、给付条件

瑞典的药品责任保险制度与德国药事法的规定有所不同，其

[1] 唐慧鑫、孙骏：“浅析瑞典药品损害赔偿机制及其药品保险制度”，载《药物警戒》2006 年第 6 期。

赔偿条件较宽松，并非仅仅局限于有缺陷的药物。《药品相关损害的赔偿条约》中将“药品损害”定义为“与药品相关的损害”，包括以治疗疾病或卫生保健为目的而使用的药品，或临床试验用药品所导致的身体疾病或其他机体功能上的损害。凡是与药品相关的损害，包括药品成分变质、说明书存在缺陷、因第三人因素所致（误诊导致用错药物）导致的损害，都可以请求赔偿。值得注意的是，其中不包括对因药品缺乏疗效、故意不合理用药所致损害以及轻微损害的赔偿。受害者依据药品责任保险申请赔偿不需证明过错，只需对因果关系为适度的证明即可，对因果关系的判断采高度盖然性（preponderant probability）标准。适用赔偿条约的药品，包括投保范围内的所有处方药、非处方药及临床试验用药品，基本上瑞典上市的所有药品都已涵盖在内。

二、给付对象

凡是在瑞典本国内因使用处方药品、药房购买的药品及临床试验用药品而遭受损害的受害者，不论其是否为瑞典公民、损害的发生是否在瑞典本国内，均可获得赔偿。但是，如果损害是因受害人服用从国外获得的药品，即使该药品是由瑞典的药品生产商生产，也不在赔偿范围内。

三、给付范围

在瑞典，依药品责任保险可获得的赔偿的范围较广。赔偿金的范围主要包括：对造成身体缺陷或永久损伤者的赔偿、永久性的附加费用或困难赔偿、长期收入损失赔偿、精神痛苦赔偿、附加费用赔偿等。其赔偿给付的范围如此宽泛，一些赔偿项目在英美法上一般只有依侵权法才能获得，如精神损害赔偿、收入损失等。《药品相关损害的赔偿条约》中设置了最高赔偿限额：每个受害者，包括年金贴现在内最高可获得1 000万克朗的赔偿；对于系列损害事件，即同一年内报告的所有受害人最多可获得 2 亿克朗的赔偿。由于受害人可以通过多种渠道获取赔偿如失业保险、健康保险等，当按照药物保险制度求偿时，必须扣除通过其他保险制度所获得的赔偿。

四、资金来源

药品保险制度赔付的资金主要来自于企业的缴费。药品保险协会代表其所有成员的利益，以集体保险方式与保险公司签订合约，由保险公司代为协会成员承担赔偿责任，药品保险协会的成员企业需要每年向协会支付年度保险费和会员费，数额根据其规模（市场占有率）而定。这种风险共摊的模式，比起单独的制药企业投保费用要低得多，企业也可以从繁杂的理赔事务中脱离出来，从而提高其费用效益率。目前所缴纳的最小会员费用只有 2.5 万克朗。

五、申请程序

申请保险赔付的程序比较简便快捷，只要在医生而非律师的帮助下填写一张申请表格，附带一些相关的医疗记录即可。接下来保险公司进行审查，先是由保险公司的医疗评估人员（medical assessor）、而后由以部分工时形式专为该计划雇用的专业医生进行审查。在审查评估完毕后，保险公司将告知申请人是否有权得到赔偿金。如果申请人对药品保险公司的决定有异议，在 6 个月内可以向药品伤害委员会申诉。药品伤害委员会由医药领域专家、业外人士和政府指派的法律专家组成。如申请人对药品伤害委员会的决定仍有异议，可以申请仲裁审议。仲裁审议结果为最终决定。病人除依此制度求偿外仍可保留司法诉讼求偿权或向官方福利委员会申诉。

瑞典药品保险制度自实施以来，收到了较好的效果，特别是体现在与侵权诉讼相比损害救济的效率方面。1978～2005年年底，受理的药品损害赔偿案件已达到近万件，且案件申请数量呈逐年递增趋势。赔偿金支付额累计已达到2.9亿克朗。对通过审议的个案，支付的赔偿金平均达9万克朗。该制度的效率也不断提高，个案处理平均周期已由10年前的6个月缩短到现在的4个月左右。由于药品保险救济的高效率，尽管在瑞典药品受害者也可以另外选择侵权诉讼索赔，在多年来的实践中却极少有人走诉讼的路径。瑞典药品保险制度的赔偿范围较宽泛，但自实行以来并未遭受严重的财务上的困难，一方面，是由于健全的社会保障网络，在计算药品保险赔偿时要将依据其他社会保障获得给付扣除；另一方面，仍有大量申请在审查中因不符合条件而遭到拒绝。药品保险制度实行的前两年，共有250件申请案，其中50%遭拒，26%未决，仅24%获得赔偿。遭拒案件中，主要是因欠缺因果关系、危险不能避免与损害轻微。[1]瑞典药品保险制度的成功在根本上缘于福利国家背景下完备的社会保障体系，显然这套制度未必适合所有国家。

第四节　我国台湾地区药品不良反应损害救济制度

我国台湾地区对于药品损害救济较为关注，已取得相当的立法进展。该地区早在1992年就颁布了"预防接种伤害救济要点"，1999年1月12日起开始实施"药害救济要点"，2000年则颁布实施了"药害救济法"，将药害救济真正提升到立法层次。我国台湾地区卫生署又于2000年6月20日公告了"第一阶

[1] 朱怀祖：《药物责任与消费者保护》，五南图书出版公司1997年版，第365页。

段适用‘药害救济法’之药物范围”，2001 年 3 月 16 日公告了“药害救济基金收支保管及运用办法”，2001 年 4 月 10 日公告了“修正卫生署药害救济审议委员会设置要点”；2001 年 4 月 30 日公告了“药害救济申请办法”。

一、救济条件

根据“药害救济法”，受害人服用的药品必须是“合法药品”，即领有主管机关核发药物许可证，依法制造、输入或贩卖的药物。对于未经卫生署核准的台湾地区以外携带入的药品导致的伤残或死亡，不适用药害救济。另外，药害须是“正当使用”行为下造成的，即“依医药专业人员之指示或药物标示而为药物之使用”。同时，死亡、障碍或严重疾病程度必须与药物不良反应存在因果关系。

二、救济范围

“药害救济法”第 13 条采用列举方式排除了不得申请药害救济的情况：

（1）有事实足以认定药害之产生应由药害受害人、药物制造业者或输入业者、医师或其他之人负其责任；

（2）本法施行前已发现之药害；

（3）因接受预防接种而受害，而得依其他法令获得救济；

（4）同一原因事实已获赔偿或补偿。但不含人身保险给付在内；

（5）药物不良反应未达死亡、障碍或严重疾病之程度；

（6）因急救使用超量药物致生损害；

（7）因使用试验用药物而受害；

（8）未依药物许可证所载之适应症或效能而为药物之使用；

（9）常见且可预期之药物不良反应；

（10）其他经主管机关公告之情形。

除了上述情况外，我国台湾地区卫生署在2000年6月20日还公告了现阶段“药害救济法”适用的药品范围：第一阶段适用“药害救济法”的药物范围限于药事法第6条规定的制剂，但暂不含中药。也就是说，药害救济目前仅适用西药制剂的使用，对于中药没有纳入适用范围。这意味着，只有使用领有许可证的合法的西药制剂药品，可以适用“药害救济法”。至于药事法第5条规定的试验用药品及第13条规定的医疗器械则暂不适用。

由此可见，“药害救济法”在现阶段排除了对中药、疫苗、试验用药品及医疗器械的适用，同时，对因急救超量使用而造成的药害不予救济以及对即使是符合临床医疗经验但未按药品说明书使用而造成的药害不予救济。

三、药害救济金的给付范围

我国台湾地区药害救济的给付分为死亡给付、障碍给付及严重疾病给付。障碍，是指符合身心障碍者保护法令所订障碍类别、等级者，但不包括因心理因素所导致的情形；同时“药害救济法”规定，适用药害救济的严重疾病，限于因药物不良反应所致危及生命、导致病人住院、延长病人住院时间，须作处置以防永久性伤害。“药害救济法”同时强调同一事件不能重复接受救济，已领取药害救济给付而基于同一原因事实取得其他赔偿或补偿者，应返还其领取的药害救济给付。

四、救济金给付的标准

死亡给付，经审议可合理认定系因使用药品产生之不良反应致死者，最高救济给付新台币200万元；障碍给付须先认定障碍等级，按照障碍程度分为轻度、中度、重度和极重度4个等级，患者可分别获得 115 万 ~200 万新台币不等的补偿额；可合理认定为因药品不良反应所致的严重疾病者，给付数额为医疗机构诊疗所支出并具有正式收据的必要医疗费用，但最高以给付新台币 60 万元为限。

五、救济基金的来源

我国台湾地区“药害救济法”实施前，经历过一段名为“药害救济要点”时期。期内，由“卫生署”成立审议小组，主要负责药害范围的制定、药害事项的审议和其他有关药害事项的管理工作，并成立管理小组，执行药害案件的调查、给付及救济金捐赠工作。这段时期救济基金的主要来源是药品生产企业、药品进口企业及社会各界的自发性捐款。2000 年 6 月 2 日正式开始实施“药害救济法”以后，药害救济基金的主要来源，由“药害救济要点”时期的自愿捐款改为征收金。此外，药害救济基金也由“药害救济要点”时期委托由民间管理、运作，改由卫生署依法设置药害救济基金专户，并依“药害救济基金收支、保管及运用办法”，执行基金的收支、保管及运用。2001 年 9 月 24 日，我国台湾地区捐助成立“财团法人药害救济基金会”，并经法院登记核准在案。基金会接受卫生署专案委托统筹办理药害救济金的给付、征收金的收取及管理、药害救济案例调查及宣传业务、其他与药害救济业务有关的事项，成为药害救济专责机构。

我国台湾地区药品不良反应损害补偿基金主要是药品生产企业及药品进口销售商缴纳的征收金、滞纳金、代位求偿所得、捐赠收入、基金的利息收入以及其他有关收入。其中药品生产企业及药品进口销售商缴纳的征收金是最主要的组成部分。在主管机关规定的期限内，药品生产企业及药品进口销售商申报当年销售额，并按照销售额一定比率，上缴征收金至药品不良反应损害补偿基金。缴纳的征收金分两种情况：药品不良反应损害补偿基金总额不足3亿元新台币时，按照上一年药品销售额的1%缴纳；基金总额超过新台币3亿元时，由主管机关衡量基金收支的实际情况，按照上一年药品销售额的0.2%～2.0%范围内调整缴纳的比率。如果药品生产企业及药品进口销售商没有上一年度的销售额资料，则根据其当年估计销售额按比率缴纳征收金。当年估计的销售额与实际销售额有差异时，将于下一年退还或补缴其中的差额部分。

六、基金会的代位求偿权

“药害救济法”规定，主管机关给付药害救济后，对于依法应承担药品损害赔偿责任的责任人，得于给付金额范围内代位请求赔偿；另第13条规定，有事实足以认定药害之产生应由药物制造业者或输入业者、医师或其他之人负其责任，不得申请药害救济。换言之，即应由受害人向药物制造业者或输入业者、医师或其他应负责任者以诉讼方式请求赔偿。

七、请求权时效

“药害救济法”第14条规定，该项请求权自请求权人知道有药害时起，因3年间不行使而消灭。药害救济审议委员会收到药害救济请求权人的申请后，即组织审议。

八、药害救济的申请程序

“药害救济法”第12条规定了药害救济的请求权人，即死亡给付：受害人之法定继承人；障碍给付或严重疾病给付：受害人本人或其法定代理人。该条第3款规定：“请求权人申请救济之程序、应检附之资料及其他应遵行事项之办法，由主管机关定之。”根据此规定，药害救济的请求权人申请药害救济时应填具申请书并附下列相关资料，才能向财团法人药害救济基金会提出申请：

（1）药害事件发生前之病史记录；

（2）药害事件发生后之就医过程及记录（可向医院申请病历摘要）；

（3）药害事件发生后之医疗机构诊断说明书；

（4）受害人药害事件发生前健康状况资料；

（5）申请人与受害人关系证明；

（6）受害人因药害事实申请严重疾病给付之医疗机构必要医疗费用收据影印本；

（7）受害人因药害事实申请障碍给付之身心障碍手册证明影印本；

（8）受害人因药害事实申请死亡给付之死亡诊断证明影印本。

第六章

QINQUANFA DE WEIJI YU YAOHAI JIUJI DE SHEHUIHUA QUSHI

侵权法的危机与药害救济的社会化趋势

侵权法长久以来都是作为对民事损害进行救济的基本路径和第一选择而存在的，人们对于以侵权诉讼方式寻求救济存在一种惯性的偏好，对于药品不良反应的救济亦不例外。然而近几十年来，面对社会发展过程中出现的一些新问题，侵权法遇到严峻挑战，以至于学界关于“侵权法危机”的声音甚嚣尘上。当代社会损害救济需求的日益增长与损害原因的复杂性决定了，单一的侵权赔偿模式无法独自承担起填补全部损害的重任，损害救济机制的多元化注定是发展的大势所趋。在这样的背景之下，对于药品不良反应的损害救济这一具体问题，思考如何以多元化的救济机制扭转前文所述侵权法框架下药害救济的窘境，实乃一重大课题。而在此之前，对整个侵权法发展中所面临的问题进行剖析，进而对社会总体的损害救济综合体系的完善进行探索，是十分必要的一项研究工作。

第一节　侵权法的危机

侵权法在发展当中遭遇危机乃是事实，学者们在描述这种现象时，常常使用一些极具夸张的表达，如“侵权法的死亡”“侵权法还有未来吗”等。这些语词或许带有一定渲染的成分，意在表达一种忧虑，但侵权法远未走到末路并将长久保持作为填补损害的基础机制的地位这一看法则是大多数学者的共识。那么，侵权法的危机缘来为何呢？

一、侵权法危机的根源

谈及侵权法的危机，其本身含义主要是从两个方面而言，即侵权法功能的失败以及被取代的危险。就侵权法功能的失败而言，许多学者认为侵权法的调整范围不断缩小，不仅侵权法的“遏制作用受到责任保险冲击，而且赔偿作用也由于高水平社会保障制度的存在而成为明日黄花。”[1] 其补偿、抑制的主要功能在现行的侵权法制度中都不能实现或不能很好地实现。就侵权法被取代的危险而言，学者们多认为侵权法有被责任保险、社会保障制度乃至综合救济体系取代的趋势。

“危机”究竟从何而来？其中既有来自于侵权法制度内部缺陷的原因，也有来自保险、社会保障等其他损害救济机制勃兴的威胁。按照一些学者的观点，侵权法遭遇危机的根本原因恰恰在于其自身存在的种种暗伤。[2] 所谓侵权法的危机，更进一步而言，其实主要是过错责任原则的危机。过错责任原则是近代民法上判断侵权责任成立与否的根本标准，无论实现生活当中侵权行为的形态多么纷繁复杂，均以加害人主观上是否有过错作为基础性的判断标准。过错责任原则取代古代法上的结果责任原则被认为是一次重大的进步，其核心价值即在于较好的平衡了个人自由与社会安全这对矛盾。行为人有过错则承担责任，无过错则不承担责任——纵使存在客观上的损害。这样的责任判断法律原则同时也与大众的道德观念实现了天衣无缝的契合，因而成为判断是非、对错的核心准则。侵权责任在救济受害人的同时也具有一定淳化道德风尚的功能。“在近代社会，……侵权法作为法律的一个领域几乎成了过错责任的一统天下，而严格责任仅作为过错责任的例外在这一领域中保存了少许生存的空间。”[3] 王泽鉴教授指出“过失责任主义系19世纪西洋法律思想所建立之基本信

---

[1] 王卫国：《过错责任原则：第三次勃兴》，中国法制出版社2000年版，第229～231页。

[2] 姚辉：“侵权法的危机：带入新时代的旧问题”，载 http://www.civillaw.com.cn/article/default.asp?id=7591，2011年2月15日访问。

[3] 王军：《侵权法上严格责任的原理和实践》，法律出版社2006年版，第42页。

念”，英美国家也不例外。[1] 然而过错责任原则也存在着天然的不足，按照该原则，加害人没有过错则不用承担损害赔偿责任，这意味着受害人可能要自己承受这无辜的损害。当人类历史从近代逐渐步入现代，社会经济生活条件发生巨大变化，单一的过错责任原则日渐显露出不适，并不断被夸大，以致产生危机之说。

侵权法具有众多功能，按照学界的一般见解，大概包括补偿、教育、预防以及部分制裁功能。于上述诸项功能中，填补民事主体所受损害，乃是最基本的功能，特别是以损害赔偿作为主要的救济方式。在现代社会，于复杂的社会背景和庞大的损害救济需求压力之下，建立在过错责任原则基石之上的侵权法，在损害救济方面日益捉襟见肘、力不从心。在一些特殊的领域和情形下，要证明加害的行为人主观上有过错极其困难，或者其的确不存在任何过错，若按照过错责任原则则受害人无法获得赔偿救济。而抛开过错存在与否不论，衡量各种利益与价值，否定对受害人的救济并不妥当，相反给予损失填补则有着充分的正当性。上述情形并非仅是例外的存在，而是随着社会发展呈现渐趋泛化、不可收拾的势态。

侵权法虽号称以损害填补为首要目标，但其对受害人的救济实际是通过对加害人的追究最终实现的，所以侵权责任最根本的着眼点乃在于加害人一端而非受害人一方。过错责任本质上是对加害人不端违法行为的追究，在此基础上对受害人进行赔偿救济。这种法律责任其实带有很浓的道德色彩。不管现实多么复杂，侵权法把一切民事主体所受损害能否获得赔偿仰赖于加害人是否有过错的判断，进而具体为 4 个责任构成要件，即加害行为、损害后果、因果关系和过错。如若不能满足这些抽象的要

---

[1] 王泽鉴：《民法学说与判例研究（第二册）》，中国政法大学出版社 2005 年版，第 126 页。

件，则侵权责任不成立，受害人无法获得赔偿。

在实际的侵权诉讼当中，要证明上述的责任构成要件并非易事，原告常常遭遇举证的困难。不像违约责任违反的是针对特定当事人的约定义务，侵权行为违反的则是法律所规定的、针对一般人的义务。侵权的认定，将不得不借助于一个脱离于当事人以外的，须由别的主体依据特定的规则或标准来进行的过程。当一份有效的契约被违反时，受害人几乎不必负举证责任，因为违约本身说明了可归责性，而契约本身也往往预定了损害赔偿的范围。但在侵权行为法里，可怜的受害人要对从过错到损害直至赔偿范围的每一个层面提出证据。而在一些特殊的领域，如工业事故、产品责任、药物责任等，由于受举证的高度专业性、损害原因的复杂性等因素的影响，原告要完成举证责任则更加困难。在侵权四要件当中，过错和因果关系的举证尤为困难，前者是对加害人主观心理状态的证明，后者则涉及众多复杂因素。由于举证上的困难，使得选择以侵权法作为救济路径时面临极大的不确定性，诉请赔偿的原告最终未必能够胜诉。另外，维权的成本效益也是受到关注的问题。侵权诉讼侵权行为的损害赔偿以侵权行为民事责任的成立为前提，为此，诉讼中所着眼的首先是加害人的责任而不是受害人的损害。这一过程人为地延长了诉讼的时间并且毫无疑问会加大费用，但赔偿本身倒反而有可能更加不确定。以裁判为中心的传统的赔偿制度的非效率性与现代社会所要求的对损害的迅速、确定的救济之间的矛盾日显突出。这也就难怪会出现绕开侵权行为法而寻求别的更为有效的制度的“脱侵权行为法化”现象。[1] 侵权责任既是对个别加害人之追究，必在原告与被告之间造成对抗，纵使原告在耗费了巨大时间与金钱成本之

[1] 姚辉：“侵权法的危机：带入新时代的旧问题”，载 http：//www.civillaw.com.cn/article/default.asp？id =7591，2011 年 2 月 15 日访问。

后获得赔付，但当事人之间的积怨未消乃至于可能更加激化，从纠纷解决的社会软效益角度评估未必理想。此外，由于受个别加害人赔付能力的限制，耗费巨大社会成本获得的胜诉判决可能面临难以执行的问题，如此则已经付出的成本将白白浪费。

侵权法遭遇危机的根源究竟何在，值得探讨。学者们常常将侵权法的危机与无过错责任、责任保险和社会保障制度的发达联系在一起，认为正是这些因素导致了侵权法的危机。从制度之间的相互影响作出解释，这并没有深入到危机的真正根源。“任何社会的制度安排都有其深刻的社会背景，并随着社会政治、经济、文化、伦理、道德等诸因素的变化而变化，侵权法也不例外”。[1] 所以，探讨侵权法的危机绝不能绕开危机的时代背景。侵权法的危机正是在近代社会向现代社会转型的过程中发生，整个社会经济基础的变迁才是侵权法危机的真正根源。传统侵权法体系是经由17～18世纪的发展，在19世纪社会经济生活的经济基础上建立的。近代民法忽视民事主体个体的差异而将其视为一个极为“抽象的人”，在这种抽象的人格背后，不分国籍、年龄、性别、职业、贫富差异，只剩下一个抽象的法律符号，原本复杂的社会生活在千差万别的民事主体的差异在这里完全被简单化了。在这种抽象的人格平等的假设前提下，各种民事主体在自由竞争机制、机会均等和自负其责的原则下进行活动，并不需要国家的干预而实现私法自治。而到了20世纪，人类的经济生活发生了深刻的变化，新的生产方式的不断发展，严重的贫富差距和两极分化，各种弱势群体逐步形成。工业大生产伴随着大量的工业事故和产品事故，人类的生存环境遭到空前的破坏，各种社会运动风起云涌。在这一历史背景下，传统侵权行为的个别性、

[1] 刘玉强：《侵权法的危机研究》，华侨大学硕士学位论文，2007年。

偶然性已逐渐地被普遍性、必然性所替代。[1] 20世纪是一个极度动荡、各种严重社会问题层出不穷的极不稳定的世纪。经济基础的剧烈变迁必然会对整个社会规范系统包括侵权法提出新的需求，而能否迅速有效地应对新的社会需求则成为制度存废的关键。[2]

二、侵权法的解困之路

侵权法既然有危机存在，就必然要努力寻求化解危机的良药，路径无外乎有二，一是侵权法的内部自我完善，如由侵权行为法的内在构造出发，通过改良其构成要件或事实及法律适用的认定要素而缓解不足；二是在侵权行为法之外寻求其他的途径来解决损害的填补问题，这主要就是责任保险以及社会保障制度的运用。实际上，这样两条道路恰恰代表了侵权行为法的革命路线。这个革命的结果则是使侵权行为法发生两极分化：一端，是传统侵权行为法的深化；另一端，则是社会保障制度以及辅之以保险制度的无过失责任等的勃兴。前者属于古典的侵权行为法在现代的技术革新；而后者完全是新的制度设计。[3] 责任保险、社会保障制度的发展在一定意义上进一步加剧了侵权法的危机，因为原本仰赖侵权法获得的救济正越来越多的转由保险和社会保障提供，侵权法的作用范围正在缩减。

（一）侵权法的自我完善

现实发展当中我们看到上述两个方向上的努力都在进行中。在关注侵权法整体的发展趋势时，可以发现，从传统侵权法到现

---

[1] 吴节祥：“论侵权法的危机及其发展方向”，载《浙江工商大学学报》2004年第6期。

[2] 刘玉强：《侵权法的危机研究》，华侨大学硕士学位论文，2007年。

[3] 姚辉：“侵权法的危机：带入新时代的旧问题”，载 http：//www. civillaw. com. cn/article/default. asp？ id =7591，2011年2月15日访问。

代侵权法的整体演进从大体上说是一个侵权法内部构成要素不断突破、融合、重组的过程，法律技术创新在侵权法领域的痕迹十分明显。[1] 首先是归责原则体系的完善。在过错责任原则保持基础地位的同时，无过错责任原则、过错推定原则在一些特殊领域适用，弥补了过错原则在损害救济方面的不足。其次是过错认定的客观化趋势。现代侵权法衡量过失的标准发生了巨大的变化，加害人是否具有过错已经不再注重加害人主观上是否具有过失，而是注重对行为人的客观外部行为进行考察，并非对行为人主观心理状态进行检验，过失并不是一个事实问题，而是一个法律问题。研究过错，就是研究实务中法官是怎样或应当怎样去认定过错，而不是探究行为人行为时的心理或意志状态。[2] 再次是因果关系证明理论的创新。因果关系的证明是侵权判定中最复杂和困难的问题，常常成为受害人索赔成功的巨大障碍。就我国侵权诉讼的司法实践而言，对于因果关系的证明大概经历了一个由必然因果关系向相当因果关系转变的过程。在一些特殊的领域，民法相关规定实行因果关系举证责任倒置。而国外关于因果关系证明的一些新鲜理论对于我国的侵权法理论创新也产生了重要影响，如涉及多数不确定被告时因果关系判定的市场份额理论。通过诸如上述的法律技术创新，侵权法试图减小受害人寻求救济时的阻力，以使其损害救济的功能能够获得更大程度的发挥。近代以来，以过错责任为核心的侵权法体系延续了一贯的自我调适、内部完善的发展路径，小心翼翼地维护着体系的完整。

侵权法的内部完善可以化解部分危机，然而却无法使问题获得全部解决。随着近代社会向现代社会的过渡，各类新生的损害

---

[1] 吴节祥："论侵权法的危机及其发展方向"，载《浙江工商大学学报》2004年第6期。

[2] 喻敏："对侵权行为法中过错问题的再思考"，载 http://www.civillaw.com.cn/article/default.asp? id =34676，2011年2月15日访问。

愈益呈现出新的特点：后果严重；发生频繁；损害的发生多是难以防范；造成损害的事故多为合法必要。侵权法的内部完善最主要的就是无过失责任弥补单一过错责任的不足。然而无过失责任的广泛推行又带来新的问题，特别是使企业责任加重，诉讼与赔偿上的负担对产业发展构成了较大阻力，产生不当的抑制作用，进而可能对社会整体利益产生不利影响，在某些特殊行业和领域——如医药产业尤为明显。另外，无过失责任毕竟只能在法律明确规定的个别情形下适用。如此侵权法的内部完善虽经痛苦挣扎，仍不免陷入进退维谷的尴尬境地，内部完善的空间非常狭隘。从一定意义上说，侵权法的危机在于人们对侵权法寄望过高，使侵权法承受了本不应由其承受的“过于繁重之任务”。[1]

（二）侵权法的外部解困

在现代社会庞大而复杂的损害救济需求下，侵权法无法独当大任，必须另外以其他救济机制相配合，保险——特别是责任保险和社会保障发挥了重要的作用。近年来，责任保险和社会保障的蓬勃发展有目共睹，对于侵权法产生了一定的影响乃是不争的事实。就制度功能而言，在填补损害这一点上，保险和社会保障与侵权法发生了一定的重合，并有着独特的优势——尤其是在获得救济的效率方面。关于责任保险和社会保障对于侵权法造成的影响究竟应当如何评价，值得探讨。学界比较普遍的说法是责任保险和社会保障对侵权法构成了威胁，是造成侵权法危机的主要原因。不过也有意见提出，责任保险和社会保障的发展非但不是侵权法危机的根本原因，相反是对侵权法的救赎。[2] 在笔者看来，关于保险和社会保障对侵权法的影响，确实应当从两个方面进行辩证思考。一方面，就损害救济而言，保险、社会保障与侵

---

[1] 刘玉强：《侵权法的危机研究》，华侨大学硕士学位论文，2007 年。

[2] 同上。

权是此消彼长的关系，前两者的迅速发展客观上使侵权法的调整领地有所缩减，一些原本通过侵权诉讼获得的救济现如今可通过保险和社会保障实现。再者，自罗马法以来建立的“谁侵权谁承担责任”的原则在责任保险和社会保障制度中被颠覆，某个民事主体造成的损害，被分散由全体社会成员负担，由此角度认为责任保险和社会保障对侵权法构成威胁有其合理性。另一方面也应当看到，保险和社会保障制度在带来危机的同时也对侵权法进行着某种意义的救赎。责任保险与侵权法上的无过失责任有着密切的联系，责任保险的发展促进了无过错责任的扩张，从原来主要在工业事故中适用，扩大到交通事故、医疗事故、航天器核工业引起的损害、产品责任，甚至扩大到有瑕疵的食品等领域，并使无过错责任避免了一系列的指责和非难——企业纵使被法院判决承担侵权责任亦可通过责任保险分散出去。而这又反过来促进了责任保险的发展，二者可谓是互相推展。这种不同制度间调整范围与作用的此消彼长，侵权法的损害补偿功能部分的剥离出去，转由保险和社会保障解决，在一定意义上是对侵权法的减负。一些损害救济本就不适合以侵权法解决，只是在新的机制产生之前，出于损害救济的迫切需要，侵权法暂时性的负担起这一任务。正如一些学者指出的，侵权法实际上承担了部分社会保障的职能，这是其不可承受之重。现在随着保险和社会保障制度的逐步完善，侵权法把这部分救济压力转回到保险和社会保障，对侵权法而言可谓一种解脱，之后便可轻装上路了。

实际上，无论侵权法，还是责任保险和社会保障制度，皆是应社会发展之需而诞生的，并随着社会的变迁而演进。在发展的过程当中，不同制度间的关系不断发生变化，调整范围此消彼长，某些制度对其他制度构成一些威胁，但均是以更好的调整社会生活为共同的终极目标。责任保险与社会保障对于侵权法的冲击真实的存在，但侵权法不会被彻底取代。责任保险对于无过失责任无可避免的存在寄生性，无法脱离侵权制度获得独立发展，社会保障制度因受社会物质基础的制约只能在有限的范围内适用，并且仅在无过失事故损害救济等有限领域与侵权法发生重叠。准确地讲，侵权法与责任保险和社会保障并非谁取代谁的关系，而是分工与协作的关系。讨论侵权法的危机这一时代命题，应抛弃狭隘的部门法视域，重要的不在于侵权法本身的得失，而应以社会整体利益的最佳维护为终极追求。

第二节　损害救济机制的多元化

一、多元化救济机制的形成与内涵

当关于侵权法危机的声音渐渐淡去，更有现实意义的工作是思考在现代社会复杂的条件之下，对于数量巨大且具多样性的损害救济需求究竟应以怎样的系统化机制予以满足。当侵权法一统天下的局面已经不再，损害救济机制的多元化乃成为发展的大势所趋，对此学界达成了普遍的共识。[1]

本来对于民事损害的救济路径从来都不是唯一的，并非客观上预定了只能由侵权法实现，只是由于侵权法在太长的历史时段中被作为损害救济的基础性机制，使人们对于其形成惯性的偏好和过度的留恋，以至于在一定的历史阶段其他损害救济机制的作用一度被忽视乃至可以忽略不计。由于社会的发展变化，侵权法在损害救济方面日渐捉襟见肘，无法独自应付，其他损害救济机制的潜能才被激发出来并不断扩大。从损害救济机制的原理而言，大概可作二分法，即损害转嫁机制和损害分散机制。侵权法

[1] 王利明："建立和完善多元化的受害人救济机制"，载《中国法学》2009年第4期。

救济实质是一种损害转嫁机制，即将受害人的损害转嫁由加害人承担，而转嫁责任必须具备一定的理由，即归责原则所集中体现的基本价值判断。保险和社会保障则是一种风险分散机制，即将个别受害人的损害分散由全社会承担。当传统侵权法的损害转嫁机制日益暴露出一些弊端，社会化的救济机制则显示出自己的优势，获得蓬勃发展。

在多元化救济机制的框架之下，各种具体的救济方式各具优劣。传统侵权法救济机制的主要弊端归根结底可归纳为两点：一是获得救济的不确定性，由于责任构成要件的严格、举证的困难等原因，受害人成功获得救济的难度较大，即使是正当的诉求也可能遭遇败诉的结果；二是非效率性，旷日持久的诉讼耗费大量人力、财力和时间成本，此外尚有许多无形的社会成本。这两点弊端恰恰是风险分散性救济机制的长处，在保险和社会保障制度中，免于繁重的举证责任，受害人获得救济的几率要高得多，与诉讼相比也更加快速高效。此外还有一个值得关注的问题就是救济的公平性，侵权赔偿作为一种个案救济制度，难免在不同案件中形成受害人获赔不平等的问题，最典型的例证就是“同命不同价”。而保险、社会保障作为一种普遍性的救济机制，对于救济的标准整齐划一，较好的践行了公平价值。当然，侵权救济也有其长处，比如侵权诉讼一旦成功受害人获得的赔偿水平较高，而社会保障所提供的仅是较低水平的旨在维护基本生存权的救济。另外，社会保障需要强大的财政支持，这必将制约其发展。

多元化救济机制的核心精神是各种具体的救济机制分工协作，各展所长，形成一个有机结合的整体。侵权法、保险和社会保障均各有长短，理想的多元化救济机制运行的效果应当是，对于某类特别损害根据其特点分配给最适合的救济机制进行调整。尽管社会化分担的救济机制具有快速高效的优点，但并非对所有的损害皆可适用，例如对于普通的过错侵权行为以侵权法调整更加妥当。所以，对于多元化救济机制的理解应当具体化，不可泛泛而谈，事实上，多元化救济机制主要存在于事故损害赔偿领域，特别是人身损害事故的赔偿。在这些损害事故中，行为人常常没有过错，所从事的活动是对社会进步有益的合法活动，损害的发生多是由活动本身的风险性等不可预见、不可控制的因素造成的，纯属不幸的意外损害。对这类损害，若不对无辜受害人进行损失填补则有悖公平原则，若令行为人承担严格责任又可能抑制正常的生产研究活动，而以社会化分担的方式对受害人进行救济则可较好的兼顾两方面的利益。王泽鉴先生指出，损害——特别是人身损害赔偿或补偿体系由三阶层共同构成，侵权行为法位于最顶端，居中的是无过失补偿（非侵权行为补偿），最底层的是社会安全保障制度。本来，这三者的关系用图形来表示为倒金字塔形、渐渐的则转为平方形（平衡形），并渐次移向正金字塔形。这形象的阐释了多种损害救济机制的此消彼长的发展态势，侵权法的（人身）损害填补功能逐渐削弱，无过失补偿（以责任保险为支撑）和社会保障制度的作用越来越重要。

二、多元化救济机制的模式

损害救济机制的多元化趋势已然明了，而于实践中多元化救济机制究竟如何构建，怎样在一国的现实环境下以一定的模式落实，则有待进一步的探讨。尽管侵权法面临危机，多元化成为大势所趋，但对侵权法的恋恋不舍仍在，多元化趋势虽已启动，但尚处萌芽当中，并未成熟定型。在比较法上，各国多元化救济机制发展成熟的程度并不一致，基于本国背景所选择的多元化救济模式也各异其趣。多元化救济机制在国际上并没有统一的模板可资借鉴，但有两个基本问题是各国在构建多元化救济机制时必须明确的：一是多元救济机制的规模即适用范围；二是多元框架下各具体救济机制相互之间的适用关系。

需要明确的是，多元化损害救济机制究竟应当在多大的范围内构建和适用，在全社会范围内针对所有类型的损害建立统一的损害救济机制，还是在若干个具体领域分别建立多元救济机制，抑或构建处二者之间的中观层次多元机制。从理论上讲，大一统的损害救济机制是最理想的结果，但是落实起来难度极大，不具有可行性，迄今为止尚未见任何国家已建成这样一套成熟的机制。日本的加藤雅信教授曾提出构建统一的“综合救济体制”的构想，并在此基础上阐述了具体的制度设计。在加藤雅信教授看来，现行的侵权法、责任保险以及社会保障等多种制度对侵权行为受害者的综合救济模式存在很大的弊端，比如多个制度之间不易协调、易生救济漏洞、产生社会性负面效应以及一次性赔偿方式不尽合理等问题，所以建议采用一元化的“综合救济体制”。该体制设立“综合救济体制救济基金”，这种基金对所有的受害者实施给付，其受害者的范围因大基金和小基金的不同而有所差异。该构想试图将现行的各种制度筹措的资金全部融汇为“基金”，依据统一的标准实施该种给付，从而实现一体化的救济模式。依据加藤雅信教授的设想，这样的制度设计不仅避免了不同制度之间协调上的困难，消除了救济上的漏洞，还避免了社会负面效应，实现了定期金赔偿的合理方式。[1] 该构想一经提出便备受关注，影响很大，同时也遭到了一些质疑。非难主要来自以下几个方面：一是一元化的标准对资金的巨大需求量；二是这一制度的巨额运行成本；三是淡化了加害者的责任，使得侵权法的抑制事故发生的功能丧失殆尽。有学者指出，加藤雅信教授的这一构想过于理想化了，既不符合社会现实，也不符合社会化的趋势。就社会现实而言，综合救济体制的大基金设想的给付对象不仅包括事故，连一般疾病也予以补偿，这其实就是高度完善的社会保障。大基金的构想

[1] 于敏：《日本侵权行为法》，法律出版社 1998 年版，第 59～71 页。

能实现损害的同等补救，更加符合综合救济体制的本意。但是，这一构想巨额的资金需求成为其无法逾越的障碍。就社会化的趋势而言，这一构想企图用一元化的简单方式来取代现行的多种制度共同调整的机制，违背了社会分工发展的趋势。❶

新西兰以《意外事故补偿法》开辟了以社会保障制度进行损害救济的先河，这一模式较加藤雅信提出的统一赔偿模式相比可谓是中观层次的。新西兰于1973年施行《意外事故补偿法》(*Accident Compensation Act*)，其后改称为*Injury Prevention*，*Rehabilitation and Compensation Act*，规定因车祸、医疗、劳灾等意外事故受生命、身体的损害者，无论是否出于他人的过失，皆得请求补偿，并禁止就死亡或身体伤害依侵权行为规定请求损害赔偿。这一立法模式深具开创性及前瞻性，举世瞩目，带动了许多关于侵权法和其他补偿制度的思考和改革建议。❷ 新西兰的意外事故社会保障补偿，并未针对所有的民事损害，而是限于意外事故损害，且仅针对死亡和身体健康损害设立。不过，其仍属综合性的补偿模式，没有限定于某一特定领域内的意外事故补偿，不严格区分引起损害的原因。新西兰的模式在一定范围内实现了社会保障完全取代侵权责任法，对于人身损害救济发挥了良好的作用。不过近年来，在社会福利政策危机的国际背景下，新西兰的意外事故补偿制度也遭遇困难，特别是庞大的资金缺口，从纳税人征收的费用不足以支付申报人申请的赔偿数额。为此，新西兰不得不对此项制度进行改革，《意外事故补偿法》历经多次修正，而修改的主旨之一就是削减开支，具体的手段包括减少赔偿项目和降低赔付标准，一些原本在ACC赔偿范围内的项目如今被排除，受害人可以获得的赔偿数额也不同程度的降低。

---

❶ 刘玉强：《侵权法的危机研究》，华侨大学硕士学位论文，2007年。

❷ 王泽鉴：《侵权行为》，北京大学出版社2009年版，第35~36页。

新西兰的综合性意外事故补偿体系在国际上属于罕见超前的立法例，在大多数国家，多元化的损害救济机制是建立在某些具体的行业和领域，可谓微观层次的多元化救济。典型的例证如在交通事故责任领域普遍推行的责任保险制度，针对职业灾害设立的工伤保险制度，以及对于药品损害建立的基金补偿制度等。我国侵权责任法对道路交通事故建立了侵权赔偿、保险给付与基金救济相结合的三元救济体系。根据相关条文规定，在发生道路交通事故之后，原则上首先由机动车强制保险的保险公司在责任限额范围内承担保险赔付责任，但仍不足以弥补损害的，超出的部分由侵权人进行赔偿。机动车驾驶人发生交通事故后逃逸，该机动车参加强制保险的，由保险公司在机动车强制保险责任限额范围内予以赔偿；机动车不明或者该机动车未参加强制保险，需要支付被侵权人人身伤亡的抢救、丧葬等费用的，由道路交通事故社会救助基金垫付。道路交通事故社会救助基金垫付后，其管理机构有权向交通事故责任人追偿。[1] 这是多元救济机制在立法上结合的完美体现。针对特定领域的多元救济机制建立和实施起来的难度相对更小，更加具有可行性，代表着未来发展的趋势。

社会总体的损害救济体系框架如何设计显然对于药品不良反应的救济机制构建具有重要影响。如果按照加滕雅信教授主张的一元损害救济机制，以及新西兰的综合性人身意外损害救济机制，则药品不良反应损害的救济将被纳入其中，不需另设专门的救济机制。相反，如果没有这样的综合性救济机制框架，则应针对药品损害特立救济机制。

在多元救济体系之下，不同赔偿或是补偿制度对同一损害适用的关系如何值得探讨。王泽鉴先生认为大体有三种处理模式：一是受害人均得请求而实现；二是受害人只能选择一种实现；三

[1] 《侵权责任法》第六章“机动车交通事故责任”。

是受害人可以在受损害的限额内分别主张实现。各国于实践中所采取的模式并不统一。按照新西兰的上述赔偿体系，对于意外事故导致的死亡或身体损害，只能通过申请基金救济的方式，不得提起侵权诉讼。在美国，对于预防接种导致的损害既可以侵权诉讼寻求救济，也可以依国家疫苗伤害赔偿法案申请基金救济。无论怎样，应把握一个基本原则，即避免使受害者获得重复的赔偿，以避免资源的浪费。

第三节　药品不良反应救济的多元化趋势

在损害救济多元化的大背景下，药品不良反应的损害救济也呈现出多元化发展的态势，在侵权法之外，各种社会化的药害救济方式兴起并不断获得发展。相较于普通的民事损害，药品不良反应损害救济的多元化有更大的迫切性和合理性。而在整个药品不良反应损害的多元救济机制中，社会化救济方式较侵权法发挥更大的作用。

一、药品不良反应侵权法救济的窘境

上述所谓侵权法的危机在药品损害的救济领域尤显突出，药品不良反应本身的特点决定了以传统的侵权法规则救济该类损害时面临重重困难，适用空间极其狭小。在典型的药品不良反应事件中，药品生产者及其他相关主体不存在过错——除非有违背药品流通后安全观察义务的情形，过错侵权责任无法适用。由于药品涉及特殊的利益风险衡量，对于药品责任也不能简单的套用普通产品责任的无过错责任原则。种种障碍导致了药品不良反应的受害人以侵权诉讼的路径主张获得赔偿，结果存在极大的不确定性，事实上，在司法实践中获得胜诉判决的案例数量远低于被法院驳回的案例，这与患者药害救济需求的急迫性和普遍性存在冲

突。另外，侵权诉讼路径的效率性和结果的公平性也遭受质疑。旷日持久的诉讼与患者救济的及时性需求相悖。在案件情况大体相同的条件下，有些患者获得了赔偿——但数额不等甚至相差甚大，而另外一些则无法获得赔偿，这在救济的公平性上存在欠缺。

抛开制度设计的法技术层面问题不论，单纯从制度实施的社会效果方面考察，侵权法对药品不良反应案件适用所产生的总体效果、预设政策目标的实现程度并不理想。对受害患者的救济是最重要的价值目标之一，不过除此之外尚有其他方面的价值需要兼顾，如医药产业健康发展的利益以及与此相关的消费者整体利益。个别损害的救济与社会整体利益存在一定程度的矛盾，对前者的过分偏重可能对后者带来不利影响，遭受药品不良反应的患者在患者群体中属于少数，对该少数受害人判决给予赔偿——乃至惩罚性赔偿，可能对医药产业发展起到不当的负面抑制作用，使社会上所有患者遭受医药治疗机会获得方面的损失，如此将是过于苛刻的法律责任之过。侵权法在平衡上述两方面利益上陷入进退维谷的窘境。从损害救济功能的发挥来看，侵权法对药品不良反应损害的救济并不理想，主要是受严格的责任构成要件的限制——特别是过错要件的制约。为了实现加强药害救济的目标，侵权法的唯一出路就是不得不放宽对责任构成的限制，一个最主要的方法是引入无过错的侵权责任追究机制，这导致药品法律责任朝向日趋严格的方向推进。这种严格责任的实行产生一系列连锁反应，药害救济的效果获得一定改观——但无法彻底解决，而药品生产商及相关医药产业者则将为此承受更大的发展压力，法律责任的抑制效应真实的产生。这种抑制效应如果不断夸大，将对医药产业发展造成严重阻碍，使消费者面临缺医少药的局面，由此则是侵权法保护了少数受害者的利益，客观上则牺牲了更多数人的利益。侵权法在药品不良反应的调整适用上陷入进退两难、捉襟见肘的局面，最终实现的社会效果可能是“双输”，一方面，损害救济的效果仍不理想，药品不良反应受害者不满意；另一方面，产业利益及社会整体利益受到损害，医药业者不满意，普通消费者不满意。尽管侵权法努力通过内部自我完善试图平衡各种利益，但陷入彷徨、苦苦挣扎，收效甚微。这是由侵权法自身的局限性造成的，侵权法有特定的调整范围和社会功能，其为了解决各种新社会问题可以作出各种大胆突破，但终有底线，突破该底线就不再是侵权责任法了。

关于侵权法在药品责任领域的角色冲突，美国法的经验教训可为借镜。美国对于药品不良反应损害的救济并没有像日本、瑞典等国一样建立针对一般药品的社会化救济机制，只是对于儿童接种疫苗损害建立了基金救济机制，对于普通药品则以侵权法上的产品责任规则加以调整，这与美国法发达的产品责任背景有关。美国产品责任法的核心精神之一就是严格责任，以期达到保护消费者的目标。尽管患者也属于消费者，是应受关注和保护的弱者，但是严格责任在药品责任领域的推行较其他产品受到更加严格的限制。美国法特别关注药品的特殊性，在侵权责任的判定中围绕缺陷的认定对药品实行特殊的风险效益衡量。产品严格责任原则确立几十年来，美国的法律及法院的态度始终徘徊犹豫于患者利益保护与维护医药产业健康发展利益孰轻孰重之间。鉴于药品的特殊性，美国产品责任法对药品专设特别的规则，该责任规则较普通产品的责任相比更加宽松。《侵权法重述（第二版）》创设了“不可避免的不安全产品规则”，对于药品这样无论如何不可能完全安全的产品，生产者只要作了适当的警示，就可免于承担侵权赔偿责任。《侵权法重述（第三版）：产品责任》对药品缺陷的判定采纳比一般产品缺陷更加严格的判断标准。药品不良反应主要由研发缺陷——一种特殊的设计缺陷导致，而对于设计缺陷，美国法院在审判中实际采纳的是过错责任而非严格责任，警示缺陷也是如此，只有制造缺陷适用真正的严格责任。美国法对药品责任持比较宽松的立场，主要是考虑到药品产业对于公众利益的影响，担心过于严格的责任抑制新药研发的热情。在这样的政策导向之下，一方面，药品不良反应的受害者要想通过产品责任诉讼获得赔偿，存在不小的难度，就损害救济的目标实现而言不甚理想。另一方面，尽管存在上述限制药品责任的导向，对药品生产者而言，仍旧面临着就不可预见的药品损害承担赔偿责任的风险，乃至惩罚性赔偿。药品即使符合了 FDA 的监管要求，仍不能排除被法院判决承担侵权责任的可能。由于药品风险的不可避免性，生产药品比生产普通产品面临的法律责任风险更加不可预见。这样，在美国法的框架下，对受害者的救济与企业责任皆存在较大不确定性，由此可能导致救济不足与产业发展受制的“双输”效应。

就药品责任的不确定性给药品产业带来的阻碍性影响，相关的证据不难收集。例如，对于避孕药物的研究开发者，从 1973 年巅峰期的 13 家公司，在之后的 20 年间剧减到仅剩 1 家，美国国家研究委员会的研究认为产品责任是其中的主要原因。类似的，尽管疫苗对于公众健康的积极意义毋庸置疑，疫苗的生产者数量不断减少则是残酷的事实，某些疫苗仅余唯一的供应者。难以承受的产品责任压力是造成这一局面的决定性因素，对此几乎是没有疑问的。在一起疫苗责任案件中，生产商被判决承担的惩罚性赔偿的数额高达该疫苗年利润的 200 倍。药品责任带来的另一个恶果是药品的价格飞涨，最典型的例证是 DPT 疫苗的价格从 1982 年的 11 美分，上涨到 1986 年的 11.4 美元，其中 8 美元用于药品责任的保险。[1] 由于侵权法路径在药害救济方面捉襟见

---

[1] Gregory C. Jackson, Pharmaceutical Product Liability May be Hazardous to Your Health: A No-Fault Alternative to Concurrent Regulation, *American University Law Review* 1992, 42.

肘，美国一些研究者提出，应以非讼社会化救济机制取代药品责任模式，将疫苗损害救济模式扩张至全部药品不良反应的损害救济。

二、药害救济的社会化趋势

侵权法对药品不良反应的损害救济陷入两难境地，若要实现救济目标，必以对生产者课加更加严厉的责任为出路，而这又将对医药产业发展乃至公共利益带来负面影响。这一问题在侵权法内部完善模式下无法解决，若采风险分散性社会救济模式则上述困境可迎刃而解。侵权法在药害救济方面的短板恰是社会化救济模式所长。二者相比较社会化救济模式的主要优势体现在：

第一，救济的确定性。侵权责任构成有严格的构成要件限制，在药品不良反应案件中因果关系要件的证明尤其困难，这一点已经在前文阐明。而考量各国的药害补救制度，以保险、基金等方式提供救济，申请救济给付的条件比较宽松，虽然也要求证明一定的因果关系，但证明标准的程度大大放宽。在社会化救济模式下，患者申请药害补救给付的成功几率远高于侵权诉讼。

第二，救济的效率性。侵权诉讼在当事人之间造成对立关系，诉讼中耗费的时间、人力、物力成本庞大，即便最终获得赔偿，与消耗的成本相比相形见绌，故无论是受害患者还是药品生产经营者皆多有顾忌。社会化救济模式舍弃对加害人的追究，直接对受害者提供救济，所花费的社会成本要少得多。以瑞典的药品集团保险模式为例，患者申请保险给付的时间周期明显短于法律诉讼，一般仅需要 4 个月左右时间。[1]

---

[1] 唐慧鑫、孙骏："浅析瑞典药品损害赔偿机制及其药品保险制度"，载《药物警戒》2006 年第 6 期。

第三，救济的公平性。诉讼制度系以加害人之可归责性为要件，同一性质药物受害案件，不同受害人于不同法院诉讼，其结果可能迥异。胜诉者固可获得高额赔偿（甚含惩罚性赔偿），败诉者则一无所有，有称此情形为诉讼彩券者。此对受害人确须填补损害者，实属不公。❶ 在非讼补救模式中，对于相同程度的药品不良反应损害，救济给付的标准原则上是统一的，不会产生差别待遇问题。另就宏观的角度观之，在药品不良反应事件中，受害患者成为药品研发的个别牺牲者，其他患者则从中间接受益，对于该个别受害者的损失分散给所有药品消费者承担，较符合社会公平的精神。

除了损害救济的上述优点之外，就对产业发展的影响而言，非讼补偿模式也具有优势。在非讼补偿模式下，由整个医药产业的企业筹集资金，在发生药品不良反应损害时，从该资金池中支出救济给付，这减轻了个别企业的负担，降低了风险，因此可以较好的维护新药研发的热情，促进医药产业健康发展。在药品不良反应损害救济领域，良好的非讼补偿模式可以实现损害救济与产业利益维护的“双赢”。药品及药品不良反应本身的特点决定了对于人类不可知的药品损害风险，天然的适合以非讼补救模式解决。

以非讼补偿模式对药品不良反应进行救济是国际上药害救济发展的重要趋势，许多国家都建立了侵权法外的社会化救济机制。美国 1986 年制定了《国家儿童疫苗伤害赔偿法案》，对疫苗接种异常反应实行无过错基金救济制度，基金主要来源于国家对药品制造企业征收的税金。日本以《日本预防接种法》和《日本医药品副作用被害救济・研究振兴调查机构法》为主要法

❶ 朱怀祖：《药物责任与消费者保护》，五南图书出版公司 1997 年版，第 378 页。

律框架，构建了以基金补偿为特征的药品不良反应救济模式。瑞典1975年起实施病人伤害保险制度，1978年建立药物保险制度，以集团保险模式解决药品不良反应损害救济问题。新西兰于1972年制定《新西兰意外伤害补偿法》，对于不测之意外损害——包括药品不良反应损害，放弃司法诉讼，采统一标准为救济给付，乃属社会保障模式。德国虽然倾向于以侵权赔偿模式处理药品不良反应问题，但同时辅以风险分散性损失分担机制相配合。根据《德国药事法》之规定，药品危险责任的赔偿资金主要来源于生产者提供的基金，该基金由两种方式构成，一是由药品生产企业向保险公司投保；二是根据生产企业与金融机构的约定由金融机构提供担保，一旦发生药品不良反应，由保险公司或者金融机构承担赔付责任。

多元化救济机制为民事损害救济提供多样化的选择，各种具体的救济方式协同配合，以实现最佳的救济效果。传统的侵权赔偿模式与社会化补救模式各具优劣，多元化救济机制的精髓在于，对于某类特定的损害，从多元机制中选择最适合的具体救济路径。对于药品不良反应的损害救济而言，因其本身特点决定了更加适合以非讼社会化补救模式进行救济。言及侵权法的危机，并非在所有领域普遍的发生，只是在意外事故补偿领域——特别是意外事故所致人身损害补偿领域，保险、基金、社会保障等社会化救济方式取代侵权法发挥更大的作用。药品不良反应属不可预知的风险导致的意外损害，恰恰落入该调整领域。当然侵权法仍有其价值。依据非讼补偿模式申领药品不良反应的救济给付，虽简便快捷，成功率高，但整体救济水平偏低。患者依侵权法提起药害索赔诉讼，诉讼过程虽然艰难，而一旦胜诉可能获得高额赔偿。另外，侵权法通过追究加害药品企业的责任，可以督促其对药品安全尽更高注意，发挥危险减阻与损害预防功能，这是社会化救济模式有所欠缺的。在一定的场合，特别是药品企业违反后市场安全观察义务的情形，侵权法仍有相当的适用空间。因此，即使未来以非讼社会化补偿模式作为对药品不良反应损害救济的制度框架基础，仍不应否定受害者选择侵权诉讼路径的权利。此外，还要注意社会化救济模式与侵权法的衔接，如完善社会化救济给付后向相关加害主体的追偿机制等。

第七章

WOGUO YAOPIN BULIANGFANYING SUNHAIJIUJI JIZHI DE GOUJIAN

我国药品不良反应损害救济机制的构建

药品不良反应的损害救济是当前我国一个亟待解决的问题。随着药品研发与产销规模的不断扩大，药品不良反应的发生频率也在提高并呈现增长势头。药品不良反应常表现为大规模事故损害，涉及的受害者人数众多，救济具有迫切性；药品不良反应直接威胁到人的生命、健康利益，而人身安全利益是人生存最基本的权利，应优先救济。药品不良反应常使受害者及其家庭生存境况陷入窘迫，巨额的治疗费、康复费、丧葬费、死者生前抚养之人的生活费等开支使受害者不堪承受，所受精神痛苦亦无须赘言。因此，对受害者进行救济是保护弱者、维护公平正义、保障人权的需要，也是构建和谐社会的必然要求。目前我国以侵权法为基础的损害救济制度面对药品不良反应的损害救济时存在诸多方面的不适应性，现实的救济效果并不理想。在损害救济机制多元化的背景下，必须以更高、更广阔的视野，思考体系化的药品不良反应损害救济机制框架之构建。这将是一项庞大的系统工程，为此在制度设计中必须作出缜密的思考，选择正确的调整模式，进而对救济制度中的每一个具体环节反复论证，精心设计。

第一节　指导理念与考量因素

一、指导理念

整个药品不良反应损害救济机制必然是一个庞大的制度体系，这样的制度体系成功与否，很大程度取决于该体系赖以建立的指导思想是否科学、合理。药品不良反应损害救济机制虽以“救济”为明确目标，但该机制的设计亦必须全面考虑其他利益与价值的实现。笔者认为，我国药品不良反应损害救济机制的构建，应当以受害者利益、医药产业利益与社会整体利益的平衡为指导原则。对遭受药品不良反应损害的患者提供迅速有效的救济固然是该机制追求的首要目标，但与此同时必须顾及对医药产品发展乃至公共利益的影响，避免过于苛严的法律责任对药品企业造成过重的负担抑制医药产业的健康发展使公众丧失改进治疗措施的机会——这是考察研究国外药品不良反应救济制度得出的基本结论。《日本医药品副作用被害救济・研究振兴调查机构法》第 1 条立法目的明确指出，该法的宗旨在于对药品副作用损害提供迅速的救济，并促进新药的研究试验，振兴医药技术及其产业发展，最终目标则为全日本国民健康水平之提升。在我国构建药品不良反应的损害救济机制，亦应站在这样的高度。

二、考量因素

（一）损害救济的正当性

药品不良反应多因不可预知的发展风险所致，生产经营活动本身是合法有益的，药品经过严格审批上市销售，生产者及其他相关主体不存在过错。尽管如此，此类意外损害的不利后果不应由患者独自承受。药品生产、经营者纵然没有错，因服药而受害的患者则更加无辜。生产者通过制造药品并将其投放市场而带来了风险，生产者比消费者有更好的能力去控制风险，生产者因为销售有风险的产品而收获利益，在发生损失后生产者比消费者有更强的经济实力负担损失，上述这些理由使得生产者看起来更应当负担不可知风险所致损失。当然，负担的方式可以是灵活多样的，既可以是个别加害企业的直接转嫁式负担，也可以是全行业企业的共同分散负担。

（二）救济的确定性

由于药害救济的特殊重要性和迫切性，药品不良反应损害救济机制所提供的救济应当具有较高的确定性，使大多数受害者申请救济的主张能够成功获得支持。在众多救济形式中，侵权法救济的确定性最差，受害人诉请赔偿面临胜诉与败诉两种可能性，并且由于药品不良反应的特殊性，以侵权诉讼的路径寻求救济难度更大。保险、社会保障救济的确定性则较高，通常受害人只需按照一定的程序，满足相对较低的条件就可成功申领到救济给付。因此，应充分发挥非讼社会化分担方式的救济功能。而在侵权责任法的部分，应通过放宽药品不良反应因果关系的证明标准等方式，使救济的确定性有所提高。

（三）成本效益

任何制度的设计都不可能不计成本，药品不良反应损害救济制度的设计同样不能回避成本效益的问题。一个良好的救济制度应当以尽可能少的、可接受的成本达到损害救济的目标。就成本效益的考虑而言，药品侵权诉讼较保险、基金具有明显的劣势。诉讼的高成本一直是侵权救济模式饱受诟病乃至遭遇“危机”的重要因素，而保险、基金等非讼救济模式则具有快速、高效、低成本的优点。因此，在药品不良反应救济机制中，后者应占据更重要的地位。进而，在非讼社会化救济模式下，各种具体救济方式亦有效率高下之分，如保险和基金何者成本更低、效果更优，需进一步考察论证而为决定。

（四）救济的公平性

药品不良反应属大规模事故损害，涉及受害人常人数众多，在对受害人给予救济时，救济的公平性是必须考虑的因素。理论上一个公平的救济制度实施的效果应当是：在大体相同的条件下受害人所获得救济程度是大体相同的。在救济的公平性方面，社会化分担模式亦较侵权法为优。而在社会化分担救济模式下，就药品不良反应的受害者与未受损害的社会成员的关系而言，亦有负担公平性的问题。

（五）救济的效果

此处所谓的“救济效果”主要包含两方面的含义：一是救济最终兑现的可能性；二是救济的程度。就第一个方面而言，受害人的救济主张（诉讼或申领救济给付）一旦获得支持，接下来就是执行的问题，最终能否兑现，一是看给付方的诚信度；二是其支付能力。在侵权索赔诉讼当中，即使受害人获得了法院的支持判决，仍旧面临被告拒绝执行的问题，就算申请法院强制执行，仍有被告丧失客观履行能力的风险。在非讼救济路径下，救济给付支付的保障主要是资金来源的充足性，这方面一般不存在风险。就第二个方面而言，一旦获得成功，侵权法救济的程度往往高于社会化救济。社会化救济旨在对受害者提供一种基础性的、平均水平的救济，总体上的救济水平较低。侵权责任实行全部赔偿原则，侵权赔偿的数额可能较高，甚至在个别场合有惩罚性赔偿的适用。另外，人身侵权一旦成立常可请求精神损害赔偿，在社会化救济当中，精神损害是不在给付范围之列的。并且侵权法上除了损害赔偿之外，还有其他的一些救济方式，如停止侵害、消除影响、恢复名誉、赔礼道歉等，旨在实现最佳救济效果，这是侵权责任特有的。从对受害人有利的立场出发，未来即使广泛建立了药品不良反应的非讼社会化救济机制，仍不应排除患者提起诉讼的权利，应赋予其选择权。

（六）危险预防

药品不良反应的救济机制在实现救济目标的同时，还应发挥一定危险预防的功能，敦促企业对药品安全尽更高注意。一般认为，预防功能是侵权法的重要功能，通过对个别加害人责任的追究，能够使该主体更加关注对产品风险的控制，并间接的使其他生产者受到教育，从而达到危险预防的目的。社会化救济舍弃对个别加害人的追究，将个别的损害分散由大众主体负担，教育与预防的功能几近丧失，由此可能对生产者防范事故的动机产生负面影响。对于若设立非讼救济制度是否会造成药品领域危险或事故增加，有观点认为，药品是受严密行政管制的特殊产品，刑法上亦规定了严厉的刑罚，补偿制度的建立不致使药物危险增加。

相反，如令生产者对药物不可知风险负个别责任，反而可能发生过度减阻的问题。[1] 侵权法的危险预防功能强于社会化救济乃是事实。为使药品不良反应救济机制保留有适度的危险预防功能，一方面应为侵权法保留一定适用空间；另一方面在设计社会化救济方式时，应通过保险费率、税率、追偿等手段，刺激企业保持有风险防范的动机。

（七）企业的负担与产业利益

所构建的药品不良反应救济机制应以救济受害人为首要目标固然毋庸置疑，但药品企业乃至整个医药产业的利益也不能忽视，必须考虑到救济制度对医药产业发展造成的影响，因为这与消费者全体利益和社会整体利益密切相关。法律制度的设计必须通盘考虑对整个社会有利抑或不利而作出选择。受害者利益、企业利益与社会公共利益错综复杂、相互影响，应辩证地看待和处理。救济制度如果使企业承受过重的负担，将会产生过度减阻的问题，抑制药品研发的热情，使药品产业发展遭受负面影响，最终使全体人民遭受损失。社会化救济方式相对于侵权法更加有利于减轻企业负担，能更好平衡损害救济与产业发展利益，在整个救济机制中应发挥基础性作用。

第二节　药品不良反应救济机制的模式选择

一、药品不良反应救济多元化机制的构成

在损害救济多元化趋势的背景下，药品不良反应的损害救济亦应以构建多元化的救济机制为基本模式。仍需进一步讨论的问

[1] 朱怀祖：《药物责任与消费者保护》，五南图书出版公司 1997 年版，第 375 页。

题是，这里所谓的多元化救济机制究竟应包含哪些具体方式，在这些救济方式中以何者作为主导性的基础机制，以及各种救济方式之间如何协调配合以形成有机统一的救济体系。救济模式的选择乃是药害救济机制构建的基础性问题，模式选择是否合理，将决定依其构建的救济机制的有效性及其在实践中的功能实现。综观世界各国的药品不良反应损害救济模式，各具特色，并无全球统一的模式。这些比较法上的模式对于我国药品不良反应损害救济模式的选择显然具有重要的借鉴意义。然而在我国构建药品不良反应的损害救济机制，必须立足于我国的特殊国情进行救济模式选择，必须关注制度设计的本土适应性和可行性。

（一）可供选择的救济方式

民事损害的救济就其机制而言大概可作二分法：损害转嫁机制和损害分散机制。运用损害转嫁机制的主要就是传统的侵权责任法，在程序上常常要通过诉讼的方式实现。损害分散机制的表现形式较多，主要有保险（包括责任保险和社会保险）、基金、国家补偿（通过税收方式分散损失）、社会保障等。上述各种救济方式各具优劣，若能较好的综合运用可以实现功能互补。在药品不良反应的损害救济中，应为受害者提供多样化的救济方式选择，以使救济效果最优，并兼顾多种利益与价值的实现。

1. 侵权法

侵权法作为传统上基础性的损害救济方式，在面对药品不良反应的损害救济时，存在种种适用上的障碍，不过其仍有一定适用的空间。相对于风险分散型救济方式，侵权法短于救济确定性和效率，但长于救济的充分性，以及使救济制度保持适度的教育、预防乃至威慑功能。为排除对药品不良反应救济的障碍，侵权法应作出相应的适应性调整，如针对药品的特殊性对药品缺陷的认定采纳特别的标准，更多采用风险效益衡量的方法，对药品不良反应的因果关系判定适用灵活规则，运用疫学因果关系的证明方法等。不过，侵权法不宜作为药品不良反应损害救济的主导性机制，对其适用范围应加以严格限定。国内不少学者主张，为加强对处于弱势地位的药品不良反应受害者的救济，应通过立法完善对药品不良反应侵权判定采取无过错（严格）责任原则。对此观点，笔者不敢苟同。药品不良反应是在合法的人类活动中发生的意外损害，基于药品产业对于社会公众健康的重要意义，对侵权责任的判定标准应当从严。因不可预知的发展风险导致的药品不良反应损害原则上可以免责，只有在生产者及相关主体在药品不良反应发生后怠于履行后市场安全观察义务的，才能基于过错责任原则追究其侵权责任，以免对医药产业健康发展造成负面影响并殃及大众。德国法对药品不良反应的损害救济主要采侵权法模式，其《药事法》对药品责任实行危险责任原则，纵使发展风险亦不可作为免责的抗辩，不过德国药品危险责任规则的确立有着特殊的社会背景，未必适合我国，在国际上也不是主流的趋势。

2. 责任保险

责任保险即药品生产企业向保险公司投保，当药品发生不良反应造成患者生命健康遭受损害时，由保险公司向患者进行保险赔付。在多元化救济机制中，责任保险可以说是介于侵权责任与纯社会性救济方式之间的过渡形态。责任保险与侵权法——特别是无过错责任有着非常密切的联系，其对于无过错责任具有天然的依附性。正是由于责任保险的存在，无过错责任原则才能顺利的推行并且适用范围呈现不断扩大趋势，而无过错责任的发展也反过来促进了责任保险的繁荣。责任保险减轻了企业的负担，即使是在侵权诉讼中被判决承担无过错责任，其赔偿也转由保险公司实际负担，企业负担的仅是保险费。对于药品不良反应损害采取责任保险的方式进行救济，对医药产业发展造成的负面效应较小。对于患者来讲，申请获得保险赔付比侵权赔偿诉讼更容易获得成功，也更加快速高效。另外，通过保险费率、保险追偿等制度杠杆，也可对企业就药品安全提升产生一定程度的激励和督促作用。德国对药害救济采取的侵权法模式，是与责任保险密切结合运行的。但是，责任保险救济模式也存在一定的问题。首先，既然责任保险依从于无过错侵权责任，后者成立与否可能对前者产生影响。其次，不断发生的药品不良反应事件可能使保险公司赔付增加，为此必须不断提高保险费率，这将增加企业的保险费负担，甚至远远超过产品本身的成本，如此则希望通过保险为企业减负的初衷将落空。这样的问题并非仅是理论假想，在美国就出现过此类局面。最后，可操作性是责任保险模式最突出的问题。一国保险业的发达程度显然是不能忽略的现实因素，创设一种之前没有的新险种——药品不良反应责任保险将面临不小的难度，对不可知的发展风险进行测算以计算保险费率并非易事，而该险种设立以后企业是否买账、有多少企业积极投保亦是未知数。责任保险是蓬勃发展中的制度，在我国构建药品不良反应的损害救济体系，责任保险应作为供选择的救济方式。不过药品不良反应的责任保险具体如何设计和操作目前在我国仍缺乏成熟的经验，有待于进一步研究实践，责任保险在整个药害救济体系中的地位，特别是与救济基金的关系，何者应作为基础性的机制，尚待作深入的探讨。

3. 救济基金

救济基金制度就是针对药品不良反应的损害救济设立专门的基金，其资金来源最主要的是药品企业缴费，当某一企业因其生产的药品发生不良反应造成患者损害时，受害者可向该基金申请救济给付。在责任保险救济模式中，企业缴纳保险费形成保险基金，不过这种保险基金与专为药害救济设立的基金并不相同。保险在根本上是营利性的，保险公司属于营利性组织。救济基金则是非营利性的，常以财团法人的形式存在，是同行业企业间互助性的风险分散形式。救济基金模式在日本和我国台湾地区得到了很好的运用，美国针对儿童接种疫苗导致不良反应的救济也采取了这种模式。在我国未来应建立的药品不良反应损害救济体系中，救济基金制度应当发挥重要的、乃至主导性的作用。当然，救济基金制度同样面临科学合理设计以及良好运行的实际难题。

4. 国家（行政）补偿与赔偿

国家补偿即通过国家财政拨款的方式对药品不良反应受害人进行救济。国家补偿不同于国家赔偿，后者以国家机关及其工作人员行使职权违法为要件，前者则否。药品一方面具有较高的公共利益属性；另一方面国家对药品实行严格的行政监管，经批准上市的药品因不可预见的不良反应导致患者损害的，国家对于损害救济应负担一定的责任。我国《疫苗流通与预防接种管理条例》当中将预防接种分为两类，即强制接种和自愿接种，对于因强制接种疫苗导致的不良反应，由政府出面进行补偿。在日本 SMON 病系列赔偿案件中，法院也作出过由日本政府承担赔偿责任的判决。在构建药品不良反应救济体制中，国家补偿仍可在一定范围内继续存在，不过不能作为对所有药品不良反应进行救济的基础机制，主要仍应限于强制性的预防接种异常反应的救济。除了国家补偿外，国家机关在药品监管中渎职导致问题药品获得合法上市最终致害的，如果符合国家赔偿责任的构成要件，则可成立国家赔偿责任。在广义上，国家赔偿责任属于侵权责任的范畴。

5. 社会保障

社会保障是指国家和社会在通过立法对国民收入进行分配和再分配，对社会成员特别是生活有特殊困难的人们的基本生活权利给予保障的社会安全制度。社会保障由社会保险、社会救济、社会福利、优抚安置等组成，其中社会保险是社会保障的核心内容。在瑞典，即主要通过社会保险的方式对药品损害进行救济。社会保险的基本理念是通过统筹的方式，将损害分散由全社会负担。社会保险是福利性的，不同于前述商业性的责任保险。除社会保险外，社会救济对于药品不良反应的损害救济也可发挥一定作用。社会救济是由国家出面对少数急需保护的特殊弱势群体提供帮助，如《侵权责任法》中规定，对于道路交通事故中肇事者逃逸，又无法以机动车强制保险进行救济的，对受害人需要支付的医疗费用等以道路交通事故社会救助基金垫付。对于药害救济也可效仿上述做法设立药品不良反应社会救助基金，不过其仍只能在有限条件下适用。以社会保障模式对药品不良反应损害进行救济显然有利于分散企业风险，并方便患者获得救济。但是，社会保障模式的搭建与实行受众多条件限制。首先是国家的财政负担能力的制约，社会保障模式需要国家相对较大的财政投入。瑞典是社会福利性国家，社会保险药害救济模式故得以较为顺畅的运行。而在我国，虽然近年来综合国力不断增强，但同发达国家相比还有不小差距，若采社会保障模式财力上恐难以负担。其次是国家社会保障制度发展程度的制约。以社会保险为例，在我国社会转型大背景下，社会保险制度体系正处在发展形成当中，远不成熟。社会保险的类型主要有养老保险、失业保险、医疗保险、工伤保险、生育保险等五大险种，主要针对的是社会成员一般性的社会风险，总体上其与药品不良反应损害这种特别的民事风险的损害救济在旨趣上相去甚远。设计一种新型的社会保险是一项庞大而复杂的工程，包括保险的经办机构的设立、社保资金的统筹与管理、保险给付的条件、保险待遇及其给付等。建立药品不良反应损害社会保险在我国存在相当大的难度，在现阶段不具有可行性，在相对较远的未来有可能成为药害救济的重要方式。在目前，社会救济可在药品不良反应损害救济方面发挥一定作用。从救济的水平来看，社会保障是低水平的救济，受害人由此获得的救济数额一般低于责任保险、专项救济基金给付，更低于侵权赔偿。

（二）不同救济方式间的协调

在我国未来建立的药品不良反应损害救济机制中，上述5种具体救济方式应被纳入该体系中，不同的救济方式各有优劣，协同作用可兼顾救济目标与其他价值目标的实现。关键在于，诸种救济方式间如何协调，怎样共同形成一个有机的救济体系而不是彼此孤立运行。

1. 不同救济方式间的容斥关系

按照王泽鉴先生的观点，就不同赔偿或补偿制度对同一损害适用的关系而言，大体有3种处理模式：一是受害人均得请求而实现；二是受害人只能选择一种实现；三是受害人可以在受损害的限额内分别主张实现。❶ 笔者认为，对于药品不良反应的损害救济原则上应采上述第三种模式，应赋予受害人在多元救济方式下的选择权，可选择其中一种或者几种请求获得救济，不过受害人最终获得的赔（补）偿总额原则上不得超过其实际受到的损失，❷ 即应避免重复性赔偿。

2. 不同救济方式调整范围的划定

在统一的救济体系之下，不同的救济方式应有相对明确的分工，确立各自相对特定的适用范围，侧重不同价值功能的实现。侵权责任法应主要调整那些在药品不良反应事件中相关主体存在过错导致药害事故的情形。对于纯粹因药品不可避免的发展风险造成的不良反应损害，不应追究企业的侵权责任，对受害人的救济应仰赖非讼社会化救济机制实现。对于药品企业不履行后市场安全观察义务，在药品不良反应已经显现，而药品生产企业或经营者怠于向行政部门报告和向消费者警示，甚至故意隐瞒的，应依据侵权责任法追究其侵权责任——乃至惩罚性赔偿责任，以发

❶ 王泽鉴：《侵权行为》，北京大学出版社2009年版，第27页。

❷ 惩罚性赔偿适用的情形例外。

挥侵权法教育、预防、惩戒的功能优势，刺激关注药品安全的动机提升。国家行政补偿的救济方式仍应以目前的强制性疫苗接种不良反应为特定适用领域，国家赔偿则适用于国家在药害事件中存在违法行为的少数情形。对于自愿性的预防接种异常反应，以及非因企业过错造成的不可预期药品不良反应，应以责任保险和救济基金方式作为基础性救济机制。

3. 多元救济方式的层次性

救济方式的层次性即不同救济方式在药品不良反应救济机制体系中的主次位阶。在社会发展的进程当中，不同损害救济方式之间的地位此消彼长，呈现动态的发展。民事损害救济机制的多元化趋势已是不争的事实，而关于在多元化机制中各具体救济方式的地位关系，则有不同视角的解读。按照王利明教授的观点，就整个民事损害的多元化救济视角而言，侵权法仍应作为基础性的损害救济机制，保险和社会保障受于救济水平、国家发展程度等因素制约，长期内仅能起辅助性作用。而按照王泽鉴先生的观点，在事故损害赔偿——特别是人身损害赔偿领域，侵权法、无过失补偿（借助于责任保险）和社会保障制度间的关系从原来的倒金字塔逐步向正金字塔转变，即侵权法对人身损害填补的基础地位正在被社会保障制度取代，侵权法仅起到辅助作用。而具体到药品不良反应损害救济的多元化机制，各种救济方式间的地位排序如何，值得深入讨论。多元救济机制的精髓在于，对于某类待救济的损害，根据从众多救济方式中选择最适合的方式。这一选择，“不仅应该综合通盘研究各种填补制度始能得以其貌，此外，应该参照社会、政治、经济之发展状态，彻底检讨各种损害填补制度应负担之功能，以决定何种损害事故，应该由何种制度加以规范最为恰当”。[1] 在笔者看来，王利明教授主张的在整个民事损害救济领域坚持侵权法的基础地位不动摇是正确的，但具体到某些特别的领域，各种救济方式间的地位关系则应作特别考虑。对于药品不良反应这种在人类合法活动中因不可预知的风险造成的事故损害，在适用传统的侵权法进行救济时存在重重障碍，应转而以非讼社会化救济方式作为主导的救济模式，以侵权法救济作为补充。更进一步的问题是，非讼风险分散性救济方式亦有多种，其相互间层次关系有待梳理清晰。特别是在保险和基金之间，选择何者作为基础性的救济方式，需要作深入的讨论，对此学界观点分歧。

4. 多元救济方式间的衔接

在药品不良反应的损害救济机制中，各种救济方式适用的顺序必须理顺，相互间的接合必须明确。就程序运行的角度而言，不同救济方式间的关系模式大概有平行模式和纵向衔接模式，在前者各种救济方式无适用的强制性优先顺位，当事人可自由选择，在后者则只能按照一定的顺序寻求救济，只有当依据前置性的程序未能获得救济时才能启动另外的救济程序。就药品不良反应的损害救济而言，法律是否应当强制性地在多元救济方式间进行排序，抑或应赋予当事人自由选择的权利，值得讨论。笔者认为，从为受害人寻求救济创造程序便利的角度考虑，法律不宜人为的设置障碍，原则上应采平行模式，赋予受害人选择权，受害人可结合自身情况，选择对自己最有利的方式寻求救济。并且，在患者遭受药品损害的实际额度内，对于非重复性的赔偿项目，不应排除其同时启动多个救济程序的权利。在多元救济机制中应确立一种主导性的救济方式，但也不应是强制当事人选择这种方

[1] 王泽鉴：“侵权行为法之危机及其发展趋势”，见《民法学说与判例研究（第二册）》，中国政法大学出版社 1998 年版，第 169 页。

式。此外，在多元救济方式衔接机制的制度设计中还需特别关注的是追偿问题，即在对药品不良反应受害人提供快捷的保险或基金等救济后，向实际加害的企业进行追偿。关于追偿的条件、范围等具体问题有待于进一步细致研究。

二、药品不良反应损害救济基础机制的选择——保险抑或基金

在药品不良反应的救济机制中，必须确立一种主导性的救济机制，对于药害救济发挥基础性作用。对于究竟应选择何种方式作为主导救济机制，存在不同认识，争论主要集中在保险模式与专项救济基金模式二选一的抉择之上。保险和基金对于损害救济各具优劣，就药品不良反应的损害救济而言何者更优，见仁见智。从比较法上看，德国法以责任保险配合危险侵权责任适用，日本和我国台湾地区则主要采取基金救济模式，美国对疫苗损害救济也采取基金模式。在我国，究竟应选择何种模式，在根本上需依据我国的国情而定。

（一）选择保险模式抑或基金模式的争论

不少研究者主张在我国应以责任保险作为药品不良反应损害救济的主导模式，主要理由是采取保险模式具有很多优点，符合现实国情，具有可行性，归纳起来主要有以下几个方面：(1) 保险行业发展相对成熟。现代保险除具有风险保障、资金融通等功能外，还有社会管理功能。当前正在我国兴起的责任保险就是一种具有很强社会管理功能的保险，特别是医疗责任保险，不但保障了患者及时得到医疗赔偿，同时也减少了医患纠纷。这些正是药品不良反应亟待解决的一些问题。(2) 既可促进制药业发展，也保护了消费者权益。对制药企业而言，药品不良反应保险救济制度不仅能助其在社会上树立起社会责任的公共形象，还能最大限度地维护其合法权益，使其从药品不良反应纠纷中解脱出来，

投入更多的精力提高药品质量。对受害者而言，药品不良反应保险救济制度有助于其在事故发生之后及时得到经济补偿。(3) 加强了药品不良反应的监测。我国药品不良反应监测系统尚不健全，制度执行效果不强，医药管理观念较落后，漏报情况时有发生。建立药品不良反应保险救济制度对药品不良反应的上报和管理工作会起到明显的促进和督促作用，卫生部门也可以通过保险公司直接了解患者或医疗机构上报的药品不良反应发生情况，采取相关措施保障民众的用药安全。[1] 持此观点者还从比较的视角指出基金模式存在的不足，如有研究者提出基金模式涉及面广，需解决救济立法、资金筹集、运作与管理等问题，要花费较大财力、物力及精力，效率低下。我国目前尚无严格、完善的基金管理法律法规，可能滋生出非法挪用基金等腐败现象。[2] 还有学者认为基金救济模式社会化程度低。[3]

持基金救济模式论的学者则认为，在中国以专项救济基金模式对药品不良反应损害进行救济相对于保险模式更加具有可行性和比较优势。有学者较客观的分析了保险和基金各自的优劣：采用保险的方式运作补偿救济金，可以通过引入第三方保险公司，转移医药企业的部分风险，风险转移对于医药企业而言是很有吸引力的。与此同时，政府的责任也可以大大减轻。政府不干预保险公司对资金的具体运作，只注重结果而非过程，即只要在有人要求补偿时，用于补偿救济的资金充裕即可。救济金来源主要是投保金额及其运作收益，保险公司需要确定合理的赔付率等指标。采用基金的方式运作补偿救济金，政府作为运行环节中的监督方

---

❶ 游春、周俊所：“药品不良反应保险救济机制研究”，载《卫生经济研究》2011 年第 2 期。

❷ 同上。

❸ 蒋正平：“论建立药品不良反应损害综合救济制度”，载《海南医学院学报》2008 年第 1 期。

要发挥较大作用。政府对基金的运作情况进行监管，更好地了解和控制基金的来源与去向，充分发挥政府的宏观调控作用。基金的来源比较广，需要专门的机构对基金进行管理。❶ 该学者进一步认为，在我国采取基金模式更加可取，主要理由是：(1) 我国现阶段保险业发展并不成熟，尚无有关药品不良反应损害的险种或相关险种的运作经验，此类保险的投保理赔率计算也存在困难，保险公司设立该类险种风险较大。建立药品不良反应救济制度迫在眉睫，保险运作摸索需要时间，一旦操作不当，势必影响整个制度的实施。(2) 相对保险模式而言，基金运作模式最大的优点是可操作性强，可以借鉴的成功案例较多。我国在 1987 年创立的中国医学基金会，是以从事公益事业，促进我国医疗事业发展为目的的非营利的基金管理组织，其成功运行为我们设立 ADR 损害补偿救济基金，成立 ADR 救济基金会提供了宝贵的经验。结合日本和我国台湾地区有关 ADR 损害补偿救济基金的管理运作经验，创立有中国特色的药品不良反应损害补偿救济制度的可行性比较高。(3) 根据我国医药产业的现实情况以及考虑到我国相关的法律制度还不健全，政府对救济金的有效监管和调控非常重要。基金模式需要政府给予一定的财政补贴，以支持运作，政府承担的责任和起到的作用比保险模式大。所以，现阶段我国选择基金模式作为药品不良反应补偿救济制度的运行方式是更合适的。❷ 我国台湾地区药事法专家朱怀祖先生也认为采取基金模式较保险模式更优，一则可以避免类似责任保险运作之困扰，如药物发展风险之精算困难、潜伏性疾病之保险期间认定争议等；二则基金运作得以财团法人之方式，独立而永续经营，因前者之独立性基金可

---

❶ 顾海、夏冰："药品不良反应补偿救济制度运行机制研究——基金运作模式研究"，载《中国医院管理》2007 年第 1 期。

❷ 同上。

以法人形式进行调查、诉讼甚至参与企业研发与投资，因后者之永续性，始可对须长期给付者有合理保障。[1] 考察国内现有相关研究，对药品不良反应救济持基金救济模式论者似略占优。

（二）评析

综观上述学者们关于药害救济主导性模式选择的争论，双方各执一词，莫衷一是。以制度设计的现实条件与可行性为例，保险模式论者认为我国的现实国情是保险业发展比较成熟，而持基金模式论者则恰恰指出保险业发展并不成熟。何谓“成熟”？我国保险业发展究竟成熟抑或不成熟？在目前尚缺乏一个客观的标准，更大意义上仅是众研究者各自的主观判断。

保险和基金作为两种典型的风险分散性损害救济机制，具有一些共同的优点——与侵权法救济相比，如损害救济的确定性与效率性、减轻企业负担、较好的平衡损害救济与产业利益保护目标的实现等。而二者相互之间比较又各有长短，在我国构建药品不良反应的损害救济机制究竟应选择其中何者作为主导性的模式，确实需要作深入思考和细致研究，需要综合考虑制度设计与实施的难度与效果等众多因素而作决定。从制度设计的现实条件与可行性角度考量，无论采纳责任保险模式抑或救济基金模式，皆具备一定的条件，同时亦均面临一定的困难。在笔者看来，条件“成熟”与否只是相对的概念，困难固然存在，不过仍可通过努力克服。笔者认为，相比较而言，在我国现阶段应选择基金模式作为药品不良反应救济的主导模式。

1. 保险模式的不足

对药品不良反应救济采纳保险模式在目前至少存在以下几个方面的问题。

---

[1] 朱怀祖：《药物责任与消费者保护》，五南图书出版公司1997年版，第406页。

第一，开发一个针对药品不良反应救济的新险种的困难。药品不良反应多因不可预见的发展风险导致，对这种不可知的不确定风险进行保险精算以确定保险费率存在较大的难度。当然，这种困难并非不能克服。

第二，药品不良反应责任保险设立后在运行中也将存在较大困难。药品不良反应发生后受害患者索赔，保险理赔可能遭遇麻烦，损害是否由保险危险造成将受到保险公司的严格审查，很容易引发争议。对于一些长期潜伏性不良反应，保险期间不好确定。

第三，药品不良反应责任保险在实践中遭到冷遇。保险公司在费力开发出药品不良反应责任保险险种之后，企业是否买单购买该险种不容乐观。考察目前国内的主要保险公司，设立该类险种的极其罕见。从2003年起，上海药品不良反应监测中心与保险公司开始合作开发严重不良反应险种，经过5年的调研、协调和几易其主后于2008年低调面市，中国大地财产保险股份公司成为国内真正意义上第一家推出严重不良反应险种的保险公司。不过，该险种设立后却遭遇尴尬，出台半年多仅有一家制药企业投保。尽管药品不良反应保险被认为是保护受害者利益和企业利益、实现双赢的绝佳方式，但在实践中却叫好不叫座。❶ 其中的原因比较复杂。除非国家立法将药品责任保险规定为强制性保险，这种局面很难在短期内有大的改观。而实行药品强制保险，其合理合法性尚待商榷。

第四，保险的营利性与药害救济的公益性产生冲突。保险公司作为一种商业性金融公司，仍以营利为核心目标，在险种的设计与运营中皆难以脱离此目标，由此可能带来一些问题。保险公司与药品企业之间存在利益冲突。企业希望出事后，从保险公司获得高额

---

❶ 刘京玲："药品不良反应保险叫好不叫座"，载《中国医药报》2009年5月14日。

赔偿。这必然与保险公司产生对立。保险公司处于降低风险的立场，对赔偿的最高限额都进行了限制，而且要求企业一旦参保，不能只对一种药品进行投保，而应对该企业生产的所有产品进行投保。保险相关人士表示，若企业只对有风险的药品投保，对风险不高的产品不投保，这样保险业风险过大，业务将无法开展。而对企业的保费而言，也存在设计难题。如果要求保费高，企业的投入就很大，企业不愿意；但是保费过低，又解决不了什么问题。由于保险的营利性，在保险公司和患者间也会产生一定的利益冲突，在保险理赔中产生对峙局面。患者通过申请保险赔付的方式寻求救济，较之起诉个别的企业主张侵权赔偿可能难度较低，但因保险公司的对抗其与救济基金相比将会面临更大的障碍。

2. 基金模式的优点

相比较之下，在我国采取救济基金模式实现药品不良反应的损害救济遭遇的阻力更小，是更加理想可行的模式选择。具体来讲，基金模式具有以下几个好处。

第一，基金的公益性与药品不良反应损害救济目标相契合。基金常采财团法人的形式设立，是公益性组织，不以营利为目的。而药品不良反应损害救济亦具有较强的公共利益属性，二者相结合将会较少产生诸如保险营利性带来的摩擦与不适问题。

第二，省却保险精算与理赔的繁琐与纠葛，基金的运行将会更加顺畅，可操作性更强。救济基金的运行将由特设的组织机构负责管理，申请救济给付有一套明晰的程序，并较保险理赔程序更为简便易行。

第三，基金模式在我国具有现实可行性。我国于 2004 年 6 月 1 日施行的《基金会管理条例》为建立基金运作模式提供了法律基础，同时我国 1987 年创立的中国医学基金会，是非营利的基金管理组织，以从事公益事业、促进我国医疗事业发展为目的，其成功运行为我们设立药品不良反应损害补偿救济基金提供了宝贵的经验。

第四，以基金模式解决药品不良反应损害救济问题是国际上的发展趋势，有丰富的他国经验可资借鉴。尽管在比较法上关于药品不良反应的损害救济存在着多种模式，不过在众多模式中基金模式为更多国家所采用，并被实践证明是切实可行、行之有效的模式。日本、我国台湾地区的药害救济基金都运行良好，美国疫苗损害补偿基金也取得了成功，并有学界建议将该制度扩展适用至疫苗之外普通药品不良反应的损害救济。应当讲，在国际上药品不良反应救济基金制度已经相对比较成熟，在我国建立自己的药品不良反应救济基金时，国外的相关经验可以提供足够学习借鉴的模板，诸如关于基金的管理机构设置、资金筹集、给付条件、给付范围等具体制度设计问题，在比较法上都有现成经验。这些国际上的成功经验将使我国在构建药害救济基金时面临的制度设计难度大大降低。

综上所述，笔者认为，在我国构建药品不良反应损害救济机制应选择救济基金模式作为基础性的救济机制，同时辅以其他的救济方式。在以救济基金作为主导救济机制的同时，责任保险仍可在相当范围内发挥辅助作用，不过在对基金筹集实行企业强制性缴费的情况下，药品不良反应责任保险不宜再采取强制保险的形式，而应实行自愿保险。

第三节　我国药品不良反应损害救济基金构建之设想

一、基金制度构建的法律基础——药害救济立法的完善

凡重要制度的建立与推行，必以相关的立法作为支撑。药害

救济基金的筹集涉及合宪性问题。“药物受害救济制度须有其财务来源，其不论采规费、课税方式，皆须符合宪法比例原则与平等原则。比例原则系指制度之目的与手段间，是否具适当性、必要性与相当性。此如疫苗基金具保护疫苗受害者、推行防疫政策与疫苗研究之目的，故其财源课征之对象、金额、与方式如何订定者是。平等性原则系指相同事实应予相同处理，此亦应以合目的性为主要依据。药物事故之给付有负担平等与给付平等之问题。此如仅使制造者负担成本，相较于由政府另行以一般税收方式或行政专款支应者，是否负担上平等；另仅事故受害人特别受偿，对其他商品事故受害人是否给付上平等。”❶ 在我国构建药害救济基金，若采自愿参加原则，则在实践中难免遭遇上述药品不良反应责任保险的冷遇；若采强制原则而令药品企业强行缴费（税），不可回避其合法性问题。对此类关系民事主体基本财产权利的制度，应以立法方式作为凭据始为合法。

观药害救济基金成功施行的诸国与地区，皆针对药害救济进行专门立法，如《日本医药品副作用被害救济·研究振兴调查机构法》《美国国家儿童疫苗伤害赔偿法案》以及我国台湾地区“药害救济法”等。我国要构建药害救济基金，亦须具备足够的立法保障。我国现行的药事法相关规范，多重于药品安全的行政监管，对于药品不良反应损害的民事救济，少有涉及，可以说药害救济立法很不完善。要在我国建立药害救济基金，完善相关立法是急迫的前提性条件。鉴于近年来我国药品不良反应事件频发、药害救济需求普遍存在的局面，药害救济立法应被赋予足够重视而置于一定高度。比较理想的方案是由全国人大制定专门的药害救济法律，退而求其次的方案是由国务院出台专门的药害救

---

❶ 朱怀祖：《药物责任与消费者保护》，五南图书出版公司1997年版，第369~370页。

济行政法规，再次之的方案是通过修订《药品管理法》，增加药害救济规范，明定强制性缴费的救济基金机制。

二、药品不良反应救济基金的模式——与疫苗异常反应救济基金的协调

在理论上，药品不良反应救济基金的设计就其针对适用的药品范围而言大概有两种模式可供选择，即针对所有药品的统一基金模式和普通药品与疫苗分设救济基金的分立模式。现实中日本和我国台湾地区均采分立模式，分别设立一般药品救济基金与疫苗损害救济基金，美国、英国则仅针对疫苗设立了救济基金。在我国构建药害救济基金，应采统一模式抑或分立模式，有待进一步研究论证。在笔者看来，我国应采取分立模式。若单从制度设计简便的角度考虑，设计一套基金适用于所有药品比设计两套基金制度在表面上看来更加省力，不过其救济效果值得怀疑。疫苗虽为药品之一种，但仍具有其特殊性，特别是关系公共利益的程度更高，某些疫苗的接种是强制性的，基于这些特殊性，在决定疫苗接种异常反应的损害补偿时，资金的筹集渠道、缴费或征税的方式与比例、救济给付的条件与范围等具体问题，皆不宜与普通药品等同对待。因此，我国应分设普通药品不良反应救济基金与疫苗异常反应救济基金。

三、基金模式的组织机构保障

药品不良反应救济基金的运行最终有赖于一定组织机构的操作，科学合理的组织机构设置是基金模式成功的主体保障。基金的运行不可能依靠单一的组织机构独立完成，而要由一系列主体各司其职、协同实现。药害救济的组织机构如何设立，各主体间的分工与衔接机制如何至关重要。综观各国已建立的药害救济基金，其组织机构体系主要包括以下三方面主体：药事行政主管机

关、药品不良反应的鉴定机构和基金的日常管理组织。

首先，药品行政主管机关在药害基金救济中发挥着重要作用。药害救济具有较强的公共利益属性，政府作为公共机关药害救济理应作为其重要的职责事项。药害救济由于其重大性，不宜彻底由民间经营而脱离管制。考察实行药害救济基金制度的国家，没有一个是完全放任民间经营的，政府机关皆在其中发挥着重要作用。在日本，厚生省负责对药害基金救济的监管，救济的申请向医药品副作用被害救济机构提出后，该机构将申请提交给厚生省审议，厚生省在征询药品事务与食品卫生委员会的意见后作出审议决定，通知给基金运营机构，之后才能为救济给付。在我国台湾地区的药害基金救济制度中，《药害救济法》明确规定药害救济是当地行政主管机关（台湾地区“行政院卫生署”）的职责事项，主管机关可以委托其他机关或团体办理药害救济业务，但整个的药害基金救济都是在主管机关的监管下运行的。在美国，儿童疫苗伤害基金补偿计划由美国人类健康服务部、联邦法院和司法部共同实施管理。这些国家的经验表明，在药害基金的运行中，行政监管必不可少并至关重要，主管机关对于是否给予基金救济把握着最终决定权。在我国拟建立的药品不良反应救济基金制度中，也必须重视国家机关的监管作用。国家食品和药品监督管理局应对基金的运营负总的监管职责，各级地方药品行政管理机关在各自的管辖范围内履行监管职责。药品行政主管机关为处理药品不良反应的救济事项，应当设立专门的救济委员会。主管机关具体的职权（责）范围包括：救济给付的决定、基金筹集及管理的监督、对违法行为的责任追究等。

其次，药品不良反应的鉴定机构必不可少。基金救济较侵权法救济简便高效、成功率高，但申请基金救济给付亦必须满足一定的条件，特别是申请方要在一定程度上证明所遭受损害与使用药品之间存在因果关系，进一步的还要证明损害的严重程度。药品不良反应的认定是救济程序中的核心环节，而这是一个高度技术性的问题，常常需要通过专业的鉴定机构鉴定才能得出结论。在日本，药品不良反应的鉴定是由药品事务与食品卫生委员会负责进行。在我国台湾地区，是由“药害救济审议委员会”对药品不良反应进行审定，该“审议委员会”设委员11～17人，由主管机关遴聘医学、药学、法学专家及社会公正人士担任之，其中法学专家及社会公正人士人数不得少于1/3。在我国内地，药品不良反应的鉴定机构如何设置值得探讨。大概有两种模式可供选择：一是由负责药害救济的行政部门同时负责药品不良反应的审定，这就要求该部门中必须有相当数量的药事专家；二是效仿医疗损害鉴定的做法，委托由非行政性的专业鉴定机构负责鉴定。后一种模式更具可采性。

最后，是基金的运营主体。基金筹集成立以后，其日常运营管理是一项庞大的任务，涉及申请的受理和审核、资金的管理、救济给付等事项。基金运营的组织模式大体有两种选择，即财团法人模式和非法人模式。财团法人模式，是指将筹集来的药害救济资金依照法律规定成立公益性基金法人，在法人下设立各种组织机构分工负责，使基金顺畅运行。非法人模式，是指基金不具备独立的法人格。财团法人模式具有很多优点，其独立人格使之在运营活动中享受诸多便利，如独立的调查、起诉、应诉等。《日本医药品副作用被害救济·研究振兴调查机构法》第3条明确规定：“医药品副作用被害救济·研究振兴调查机构为法人。”我国台湾地区《药害救济法》第6条规定，主管机关为办理药害救济业务，得委托其他机关（构）或团体办理下列事项；必要时，并得捐助成立财团法人，委托其办理……该条并未强制性规定基金采取法人模式，若未成立法人，则由主管机关亲自负责基金的运营管理。不过，在实际落实当中，我国台湾地区已经建立了财团法人性的药害救济基金。在美国，儿童疫苗损害补偿基金未形成法人格。笔者认为，在我国药品不良反应基金应采取法人形式设立，这样更加有利于基金的顺畅运行。药品不良反应救济基金本质上是事业性法人，不过其运营必须接受行政主管部门的监督管理。

四、救济给付的条件

药品副作用的现实情况比较复杂，而药害基金的规模有限，不可能对所有类型的药品副作用提供救济给付，必须加以条件限制。日本和我国台湾地区的药害基金均对救济给付的条件进行了限制，瑞典的药品保险制度对给付条件的限制比较宽松，连因药品成分变质及误诊用错药物导致的损害也可获得救济给付，不过因药品缺乏疗效、故意不合理用药所致损害及轻微损害不予救济。借鉴各国关于给付条件的规定，对我国药品不良反应基金的给付条件作如下设想：（1）致害药品必须是经过审批上市的合法药品，非法的假药和劣药导致患者损害的，可依据侵权法寻求救济，不能申请获得基金救济。（2）药品的处方开具、用法用量等使用环节并无不当，因不合理用药导致的损害不予救济。（3）药品不良反应损害必须达到一定的严重程度，轻微的不良反应不予救济。按照我国台湾地区“药害救济法”的规定，只有药害造成死亡、障碍（指符合身心障碍者保护法令所定障碍类别、等级者，但不包括因心理因素所导致之情形）或严重疾病（指主管机关参照全民健康保险重大伤病范围及药物不良反应通报规定所列严重不良反应公告之疾病）的，才在基金救济的范围之内。

除了上述一般性的给付条件限制之外，域外法上还常作特别的除外适用的规定。在日本，药物生产者及销售者损害赔偿责任明确的情况、因生命急救目的超过通常使用剂量导致的损害、一些特殊疾病（癌症、肿瘤等）用药导致的损害等情形，被以列举方式明确排除在基金救济范围之外。我国台湾地区“药害救济法”第13条也明确列举了不予基金救济的事项：（1）有事实足以认定药害之产生应由药害受害人、药物制造业者或输入业者、医师或其他之人负其责任；（2）本法施行前已发见之药害；（3）因接受预防接种而受害，而得依其他法令获得救济；（4）同一原因事实已获赔偿或补偿，但不含人身保险给付在内；（5）药物不良反应未达死亡、障碍或严重疾病之程度；（6）因急救使用超量药物致生损害；（7）因使用试验用药物而受害；（8）未依药物许可证所载之适应症或效能而为药物之使用；（9）常见且可预期之药物不良反应。我国在完善药害救济立法时，也可考虑将某些情形排除于基金救济范围。

需要特别讨论的是，对于常见可预期的药品不良反应，应纳入抑或排除基金救济的范围？典型意义的药品不良反应是不可预期的，常见可预期的药品不良反应则是已经预见到的药品危险，并记载于药品使用说明书中。一般认为，常见可预期的不良反应是用药者应容忍的副作用，通常是相对比较轻微的，因而用药者不能主张救济给付。我国台湾地区的相关制度明确将其排除于基金救济。不过，可预期的不良反应造成的损害有时可能超过轻微的程度，虽然药品制造厂商已经尽到向消费者明确说明的义务，但受害的患者终究是无辜的，救济的需求客观存在，因此从扩大救济对象范围、加强药害救济力度的立场出发，亦有将其纳入救济范围的主张。在笔者看来，此乃制度设计政策考量的问题。药害救济的范围从根本上受社会发展程度的制约，在我国目前的社会经济发展水平之下，不宜将常见可预期的不良反应纳入基金救济范围，否则可能不当加重药品企业负担，造成负面影响。随着国家经济发展不断进步，社会财富不断积累，药害基金救济的对象范围可以随之不断扩展，未来常见可预期不良反应在适当的时机可纳入救济对象，甚至连药物变质、患者特异体质造成的损害也可考虑纳入救济对象，其实是救济的社会福利性不断增强。不过，这乃长久之愿景。

五、给付范围

药品不良反应的基金救济应保持适当的水平，水平过低则救济目的不能实现，水平过高则基金难以负荷。关于给付范围有两个大的方面问题需要以立法形式明确，一是给付的项目；二是给付的标准。关于给付范围的原则，国际上药害救济比较普遍的做法是只补偿财产性损害，不补偿精神损害，瑞典是一个例外，对精神损害亦给予补偿。参考各国的规定及我国侵权法关于人身损害赔偿项目的规定，我国药害基金的具体给付项目主要应包括：医疗费、死亡补偿、丧葬费、残疾补偿、子女抚养费等，详细的还有待立法明确。精神损害不予基金救济，受害人或其近亲属可通过侵权诉讼另行主张。针对每一个赔偿项目，赔偿标准有待于以立法明确作出规定。另外，许多国家都对赔偿设最高额度限制，如德国规定对单一受害人的赔偿不超过 50 万马克，我国台湾地区药害死亡给付最高额度为 200 万新台币，另外针对每一个残障等级都分设赔偿额限制。我国的药品不良反应救济基金也应设置赔偿额限制，具体额度应综合考虑社会及企业经济负担能力等因素确定，原则上应较侵权赔偿的标准稍低。

六、资金筹集

资金的筹集是药品不良反应基金运行的基础，资金充盈与否至关重要。我国药品不良反应基金的资金筹集应采取企业强制性缴费为主，多种筹资方式辅助的原则。以企业缴费作为药害救济基金的主要财源是世界通行的做法，一般根据药品企业的销售额按照一定的比率收取费用，对于药品不良反应发生频率较高而使基金支出较多的企业，来年应提高其缴费比率，以督促其关注药品安全。除了药企缴费外，政府应对基金为一定的财政拨款支持。药害救济具有明显的公益性，政府从征收的税款中拿出一部分补贴药害基金是取之于民用之于民，同时又可减轻企业的负担。另外，社会的捐赠、基金本身的利息收益等也是基金的财源。还有人提出效仿体育彩票、福利彩票的做法，通过发行彩票的方式筹集药害基金。[1] 这种做法值得尝试。药害救济基金筹集之后，加强基金的管理十分重要，必须保证基金的安全性，防止基金资金被侵占、挪用，行政主管部门应加强对基金安全的监管。

七、申请程序

药品不良反应的基金救济应依法定程序进行，具体应由立法加以细致规定。大体的程序设想是：受害患者或者其近亲属（患者死亡或丧失行为能力时）向药品不良反应基金法人提出书面申请，救济基金法人组织在收到申请后提交给国家食品和药品监督管理局审查决定。食品和药品监督管理局拟下设的药品不良反应救济委员会具体负责对该申请进行审核，必要时可以委托专业性的药品不良反应鉴定委员会进行鉴定，根据鉴定意见作出审查决定，并反馈给基金法人。基金法人根据决定对申请人为救济给付，主管机关决定不批准救济的，基金法人驳回申请，并告知理由。申请人对驳回决定不服的，可以申请行政复议，对行政复议决定不服的，可以提起行政诉讼。

---

[1] 顾海、夏冰："药品不良反应补偿救济制度运行机制研究——基金运作模式研究"，载《中国医院管理》2007 年第 1 期。

第八章

YUFANG JIEZHONG YICHANGFANYING
DE FALÜ JIUJI

预防接种异常反应的法律救济

第一节　预防接种与预防接种损害赔偿责任

一、预防接种的概念和起源

所谓预防接种，是指为了预防和控制传染病的发生，提高人体免疫水平，根据国家疾病预防控制规划，并按照法定免疫程序，由合格的接种技术人员将疫苗接种给适宜的接种对象的行为。接种了疫苗的人体内有了相应的抗体和记忆细胞，当传染病的病原体侵入体内时，就能迅速产生大量的效应细胞和抗体将病原体清除，从而避免传染病的发生。

预防接种乃是随免疫学的发展而在近代出现的，而人类对于免疫现象的认识早在远古时代就已存在。古人凭借经验不断摸索免疫知识，并从被动免疫的实践中一次次获得飞跃式进步。例如在公元前5世纪希腊半岛的战史中，就曾有描绘传染病流行时通过由患过该病的人来护理病人和埋葬尸体的事例。而我国晋朝的葛洪早在其所著《肘后备急方·治卒为犬所咬毒方第五十四》中就记载了治疗狂犬病的方法，被现代医学认为是最早的被动免疫疗法。[1] 一般来说，整个免疫学是从接种以预防天花开始的，[2] 我国是世界上最早采用人工免疫方法（人痘术）预防天花的国家。清代名医张璐在其所著《张氏医通》中有“迩年有种痘之术，始自江右，达于燕齐，近则遍行南北”的记载，显示出清

---

❶ 《肘后备急方·治卒为犬所咬毒方第五十四》中关于治疗狂犬病方法的记载是：“凡犬咬人……仍杀所咬犬，取脑敷之，后不复发。”

❷ ［英］李约瑟：“中国和免疫学的起源”，马伯英、林群译，载《中医药学报》1983年第4期。

初人痘术的流行。[1] 人痘术中使用的痘苗最初是用天花的痂，叫做“时苗”，由于是用人工方法感染天花，所以危险性较大。后来改用经过接种多次的痂，叫做“熟苗”，熟苗的毒性已减，接种后比较安全。清代朱奕梁在其撰写的《种痘心法》中描述了痘苗的选育方法：“其苗传种愈久，药力提拔愈清，人工之选炼愈熟，火毒汰尽，精气独存，所以万全而无患也。若时苗能连种七次，精加选炼，即为熟苗。”[2] 这种反复选择痘苗的方法与现代疫苗选育的原理基本相同。中国人发明的种痘法传到英国后，成为牛痘产生的基础。[3] 1796 年，英国医生爱德华·琴纳利用人痘术的原理发明了牛痘接种术，为此后医学家们探寻牛痘免疫的原理提供了条件。此后其他传染病的疫苗也被医学家们研制出来。

二、预防接种的特点

（一）高度专业性

预防接种的高度专业性主要体现于两方面。首先，预防接种所使用之疫苗具有高度专业性。作为药品的一种，疫苗具有药品所特有的质量特性，即有效性、安全性、稳定性和均一性，这些特性决定了疫苗的研制、生产、储存和运输必须符合科学的条件。例如，疫苗的研发必须具有科学根据，获得注册前必须经过严格的动物实验和临床研究；疫苗生产必须符合国家药品标准；疫苗储存和运输时必须保证疫苗环境温度的适宜等。其次，预防

[1] 马伯英：“中国的人痘接种术是现代免疫学的先驱”，载《中华医史杂志》1995 年第 3 期。

[2] 《中国大百科全书·传统医学》，中国大百科全书出版社 1992 年版，第 644 页。

[3] 马伯英：“中国的人痘接种术是现代免疫学的先驱”，载《中华医史杂志》1995 年第 3 期。

接种行为本身具有高度的专业性。预防接种行为是接种人员将疫苗接种给受种者的行为。这些对预防接种行为提出的要求以医学科学为基础，是非专业人员一般情况下所难理解的。

（二）高度风险性

预防接种以人体为作用对象，而人们对于疫苗的认识却难免受到客观因素限制而不能全面，这使得疫苗可能存在一定未知的危险。这些危险的发生几率尽管很小，但是由于危险直接作用于人体，且人们缺乏防范的措施，因而危险一旦发生后果往往相当严重。除了未知危险以外，人为原因引发的风险同样存在，如前所述疫苗质量不合格、不当接种等都可能给受种者带来损害。

（三）探索的未知性

疫苗的研制与开发是随着人们对传染病认识的加深而逐步跟进的。每当一种新传染病出现，人们首先应当搞清传染病的发病机理，然后将研发新类型的疫苗作为对抗的方法，这一过程在21世纪初席卷全球的几次重大传染病事件（如SARS、甲型H1N1流感）得到了印证。对于已知的传染病，人们同样会不断更新自己的认识，然后去指导生产更为安全有效的疫苗。总之，疫苗的效用以及安全性是与人们对传染病的认识共进退的，当人们的认识尚不能够发现真相，就会有相当多未知领域的存在，而人体本身是个复杂、精密的系统，不同个体之间差异较大，这些都造成了预防接种效果的不确定性，所以说预防接种其实是一个不断探索、发现的过程，未知性与其风险性并存。

（四）公共福利性

预防接种以预防、控制和消灭传染病为目标，根本目的在于维护个体的健康和人类族群的繁衍，所以预防接种应当是一种“公共产品”，每个人都应当平等地获得免疫预防的机会，各国政府也负有义务将其作为一项福利事业推广。

（五）一定程度的强制性

预防接种行为使个体的健康与国家、社会的发展以及人类族群的繁衍紧密联系在一起，这使得预防接种在一定程度上不再是个体自愿选择的事情。为了保证国家的稳定，政府通常会采取措施以强制易感人群接种如将强制接种作为儿童入校升学的条件，从而使预防接种具有较强的强制性。

三、预防接种的利益与风险

预防接种是经证实的控制和消灭疾病的有效工具，是全球广泛使用的预防传染病的常规性方法。目前，发展中国家都通过常规疫苗接种来预防麻疹、脊髓灰质炎、白喉、破伤风、百日咳和结核病，发达国家则提供了更宽的保护范围。我国自 1978 年开始实施免疫规划，预防接种工作逐步发展和完善。2007 年，为进一步预防和控制传染病，保障人民群众的身体健康，国务院决定扩大国家免疫规划疫苗的范围，在现行乙肝疫苗、卡介苗、脊灰疫苗、百白破疫苗、麻疹疫苗、白破疫苗 6 种国家免疫规划疫苗基础上，将甲肝疫苗、流脑疫苗、乙脑疫苗、麻腮风疫苗纳入国家免疫规划，对适龄儿童进行常规接种；在重点地区对重点人群进行出血热疫苗接种；发生炭疽、钩端螺旋体病疫情或发生洪涝灾害可能导致钩端螺旋体病爆发流行时，对重点人群进行炭疽疫苗和钩体疫苗应急接种，至此我国国家免疫规划范围内的疫苗可预防的传染病的数量升至 15 种。通过诱导免疫力，疫苗可以有效防止疾病地发生，从而使人们避免遭受疾病的痛苦、伤残或死亡。预防接种的突出贡献表现在：1967～1977 年期间世界卫生组织通过开展强化免疫活动，消灭了天花的自然流行；自从 1998 年以来，全球脊髓灰质炎的发病率下降了 99%，约 500 万人逃脱了瘫痪的疾患；2000～2008 年期间，全球麻疹死亡率下降了78%。[1] 而在我国，通过普及儿童免疫，减少麻疹、百日咳、白喉、脊髓灰质炎、结核、破伤风等疾病发病3亿多人，减少死亡400万人；2000年我国实现了无脊髓灰质炎目标；实施乙肝疫苗接种后，全国人群乙肝病毒表面抗原携带率从1992年的9.75%降至2006年的7.18%，5岁以下人群已降到1%以下，因接种疫苗减少乙肝病毒感染者3 000多万人；在2008年甲型H1N1流感爆发期间，疫苗接种还成为应对甲流的重要手段。[2] 此外，预防接种还被证明是最具成本效益的卫生干预措施。2002年，肯尼亚开展的一次麻疹疫苗强化免疫活动表明，对1 280万名儿童进行的接种将使肯尼亚政府在未来10年节省1 200万美元的卫生费用，并将预防385万麻疹病例的发生和避免12.5万人因麻疹死亡。[3]

疫苗学家张延龄在其主编的《疫苗学》一书中指出："医药者，不死而屈人之病，善之善者也；疫苗者，不病而屈天下人之病原，不疫，而绝天下人之疫患，善之善极了。"这可谓对疫苗作用的最佳诠释。[4] 然而疫苗虽然对人类整体有益，但对于接种个体而言则存在危险。首先，没有一种疫苗可以达到100%的保护率，所以接种疫苗并不能使曾经接种过疫苗的所有人都产生免疫力，一些人在接种后仍可能患上预防免疫的疾病。其次，疫苗为药物的一种，其对人体的功效与副作用必然同时存在。一方面，疫苗

---

[1] 卫生部："免疫对预防疾病的公共卫生重要性——卫生部世界卫生组织联合新闻发布会背景材料之三"，载 http：//www.moh.gov.cn/publicfiles/business/htmlfiles/wsb/pgjwsdt/201004/46930.htm，2010年10月4日访问。

[2] 卫生部："预防接种知识热点问题答问材料"，载 http：//www.moh.gov.cn/publicfiles/business/htmlfiles/mohjbyf kzj/s35-82/201003/46403.htm，2010年3月25日访问。

[3] 卫生部："免疫对预防疾病的公共卫生重要性——卫生部世界卫生组织联合新闻发布会背景材料之三"：载 http：//www.moh.gov.cn/publicfiles/business/htmlfiles/wsb/pgjwsdt/201004/46930.htm，2010年10月4日访问。

[4] 张延龄、张晖：《疫苗学》，科学出版社2004年版，前言。

诱导人体免疫系统产生对特定疾病的保护力；另一方面，疫苗却可能因其生物学特性和人体的个体差异而使接种者发生不良反应。通常情况下，这些不良反应可以被人们认识和控制，与所要避免的疾病相比，这些不良反应的危害微不足道。在这种利益与预期风险的衡量中，人们尚可保证所使用的疫苗是有效的且具有相对安全性。然而，人体毕竟是大自然历经数亿年鬼斧神工雕琢而成，人们对它的了解是个渐进的过程，疫苗作用于人体后产生的一些不良反应可能是科学家依据当时的知识水平所不得而知的，加之临床试验数量的有限性和不良反应的长期潜伏性使人们丧失了认识这些不良反应的机会，所以这些不良反应一旦发生，就犹如洪水猛兽，结果十分严重。再次，疫苗通过人体而发挥作用，由于人体的个体差异（如健康状况、过敏性体质、免疫功能不全、精神因素等）的存在，疫苗的作用也会受到影响。尽管各国对预防接种的规范、程序以及禁忌症进行了严格限定，但损害仍有可能发生，预防接种的耦合症就是一个例子。[1] 最后，人为原因导致预防接种风险的情形也大有存在。这种人为原因主要来自两个方面：一是疫苗的生产者、运输者和储藏者违反规定生产、运输和储藏，使疫苗在注入人体之前就已经处于不合格状态，继而接种给受种者造成损害；二是疫苗的接种单位违反了接种规范、免疫程序、疫苗使用指导原则和接种方案给受种者造成损害。

随着人们对预防接种风险认识的加深，公众对疫苗安全性的关注日益提高。在英、美等国家，一些电视节目、书籍和研究论文曾声称疫苗有害，导致许多家长对疫苗产生不信任，疫苗接种率在同时期显著下降。有关疫苗不良反应的诉讼案件随之增加，反疫苗运动随之兴起，一些反疫苗组织也随之建立。

---

[1] 耦合症，是指因受种者正处于某种疾病的潜伏期或者存在尚未发现的基础疾病，接种后而巧合发病。

四、预防接种纠纷类型及其民事责任的承担

（一）预防接种纠纷的类型

预防接种纠纷，是指受种者因接种疫苗遭受损害，而与疫苗生产商、疫苗接种单位以及疾病预防控制机构和卫生行政部门产生的争执。随着国家免疫规划范围的扩大，纳入免疫规划范围的疫苗种类不断增多，接种人群不断扩大，预防接种纠纷也随之增加。从纠纷产生原因的角度考察，主要有疫苗质量纠纷、不当接种纠纷和不良反应纠纷三种类型。

1. 疫苗质量纠纷

疫苗质量纠纷，是指因疫苗质量不合格所引发的纠纷。疫苗质量问题最易发生于两个环节：生产环节和流通环节。为确保这两个环节中疫苗质量的合格及稳定，我国出台了多部法律规范以控制疫苗的质量。根据我国《药品管理法》的规定，疫苗必须由合法的企业生产，疫苗生产者须具有国家的生产批准文号，所生产的疫苗的质量必须合格，包装、标签、说明书也应符合要求。而在疫苗流通环节，疫苗生产和批发企业、疾病预防控制机构、接种单位必须严格遵守《疫苗储存和运输管理规范》，以保证疫苗质量的稳定。近年来，我国出现的多起疫苗事件均与疫苗质量不合格有关，例如2009年国家药监局通报大连金港安迪2008年生产的人用狂犬病疫苗中，有11批冻干粉针制剂人用狂犬病疫苗违法添加了核酸物质；而2010年沸沸扬扬的“山西疫苗事件”中，正是由于疫苗必需的冷链系统在储运环节出现断链致使疫苗被高温暴露，从而引发了民众对预防接种的恐慌。

2. 不当接种纠纷

不当接种纠纷，是指接种单位的工作人员违反规定实施接种，造成受种者损害而引起的纠纷。根据卫生部《疫苗流通和

预防接种管理条例》第24条，接种单位接种疫苗，应当遵守预防接种工作规范、免疫程序、疫苗使用指导原则和接种方案，并在其接种场所的显著位置公示第一类疫苗的品种和接种方法。同法第25条规定，医疗卫生人员在实施接种前，应当告知受种者或者其监护人所接种疫苗的品种、作用、禁忌、不良反应以及注意事项，询问受种者的健康状况以及是否有接种禁忌等情况，并如实记录告知和询问情况。实践中，常见的不当接种行为有误种、超量接种、重复接种、接种途径错误、接种部位错误、接种对象不当、盲目扩大接种对象等。

3. 不良反应纠纷

疫苗对于人体而言是异物，在诱导人体产生免疫力的同时，也会因其固有的生物学特性使少数受种者出现一些机体损害的反应，被称为预防接种不良反应。由于人类认识的局限性和临床试验数量的有限性，预防接种异常反应的发生具有不可避免性，对于这种不良反应，受种者往往不能正确认识，因此常常与接种单位、疫苗生产企业和经营企业、疾病预防控制中心以及卫生行政部门发生纠纷，这类纠纷就是预防接种不良反应纠纷。

（二）预防接种纠纷中的民事责任的承担

1. 疫苗质量纠纷中的民事责任的承担

疫苗不合格即指疫苗不符合国家药品标准。按照我国《产品质量法》的规定，不符合国家标准的疫苗属于缺陷产品，造成受种者损害的，将承担缺陷产品致害的民事责任。受害人可以向疫苗生产者要求赔偿，也可以向疫苗销售者要求赔偿。属于生产者责任的，销售者赔偿后有权向生产者追偿。属于销售者责任的，生产者赔偿后有权向销售者追偿。因运输者、仓储者等第三人的过错使疫苗存在缺陷，造成他人损害的，生产者、销售者赔偿后，有权向第三人追偿。

2. 不当接种纠纷中的民事责任承担

接种技术人员违反规定实施接种，构成医疗侵权行为，如果造成受种者损害，将可能承担医疗损害责任，由接种单位承担赔偿责任。如果不当接种符合医疗事故的构成条件，接种单位除了要承担民事赔偿责任外，还将按照《医疗事故处理条例》的规定承担行政以及刑事责任。

3. 不良反应纠纷中的民事责任承担

预防接种的一般反应由于程度轻微且能够自愈，因此属于合理危险，应予容忍，各国立法均无对一般反应的赔偿或补偿规定。而异常反应由于程度严重，常给受种者造成永久性损害，因此必须给予受种者救济。我国建立了预防接种异常反应受害者的救济机制。根据《疫苗流通和预防接种管理条例》第46条的规定，“因预防接种异常反应造成受种者死亡、严重残疾或者器官组织损伤的，应当给予一次性补偿。因接种第一类疫苗引起预防接种异常反应需要对受种者予以补偿的，补偿费用由省、自治区、直辖市人民政府财政部门在预防接种工作经费中安排。因接种第二类疫苗引起预防接种异常反应需要对受种者予以补偿的，补偿费用由相关的疫苗生产企业承担。预防接种异常反应具体补偿办法由省、自治区、直辖市人民政府制定。”第46条明确了异常反应的损害救济方法是补偿而非赔偿。受种者因遭受异常反应而获得救济的条件是：(1) 受种者接受了疫苗的接种。(2) 发生了预防接种的异常反应。(3) 接种疫苗与异常反应之间存在因果关系。由于异常反应的发生很多情形下不可预见，因此对因果关系的判定必须交由权威机构进行，为此卫生部于2008年出台的《预防接种异常反应鉴定办法》，将疫苗异常反应的鉴定交由市级以上的医学会负责。

五、对预防接种纠纷中损害赔偿责任性质的思考

(一) 预防接种法律关系的性质

在我国，预防接种法律关系的属性与所接种之疫苗的类别密切相关。根据《疫苗流通和预防接种管理条例》第2条疫苗分为两类：第一类疫苗，是指政府免费向公民提供，公民应当依照政府的规定受种的疫苗，包括国家免疫规划确定的疫苗，省、自治区、直辖市人民政府在执行国家免疫规划时增加的疫苗，以及县级以上人民政府或者其卫生主管部门组织的应急接种或者群体性预防接种所使用的疫苗；第二类疫苗，是指由公民自费并且自愿受种的其他疫苗。两类疫苗的核心区别在于接种是否为自愿。第一类疫苗是政府强制接种的，受种者不论是否愿意，都必须接种。第二类疫苗则是受种者自愿接种的，是否接种由受种者决定，政府不加干涉。由于第一类疫苗多为国家和地方免疫规划范围内的疫苗，常用来对抗严重的传染病，因此与公共健康密切相关，一定区域内的人群必须接种，且接种为免费。第二类疫苗则与个体健康关系密切，因此由个人选择接种，国家不做强制要求，当然费用要由个人支付。可以说，两类疫苗接种所形成的法律关系是不同的，前者主要为行政法律关系或称强制接种法律关系，后者则是纯粹的民事法律关系。在预防接种各类型纠纷发生的情形，损害赔偿责任是否因这两种法律关系性质的不同而有变化呢？对此问题现有著述罕有涉及，实有探讨的必要。

(二) 预防接种纠纷中损害赔偿责任的性质与承担

1. 接种第一类疫苗所致损害的责任性质与承担

在第一类疫苗接种所形成的法律关系中，接种单位依照政府委托负责责任区域内的接种工作，属于行政法上“被委托的组织”，受种者为行政相对人。因此接种单位在履行预防接种职责时，如果造成了受种者损害，可能涉及行政赔偿责任。问题在

于，接种第一类疫苗发生的所有损害（如不当接种损害、疫苗质量损害和异常反应损害）是否都要承担行政赔偿责任呢？对此存在不同意见。

一种意见认为，强制接种法律关系并非单纯的行政法律关系，还要涉及以预防接种服务为内容的民事法律关系，因此强制接种所致损害责任的性质依损害发生原因的不同而有差别。具体而言，如果损害是因违法行使职权的行为造成的，那么产生行政赔偿责任，如果损害是因不当接种行为造成的，那么只会涉及民事赔偿责任。该观点实际上认为第一类疫苗接种所形成的法律关系是行政法律关系和民事法律关系的结合。例如有学者称："强制治疗而产生的强制医疗法律关系与一般行政法律关系确有不同之处，其最大的区别在于，在强制医疗过程中，除限制患者人身自由这种行政强制措施外，还存在着为患者提供医疗服务等民事活动。"[1]根据这种观点，强制接种过程中可能会出现两类纠纷，一是受种者对强制接种措施不服，认为强制接种措施造成了他的人身损害和财产损失；二是受种者认为接种单位工作人员的接种行为不当，导致其生命健康受到损害。对于第一类纠纷，受种者可以以具体行政行为违法为由提起行政诉讼，被告和赔偿义务机关均是政府。而在第二类纠纷中，接种单位仅以平等身份的医疗服务提供者出现，其所实施的接种行为是单纯的服务，而非行使职权，因此与受种者之间形成了民事法律关系。受种者遭受损害者，可向法院提起民事诉讼，要求接种单位承担医疗损害赔偿责任。

另一种意见认为，强制接种法律关系的本质是行政法律关系，所以强制接种所致损害的赔偿责任均是行政赔偿责任。例如有学者称："在强制医疗法律关系中，由于医疗机构完全处于被

---

[1] 陈志华："强制医疗法律关系研究"，载 http：//china. findlaw. cn/yiliao/yiliaozhishi/yiliaoshigu/ylflgx/1294_ 2. html，2010 年 9 月 8 日访问。

动的地位，缺乏任何自主选择的权利，因此，判令医疗机构对强制治疗造成的不良后果承担责任，会造成对医疗机构利益的侵害。既然强制医疗关系属于行政法律关系，医方在某种意义上是国家行为的执行人，是行政主体，患者的强制治疗的服从义务不是基于私法中的合同关系，而是国家公权力的行使所致。因此，在医疗过程中违法、不当，造成患者身体、生命或精神损害的，受害人应该提出行政赔偿，而不应向医疗机构和医护人员主张民事赔偿。”❶“医疗服务确实属于民事活动，但是根据传染病防治法律实施的医疗服务与一般医疗服务存在本质的区别，即医疗机构及其医务人员是根据政府或卫生行政部门的委托提供医疗服务，是一种委托行政行为，因此强制治疗的法律后果应由委托者承担。患者应以政府或卫生行政部门为被告，在提起行政诉讼的同时，可以就其受到的人身损害要求国家赔偿（行政赔偿）。”❷

笔者赞同第一种观点。强制接种并非单纯的行政法律关系，亦有民事法律关系的成分，在确定损害责任的承担时，应首先判断损害发生在行政领域还是民事领域。实际上，立法对于强制接种法律关系性质的认识也是双向的。例如卫生部 2005 年出台的《预防接种工作规范》中赫然采用了“预防接种服务”字眼作为第四章的标题，表明了预防接种的服务特性。《预防接种工作规范》在对常规接种界定时，采用的表述是“接种单位按照国家免疫规划和当地预防接种工作计划定期为适龄人群提供的预防接种服务”，充分显示了立法者对预防接种强制性与平等性的双重认识。而强制接种损害责任的性质至少包括两种：即行政赔偿责任和民事赔偿责任。这样，在下述两种情形下政府将承担赔偿或

---

❶ 蔡晓卫：“强制医疗关系中的相关问题研究”，载《中国医学伦理学》2004 年第 6 期。

❷ 陈志华：“强制医疗法律关系研究”，载 http：//china. findlaw. cn/yiliao/yiliaozhishi/yiliaoshigu/ylflgx/1294_ 2. html，2010 年 9 月 8 日访问。

者补偿责任：一是当接种单位在行使委托职权的过程中，存在违法行为并造成公民身体伤害或者死亡的情形。如接种单位违反政府群体接种或应急接种的命令与方案，扩大或限缩接种范围，致使受种者人身损害或发生传染病的，应由政府对接种单位之行为承担赔偿责任。二是在发生异常反应的情形，由政府负责补偿。至于不当接种致害和疫苗质量不合格致害的情形，则由接种单位或者疫苗的生产者、销售者、仓储者和运输者承担赔偿责任，政府不负责赔偿或补偿。

2. 接种第二类疫苗所致损害的责任性质与承担

接种第二类疫苗所致损害的责任性质较第一类疫苗单一。由于第二类疫苗的接种不涉及公权力因素，因此接种单位与受种者之间成立单纯之民事法律关系，因疫苗接种产生的各类损害赔偿责任性质上均为民事赔偿责任，而不涉及行政赔偿责任。无论是不当接种致害，还是疫苗质量不合格致害，抑或异常反应致害，政府均不负有责任，赔偿或补偿责任由疫苗相关企业负担。

第二节　我国预防接种异常反应损害之救济

为了保障预防接种的安全和有效，我国出台了一系列有关预防接种的法律、法规和规章，最为重要的有《疫苗流通和预防接种管理条例》《疫苗储存和运输管理规范》《预防接种工作规范》《预防接种异常反应鉴定办法》。其中，《疫苗流通和预防接种管理条例》（以下简称《条例》）规定了对预防接种异常反应的处理，为预防接种异常反应损害救济提供了依据。

一、预防接种不良反应的定义和类型

疫苗是一种免疫预防制剂，对机体来说，是一种异体或大分子物质，一些接种对象在获得免疫保护的同时，也会发生一些除

正常免疫反应以外的其他不利于机体的反应。在这些反应过程中所表现出来的临床症状和体征，医学上称为疫苗接种不良反应(adverse effect for immunization，AEFI)。[1] 疫苗不良反应属于药品不良反应的一种类型，所以借用药品不良反应的定义可将其界定为“合格疫苗在实施规范接种的过程中或接种后产生的与接种目的无关的有害反应或意外反应”。

按照《疫苗流通与预防接种管理条例》的规定，预防接种不良反应包括一般反应和异常反应两种形态。其中，一般反应，是指在免疫接种后发生的，由疫苗本身所固有的特性引起的，对机体只会造成一过性生理功能障碍的反应，主要有发热和局部红肿，同时可能伴有全身不适、倦怠、食欲不振、乏力等综合症状。异常反应，是指合格的疫苗在实施规范接种过程中或者实施规范接种后造成受种者机体组织器官、功能损害，相关各方均无过错的药品不良反应。一般反应的特点是，反应程度轻微，通常能够自愈。而异常反应尽管发生率低，但反应程度严重，受种者常需入院治疗，且治疗后仍可能构成永久性损害，因此是各国药物行政管理中重点监控与防范的对象。立法上区分两种反应的一个重要目的是确定责任的承担，这在强制接种的情形更加必要。一般反应虽为风险，但与所预防的疾病相比，利益明显占据上位，因此一般反应乃预防接种的合理风险，受种者应予容忍。而异常反应的风险明显超出了世人的预期，在风险与利益的衡量中，足以判定接种已不具有合理性。在强制接种的情形，这种风险更不应由受种者负担，否则对受种者极不公平。各国疫苗立法上的国家赔偿或补偿制度多针对疫苗异常反应而设，因此明确异常反应的构成和范围直接关系到受害者救济的问题。

---

[1] 张延龄、张晖主编:《疫苗学》，科学出版社2004年版，第124页。

二、预防接种异常反应的构成和范围

根据《条例》给出的解释，一项损害若要被认定为异常反应必须具备以下 4 个条件：

（1）疫苗必须合格。即所使用的疫苗经过了国家药品监督管理部门正式批准注册，并通过国家药品检定机构的批质量检验，获得"生物制品批签发合格证"。

（2）疫苗接种符合规范。即由具备资质的接种单位及其技术人员严格按照预防接种工作规范、免疫程序、疫苗使用指导原则和接种方案为受种者施种。

（3）受种者机体组织器官或功能受到损害。即在接种过程中或接种后发生了较为严重的损害，出现了受种者死亡、残疾或器官组织损伤的情形。轻微的身体不适不能构成异常反应。

（4）相关各方均无过错。即与预防接种相关的各方主体包括疫苗的生产者和经营者、预防接种单位、国家疾病预防控制机构以及受种者对异常反应的发生均无过错。因此异常反应纠纷有别于疫苗质量纠纷和不当接种纠纷，异常反应损害责任不能简单地归结为产品责任或者医疗损害责任。

疫苗接种引起损害的情况比较复杂，有一些损害与异常反应十分相近，应当将它们区分开来。根据《疫苗流通与预防接种管理条例》第 41 条的规定，下列损害不是异常反应：（1）因疫苗本身特性引起的接种后一般反应；（2）因疫苗质量不合格给受种者造成的损害；（3）因接种单位违反预防接种工作规范、免疫程序、疫苗使用指导原则、接种方案给受种者造成的损害；（4）受种者在接种时正处于某种疾病的潜伏期或者前驱期，接种后耦合发病；（5）受种者有疫苗说明书规定的接种禁忌，在接种前受种者或者其监护人未如实提供受种者的健康状况和接种禁忌等情况，接种后受种者原有疾病急性复发或者病情加重；

（6）因心理因素发生的个体或者群体的心因性反应。上述损害在卫生部的《预防接种工作规范》中被称为“疑似预防接种异常反应”，即是指在预防接种过程中或接种后发生的可能造成受种者机体组织器官、功能损害，且怀疑与预防接种有关的反应。其与异常反应的相似之处在于：损害的发生与预防接种均存在时间上的关联性；损害后果具有共同性。但是由于上述损害不符合“疫苗合格”“接种符合规范”以及“相关各方无过错”这些条件，因而处理结果与异常反应的处理结果截然不同。根据《疫苗流通与预防接种管理条例》第47条的规定，因疫苗质量不合格给受种者造成损害的，依照《药品管理法》的有关规定处理；因接种单位违反接种规范和程序给受种者造成损害的，依照《医疗事故处理条例》的有关规定处理。至于接种后的发生的一般反应、耦合症、心因性反应以及受种者未如实告知引发的自身损害，则是由受种者自己承担的。

三、预防接种异常反应损害之补偿

《疫苗流通与预防接种管理条例》建立了预防接种异常反应的救济机制，其第46条规定对异常反应的受害者给予补偿。可是由于接种第一类疫苗和第二类疫苗所形成的法律关系不同，异常反应救济责任的性质以及救济的途径存在差别。

（一）救济方法——行政补偿或民事补偿

预防接种异常反应是由疫苗固有特性引起的，具有不可避免性。相关主体对异常反应的发生均无过错，因而并不产生赔偿责任。然而预防接种是一项公共卫生措施，个人在接种疫苗获得自身免疫力的同时，也在建立群体的免疫屏障，所以对个人实施的预防接种客观上也在保护大多数人的健康。这样，当个人因预防接种而遭受异常反应损害时，就不应由个人独自承担风险，而应由社会对个人遭受的特别牺牲予以填补和回复。所以，无论是第一类疫苗还是第二类疫苗，如若发生异常反应，损害责任均属补偿而非赔偿。[1] 具体到第一类疫苗即为行政补偿，具体到第二类疫苗则为民事补偿。

《疫苗流通与预防接种管理条例》关于受害者救济的规定充分体现了补偿的原则和精神，其第46条第1款明确规定，"因预防接种异常反应造成受种者死亡、严重残疾或者器官组织损伤的，应当给予一次性补偿。"但是由于两类疫苗接种所形成的法律关系的不同，异常反应的救济途径也有差别，反映在《疫苗流通与预防接种管理条例》中即是第46条第2款之规定："因接种第一类疫苗引起预防接种异常反应需要对受种者予以补偿的，补偿费用由省、自治区、直辖市人民政府财政部门在预防接种工作经费中安排。因接种第二类疫苗引起预防接种异常反应需要对受种者予以补偿的，补偿费用由相关的疫苗生产企业承担。"至于具体的补偿办法，《疫苗流通与预防接种管理条例》授权各省、自治区、直辖市人民政府制定。

（二）救济条件

《疫苗流通与预防接种管理条例》第46条是对异常反应损害救济条件的规定。按照该条第1款，受种者获得补偿必须具备以下条件。

1. 受种者接受了疫苗的接种

即受种者按照国家要求或凭自愿接种了疫苗。需要注意的

---

[1] 据《新华词典》解释，补偿即"补足与偿还"，赔偿则指"因给别人造成损失而予以补偿"。很明显，赔偿一词暗含了行为人对他人损害的发生有过错或者行为人的行为与他人损害之间有因果关系的意思，而补偿一词并不具有这些含义。"在我国法学理论中，补偿是有别于赔偿的，它特指对合法、正当行为所造成的损失予以救济的行为和制度，因'损失'是中性的，与补偿相联系，称为损失补偿。而引起赔偿的行为是违法、不正当、应受谴责的，故以'损害'赔偿相联系，称为损害赔偿。"彭诵："论建立行政补偿制度的理论基础"，载《中国煤炭经济学院学报》2000年第1期。

是，为受种者实施接种的医疗保健机构和医务人员必须具有法定资质。按照《疫苗流通与预防接种管理条例》和《预防接种工作规范》，这些医疗保健机构必须经县级卫生行政部门指定，同时具备下列条件：（1）具有医疗机构执业许可证件；（2）具有经过县级人民政府卫生主管部门组织的预防接种专业培训并考核合格的执业医师、执业助理医师、护士或者乡村医生；（3）具有符合疫苗储存、运输管理规范的冷藏设施、设备和冷藏保管制度。承担预防接种的人员应当具备执业医师、执业助理医师、护士或者乡村医生资格，并经过县级卫生行政部门组织的预防接种专业培训，考核合格后方可上岗。

2. 发生了预防接种异常反应

考察接种是否出现了异常反应，必须依赖于对异常反应4个构成要件的分析：疫苗是否合格；接种是否规范；是否发生了死亡、严重残疾或者器官组织的损伤；相关各方是否没有过错。

3. 接种疫苗与异常反应之间存在因果关系

预防接种具有很强的未知性，人们对异常反应的发生机理尚不清楚。因此，这里的因果关系不能套用一般民事赔偿或行政赔偿中的因果关系标准，而应在尊重科学的前提下适当放宽因果关系的判断。事实上，目前我国在异常反应鉴定中采用的就是医学尤其是流行病学上的因果关系标准，而随着异常反应补偿制度的建立，这种标准实际上已成为法律上的因果关系标准，在预防接种异常反应损害补偿的认定中起到至关重要的作用。

四、预防接种异常反应的鉴定

（一）异常反应鉴定的功能和意义

异常反应鉴定的任务是对异常反应是否存在作出判断，而要作出这样的判断，必须依赖于疫苗接种与受种者损害之间因果关系的确定，因此异常反应的鉴定实为对疫苗接种与受种者损害之间因果关系的确定。从医学上看，鉴定是对损害原因的考查，而从法律上看，鉴定还具有判断因果关系、确定损害补偿责任的功能。可以说，异常反应鉴定是技术性和法律性的结合。由于预防接种异常反应的补偿责任具有非过错的特点，因而因果关系的判定成为确定补偿责任的核心要件。而作为确定因果关系的唯一法定方法，预防接种的异常反应鉴定具有重要的法律意义。按照《疫苗流通与预防接种管理条例》第45条规定，预防接种异常反应的鉴定参照《医疗事故处理条例》执行。2008年，卫生部出台了《预防接种异常反应鉴定办法》，对预防接种异常反应鉴定的原则、鉴定的组织、鉴定的申请和受理以及鉴定程序等作出了规定。

（二）异常反应鉴定的前置程序——调查诊断

《预防接种异常反应鉴定办法》第3条第1款规定："受种者或者监护人（以下简称受种方）、接种单位、疫苗生产企业对预防接种异常反应调查诊断结论有争议申请预防接种异常反应鉴定的，适用本办法"。据此，预防接种异常反应的鉴定需要以调查诊断为前置程序。根据《预防接种异常反应鉴定办法》，各级各类医疗机构、疾病预防控制机构和接种单位及其执行职务的人员发现预防接种异常反应、疑似预防接种异常反应或者接到相关报告，应当及时向所在地的县级卫生行政部门、药品监督管理部门报告。由省级、设区的市级和县级疾病预防控制机构成立预防接种异常反应调查诊断专家组，负责预防接种异常反应调查诊断。专家组依据法律、行政法规、部门规章和技术规范，结合临床表现、医学检查结果和疫苗质量检验结果等，进行综合分析，作出调查诊断结论。

（三）预防接种异常反应的鉴定

受种方、接种单位、疫苗生产企业对异常反应调查诊断结论有争议的，有权在收到预防接种异常反应调查诊断结论之日起60日内向接种单位所在地设区的市级医学会申请鉴定。省、自治区、直辖市医学会建立预防接种异常反应鉴定专家库，为省级、设区的市级医学会的预防接种异常反应鉴定提供专家。专家库由临床、流行病、医学检验、药学、法医等相关学科的专家组成，并依据相关学科设置专业组。负责鉴定的医学会应当根据受理的预防接种异常反应鉴定所涉及的学科专业确定专家鉴定组的构成和人数。专家鉴定组人数为5人以上单数，人员由受种方在专家库中随机抽取。专家鉴定组应当认真审查材料，必要时可以听取受种方、接种单位、疫苗生产企业的陈述，对受种者进行医学检查，负责鉴定的医学会还可以根据专家鉴定组的要求进行调查取证。专家鉴定组依照有关规定和技术标准，运用科学原理和专业知识，独立进行鉴定，作出鉴定结论。医学会在鉴定结论作出后的10日内将鉴定书送达申请人，并报送所在地同级卫生行政部门和药品监督管理部门。卫生行政部门、药品监督管理部门等有关部门发现鉴定违反有关规定的，可以要求医学会重新组织鉴定。受种方对设区的市级医学会鉴定结论不服的，可以在收到预防接种异常反应鉴定书之日起15日内，向接种单位所在地的省、自治区、直辖市医学会申请再鉴定。

五、预防接种异常反应补偿和鉴定存在的问题

《疫苗流通与预防接种管理条例》于2005年正式实施，其一项重要意义在于确立了预防接种异常反应的补偿和鉴定机制。然我国异常反应补偿和鉴定机制过于简单，缺乏目标设计的远见和宏观利益衡平的能力，随着预防接种异常反应事件的增多，其弊端越来越显现。

（一）补偿标准不统一，补偿费用呈现地方差异

按照《疫苗流通与预防接种管理条例》的规定，预防接种异常反应的具体补偿办法由省、自治区、直辖市人民政府制定，这使得补偿标准因地方规定而有不同，所计算得出的补偿费用存在

较大差别。当同一厂家生产的同一种类甚至是同一批次的疫苗在施种后被鉴定产生了异常反应的，即使受种者损害程度相当，所获得的补偿也可能不同，甚至存在较大差异。目前国内已有部分省份制定了明确的补偿办法，然补偿项目和补偿标准方面的省级差异是使救济的公平性难以实现。[1]

---

[1] 例如《浙江省预防接种异常反应补偿办法（试行）》规定的补偿标准和测算方法是：(1) 因预防接种异常反应造成死亡的，经济补偿金额按照浙江省上一年度城镇居民人均可支配收入计算，18 周岁以下（含 18 周岁）死亡，补偿 10 年；18 周岁以上死亡，补偿 15 年。经济补偿金额 = 浙江省上一年度城镇居民人均可支配收入 × 补偿年限。(2) 因预防接种异常反应造成残疾的，经济补偿金额根据《医疗事故分级标准（试行）》确定的伤残等级和浙江省上一年度城镇居民人均可支配收入计算，自定残之日起最长补偿 20 年。经济补偿金额 = 浙江省上一年度城镇居民人均可支配收入 × 伤残系数 × 补偿年限。一级乙等至三级戊等对应的伤残系数为 1-0.1。(3) 四级或经过治疗恢复正常的一过性器官组织损伤，给予一次性补偿，补偿总额最高不超过上一年度浙江省城镇居民人均可支配收入。而按照《青海省预防接种异常反应补偿暂行办法》，预防接种异常反应补偿费用的项目和标准是：(1) 医疗费：按照预防接种异常反应后对受种者造成的人身损害进行治疗所发生的医疗费用计算，凭据支付，但不包括原发病医疗费用。预防接种异常反应补偿后继续治疗的医疗费用，不再补偿。(2) 残疾生活补助费：根据异常反应损害程度分级，青海省统计局编发的最新版《青海统计年鉴》中《主要年份城镇居民家庭基本情况》中上 1 年平均每人消费性支出，自鉴定之月起最长补偿 15 年。(3) 残疾用具费：因残疾需要配置补偿功能器具的，凭医疗机构证明，按照普及型器具的费用计算。(4) 死亡补偿金：异常反应损害程度鉴定为一级甲等，按照青海省主要年份城市居民家庭人均消费支出计算。当事人死亡年龄为 18 周岁以下者，最多补偿 10 年；当事人死亡年龄为 18 周岁以上者，最多补偿 15 年。根据受种者所受损害级别的不同，补偿项目和标准相应地也有不同。例如，一级甲等损害，给予补偿医疗费、死亡补偿金。补偿总额不超过一级甲等补偿金总额上限。一级乙等损害，给予补偿医疗费、残疾生活补助费、残疾用具费。补偿总额不超过一级乙等补偿金总额上限。其中，一级甲等的补偿金总额上限为《青海统计年鉴》中《主要年份城镇居民家庭基本情况》中上一年平均每人消费性支出的 10 倍。一级乙等的补偿金总额上限为《青海统计年鉴》中《主要年份城镇居民家庭基本情况》中上 1 年平均每人消费性支出的 20 倍。二级甲等损害，给予补偿医疗费、残疾生活补助费、残疾用具费。补偿总额不超过一级乙等补偿金总额上限的 80%。二级乙等损害，给予补偿医疗费、残疾生活补助费、残疾用具费。补偿总额不超过一级乙等补偿金总额上限的 60%。二级丙等损害，给予补偿医疗费、残疾生活补助费、残疾用具费。补偿总额不超过一级乙等补偿金总额上限的 40%。三级甲等损害，给予补偿医疗费、残疾生活补助费、残疾用具费。补偿总额不超过一级乙等补偿金总额上限的 30%。三级乙等损害，给予补偿医疗费、残疾生活补助费、残疾用具费。补偿总额不超过一级乙等补偿金总额上限的 20%。四级损害，给予补偿医疗费。补偿总额不超过一级乙等补偿金总额上限的 15%。

（二）政府和疫苗企业负担过重，影响疫苗的供应和新疫苗的研发

根据《疫苗流通与预防接种管理条例》，预防接种异常反应的补偿义务主体是政府或企业。其中，因接种第一类疫苗引起异常反应的，由政府负责补偿，补偿费用由省、自治区、直辖市人民政府财政部门在预防接种工作经费中安排。因接种第二类疫苗引起异常反应的，补偿费用由相关的疫苗生产企业承担。然而预防接种异常反应的发生具有未知性，无论政府和疫苗生产企业都难以预料异常反应的发生率。加之异常反应损害通常较为严重，补偿金额往往较大，因此一旦一定时期内异常反应的数量增多，政府和企业都难以负担。对于政府而言，支付异常反应补偿金越多，本地区本年度预防接种工作经费就越少，本地区的预防接种工作必然受到影响。对于企业而言，补偿金的支付不仅可能影响到企业的正常生产经营，使企业无利可图，还可能使企业发生亏损而破产。作为公共产品的提供者，疫苗生产商极有可能退出疫苗生产市场，导致疫苗供应危机，新疫苗的研发也会受到影响。可见，《疫苗流通与预防接种管理条例》规定的补偿机制仅仅关注补偿金能否现实支付，却忽略了补偿的方式方法还可能涉及疫苗产业的发展、公共健康的维系和受种者补偿公平等诸方面问题。我们有必要探索新的救济形式，通过宏观、系统的设计安排，兼顾各方主体的利益，实现个人损害救济与公共健康维护的双重目标。

（三）鉴定程序繁复，鉴定组织中立性不足，鉴定结论难保公正

异常反应鉴定程序的启动需要以异常反应的调查诊断为前置程序。鉴定由医学会负责，调查诊断则由疾病预防控制中心承担。尽管两种程序的目的相同，即都在于对存在争议的异常反应作出判定，但是在性质上却截然不同。其中，调查诊断乃是疾病

预防控制机构履行法律授予的行政职权的行为，相应的调查诊断结论具有行政法上决定的效力。而预防接种异常反应鉴定由医学会负责，医学会作出的鉴定结论不是行政法上的决定，但却对于异常反应补偿具有终局意义，这使得医学会的鉴定结论实际上具有改变疾病预防控制机构诊断结论的效力。鉴定结论与诊断结论非属同一体系，效力上却呈现出高低位阶，难免让人对二者关系产生疑问。

性质不同、效力却存在高下的两种程序的同时存在，反映出我国在异常反应认定问题上存在的权利分割问题，两种程序并存根源于两种程序目标和任务的差异。诊断结论的任务主要为政府决策提供依据，在相关主体没有争议的情况下，兼为确定补偿责任的依据，而鉴定结论则主要为确定补偿责任提供依据。惟需特别关注者是，两种程序之并存可能使效率和公正被消磨于无形。首先，调查诊断程序的前置使异常反应的认定过程耗时长久，使救济及时的目标难以实现。其次，针对补偿问题，鉴定结论具有改变诊断结论的效力，可是出具鉴定结论的医学会是民间组织，并不具有高于法律授权组织（即疾病预防控制机构）的地位，何以鉴定结论具有高于诊断结论的效力呢，不无疑问。再次，鉴定结论关系到政府、企业补偿责任的承担，而医学会只是一个民间组织，政府、疾病预防控制机构和医学会的地位并不平等，这让我们很难想象医学会的鉴定结论不会受到政府因素的影响。此外，无论鉴定专家组抑或诊断小组，其成员均为本地区临床、流行病、医学检验等方面相关学科的专家，成员身份极易重叠，相应的鉴定结论也难保不受诊断结论的影响。所以，我国现有的异常反应认定机制存在程序繁杂、权力臃肿、机构混乱等问题，这些问题将直接影响补偿决定的公正性。

对认定机制进行适当改革将帮助异常反应救济机制走向公平、公正和效率，而这需要宏观统筹、系统设计。认定程序的去行政化应是未来改革的发展方向，有必要取消鉴定的前置程序要求，保持鉴定组织的中立性，建立承担补偿义务的公共组织，将补偿责任彻底与政府分离。当然要做到这些，还必须依赖于合理的补偿金筹措制度的设计。

第三节　国外疫苗接种异常反应的法律救济

一、国外疫苗接种异常反应救济机制的设置

疫苗产生的异常反应常给受种者带来严重损害。然而与药品相比，疫苗危害更加严重。首先，疫苗危害的波及面更大。这是因为疫苗接种涉及公共健康，一般国家都有强制接种或鼓励接种的要求，疫苗的潜在风险随着接种范围的扩大也在传播。其次，疫苗危害的后果更加严重。疫苗接种的对象通常为婴儿或者儿童，他们不仅免疫力差，且器官组织功能尚在发育阶段，一旦发生异常反应，结果常常十分严重。疫苗鲜明的公共福利性和强制性特点使各国对疫苗异常反应极为关注，各国对于疫苗异常反应的救济规定也更加完备。总体上说，有关国家在疫苗和一般药品的异常反应的救济问题上，大致有3种做法：一是建立统一的药品不良反应救济机制，将疫苗异常反应的救济归入该体制中，如德国和瑞典。我们将这种设置称为“统一型”。二是仅建立专门的疫苗接种异常反应救济机制，对因其他药品发生的不良反应损害不设专门救济，按照一般损害救济程序处理，如英国和美国。我们可称其为“单一型”。三是对疫苗异常反应与药品不良反应同时设定专门性救济程序，分别按照各自救济程序处理，如日本。本书称其为“并列型”。

（一）“统一型”

统一型设置以不区分疫苗与一般药物为特点，对于不良反应

的救济适用统一的法律和程序。

德国因受反应停事件的影响，于1973年由联邦卫生部首先提出针对药品不良反应的立法草案。该草案经多次修正，最后定案于1976年的德国《药事法》第84～94条a款。德国《药事法》为药物不良反应提供了统一的救济机制，对疫苗异常反应的救济包括在其中。瑞典同样采取统一型设置。只不过由于瑞典属于社会福利国家，其对意外事故损害的救济方式，向偏以集团保险制度而非侵权法诉讼解决。❶ 1975年，瑞典建立了病人伤害保险制度，1978年又建立了药物保险制度，对药物损害提供了充分的救济。瑞典的药物保险制度在救济范围上非常宽泛，只要是与药物相关的损害，如缺陷药物所致损害、成分变质药物所致损害、第三人因素所致损害如因误诊而用错药物的情形，均可求偿。可以说，瑞典的保险制度不是针对疫苗异常反应或者药物不良反应的专门救济机制，而是针对药物损害的救济机制。

（二）“单一型”设置

英国和美国是单一性设置的代表。1979年，英国议会基于社会压力出台《疫苗损害赔偿法案》（*Vaccine Damage Payments Act*），目的是对疫苗受害者提供法定补偿。至于疫苗以外的药物不良反应损害，则未设专门的救济。1986年，美国国会出于救济受害者、保证疫苗供应的目的出台了《国家儿童疫苗损害法案》（*National Children Vaccine Injury Act*），为疫苗异常反应的受害者提供专门救济。受害者亦可选择普通法上的侵权制度向疫苗制造者寻求赔偿。至于疫苗以外的药物不良反应损害，则没有专门的救济机制，只能通过侵权法律制度寻求救济。

---

❶ 朱怀祖：《药物责任与消费者保护》，五南图书出版公司1997年版，第363页。

（三）“并列型”

日本的药害救济机制更加全面，分别设立疫苗和一般药物的不良反应救济制度。日本先于 1976 制定了《预防接种法》，使因强制接种疫苗的受害者可以获得赔偿。另因莎儿事故（即“反应停事件”）及 SOMN 事故诉讼劳费过高，复以认定国家核准药物责任之困难，厥有倡议设立特定之救济制度。1979 年，日本通过了《日本医药品副作用被害救济基金法》，设立基金为药物不良反应得受害者提供救济。该法于 1988 年修订为《日本医药品副作用被害救济·研究振兴基金法》，最近之法律修订，则为 1996 年之《日本医药品副作用救济·研究振兴调查机构法》。修正的目的在于设立“医药品机构”，以综合办理制药业的研究发展与救济业务。该机构系属制造者因社会责任由民间发起，经厚生部认可而设立法人组织。其所承办救济业务除含现行法令药物副作用救济业务外，亦因相关制造者委托办理 1980 年 5 月 1 日前使用 SOMN 药物受害者及因血液制剂混入 HIV 病毒受害者二项救济业务。[1]

在疫苗异常反应损害救济模式中，单一型和并列性的设置更具针对性，对我国疫苗损害救济机制的建立更有意义。

二、英国疫苗接种异常反应的损害救济

（一）疫苗危险下的英国社会

预防接种在英国不具有强制性，而是官方推荐的一种社会公益行为。公民凭借自身社会责任感决定是否接种疫苗。[2] 这种自

---

[1] 朱怀祖：《药物责任与消费者保护》，五南图书出版公司 1997 年版，第 359 页。

[2] Rob Henson，Inoculated Against Recovery：A comparative analysis of vaccine injury compensation in the United States and Great Britain. *Tulsa Journal of Comparative and International Law*，2007，15.

愿模式尽管为英国公民提供了自由，但也给英国带来了巨大的恐慌。公民接种疫苗乃是出于对疫苗安全和功效的信任，并在此基础上形成预防接种的社会责任意识。一旦信任基础丧失，公民的社会责任意识就会受到影响，继而接种率下降，传染病爆发。因疫苗引起的恐慌在英国历史上并不少见，其中影响较大的有两次。第一次大恐慌发生于 1973 年 10 月 26 日。儿科神经病学家约翰·威尔逊在皇家医学会的一次讲座中宣称他发现百日咳疫苗与脑损害之间存在关联。4 个月后，英国医学联合会将威尔逊的研究记录在儿童疾病档案中。该研究发表后，百日咳疫苗的接种率暴跌，从 1974 年的近乎 80% 暴跌至 1977 年的 33%，很多地区甚至低至 9%。在减少接种时期，百日咳曾 4 次大爆发。1979 年，英国有 102 500 例百日咳报告病例，其中近 36 例是致命病例。第二次大恐慌发生在 1998 年 2 月 28 日。一个来自伦敦的研究队伍——皇家自由医院，在胃肠病学家安德鲁·韦克菲尔德（Andrew Wakefield）的领导下，在英国的医学杂志《柳叶刀》公布了他们在自闭症与肠胃问题之间关系的研究发现。他们观察了一组 12 个因肠胃问题被送到医院的孩子，这些孩子同时发育迟缓。最后发现 12 个孩子中有 9 个孩子发展为自闭症。研究声称麻腮风三联疫苗可能是罪魁祸首。可是安德鲁·韦克菲尔德在新闻发布会上又自相矛盾地鼓励父母为孩子选择接种单一的麻疹、流行性腮腺炎和风疹疫苗而不是联合接种。至此，一个有关疫苗安全的激烈争论随之展开，接下来的几年中，英国麻疹、流行性腮腺炎和风疹疫苗的接种率不断下降。2003 年，全英国麻疹、流行性腮腺炎和风疹疫苗的接种率已跌至 80%，部分地区跌至 62%。这一风潮在 2003 年 11 月突然发生了转变。安德鲁·韦克菲尔德的一名合作者西蒙·默奇，坚称麻疹、流行性腮腺炎和风疹疫苗与自闭症之间没有关联。2004 年 3 月，安德鲁·韦克菲尔德的合作者中又有 10 个人反对这种自闭症的假设。

安德鲁·韦克菲尔德没有透露他的研究得到那些认为自己孩子因接种麻疹、流行性腮腺炎和风疹疫苗而受到损害的父母向其资助的事实。随后全英麻疹病例突然增加。在爱尔兰，由于受到安德鲁·韦克菲尔德报告的影响，麻疹、流行性腮腺炎和风疹疫苗的接种率急剧下降，一次麻疹的爆发中，1 600多名儿童被传染。其中 350 名儿童不得不接受住院治疗，另有 3 名儿童死亡。在大不列颠，2003 年发生了 442 例麻疹病例，几乎高于安德鲁·韦克菲尔德研究发表前平均水平的 4 倍。2004 年，大不列颠仍报告有几百例麻疹病例发生。❶ 此后，科学家们针对“疫苗—自闭症”理论进行了大量研究，从科学的角度提出了许多反对。2010 年 2 月 2 日，《柳叶刀》杂志撤销安德鲁·韦克菲尔德的报告。负责颁发医生执照的医学委员会于 2010 年 1 月 28 日裁定，安德鲁·韦克菲尔德和他的两名同事说谎且不负责任，对研究中的 12 名儿童未给予足够的尊重；同时，安德鲁·韦克菲尔德没有表明他曾在一些家庭控告疫苗生产商的案件中担任有偿顾问；《柳叶刀》杂志编辑指出，他研究的案例都是经过挑选的，而不是在诊疗中随机遇到的病人，这一点也令人生疑；安德鲁·韦克菲尔德在招募研究参与者的过程中还存在其他失误，例如，他在自己儿子的生日聚会上给每个孩子 8 美元获得他们的血样。医学委员会总结道，安德鲁·韦克菲尔德在 1998 年的研究中不必要地执行了侵害性的程序，包括脊髓穿刺和胃肠镜检查。❷ 然而，从安德鲁·韦克菲尔德发表研究报告至报告被撤销的 12 年中，尽管大量的科学研究都未曾发现疫苗与自闭症之间的关联，可是家长们的担心却从未停止。疫苗导致自闭症的言论从未在人群中

---

❶ Rob Henson，Inoculated Against Recovery：A comparative analysis of vaccine injury compensation in the United States and Great Britain，*Tulsa Journal of Comparative and International Law* 2007，15.

❷ 明明：“儿童疫苗致病？惊恐12年”，载《世界博览》2010 年第 9 期。

消失，反而在其支持人士的说教下不断蔓延，随后反疫苗注射运动兴起，不断有反疫苗组织成立，与疫苗相关的诉讼案件也不断增多。公众对疫苗的态度从恐惧甚至转向了敌对。

（二）疫苗损害救济的争取

1979 年之前，英国的疫苗的受害者只能通过普通法上的侵权制度试图寻求救济。可是，按照英国的侵权法律制度，受害者必须在诉讼中证明疫苗与损害之间因果关系的存在，而这对于受害者而言极为困难，因此，在英国的疫苗诉讼案件中，罕见受害者胜诉的判决。可以说，疫苗受害者实际上几乎没有任何可利用的救济手段。而英国疫苗损害救济机制的建立归功于历史上一次大的药害事件以及各方人群的努力。

1. “反应停事件”

1953 年，瑞士的一家名为 Ciba 的药厂（现药界巨头瑞士诺华的前身之一）首次合成了一种名为“反应停”的药物。当时的联邦德国一家名为 Chemie Gruenenthal 的制药公司对“反应停”颇感兴趣。他们尝试将其用作抗惊厥药物以治疗癫痫，但疗效欠佳，又尝试将其用做抗过敏药物，结果同样令人失望。但研究人员在这两项研究过程中发现，“反应停”具有一定的镇静安眠的作用，而且对孕妇早期妊娠呕吐疗效极佳。Chemie Gruenenthal 公司便于 1957 年 10 月 1 日将“反应停”正式推向了市场。此后不久，“反应停”变成了“孕妇的理想选择”（当时的广告语），在欧洲、亚洲、澳洲和南美洲被医生打了处方给孕妇以治疗妊娠呕吐。到 1959 年，仅在联邦德国就有近 100 万人服用过“反应停”，“反应停”的每月销量达到 1 吨的水平，在联邦德国的某些州，患者甚至不需要医生处方就能购买到“反应停”。到了 1960 年，欧洲的医生开始发现，本地区畸形婴儿的出生率明显上升。这些婴儿有的是四肢畸形，有的是腭裂，有的是盲儿或聋儿，还有的是内脏畸形。1961 年，澳大利亚悉尼市皇冠大街妇产医院的麦克布雷德医生发现，经他治疗的3名患儿的海豹样肢体畸形与他们的母亲在怀孕期间服用过“反应停”有关，麦克布雷德医生随后将自己的发现和疑虑以信件的形式发表在英国著名的医学杂志《柳叶刀》上。而此时，“反应停”已经销往全球46个国家。在接下来的时间里，药厂、政府卫生部以及各方专家对这一问题进行了激烈的讨论。最后，因为发现越来越多类似的临床报告，公司不得不于1961年11月底将“反应停”从联邦德国市场上召回。但此举为时已晚，人们此后陆续发现了1万~1.2万名因母亲服用“反应停”而导致出生缺陷的婴儿中，有的患儿活了不到1岁就夭折了。[1]

“反应停”于1958年4月14日开始由Distillers公司在英国销售，1961年11月27日从英国市场撤出，仅英格兰估计就有456名的受害者。“反应停”给世界造成了巨大的影响，各国纷纷在“反应停事件”后探索药物损害的防范与救济机制。而“反应停事件”起初对英国政府的触动似乎并不大，真正影响政府作出救济决定的是“反应停事件”的受害者和有识之士的不懈努力。

2. 民众运动

在英国，第一起因“反应停”起诉销售商Distillers公司的案件发生在1962年11月17日。可是10年时间过去了，该案仍未裁决。按照英国的法律，尚未裁决的案件被禁止在任何新闻媒体中谈及，目的在于防止潜在的陪审员受到新闻媒体的影响。但是，对新闻的控制确实阻碍了国会和大众对该案细节的了解以及对“反应停事件”影响的认识。1972年12月24日，第一起“反应停”诉讼被提起10年之际，英国的《星期天泰晤士报》刊登了长达3页的故事，题名为“我们的反应停孩子：一个民

[1] 文执：“‘反应停’：五十年恩怨”，载《今日科苑》2006第9期。

族的耻辱”，其间公布了“反应停”儿童的照片、Distillers 公司解决方案的细节以及 Distillers 公司的税前利润等情况。当报纸继续刊登有关“反应停”及 Distillers 公司的相关细节时遭到了英国上议院的阻止。1975 年 7 月，《星期天泰晤士报》在欧洲人权委员会向英国政府提出诉讼，声称英国政府违反了《欧洲人权公约》第 10 条规定的维护公民表达自由的权利。欧洲人权法庭支持了《星期天泰晤士报》的请求，并在其裁决后附上了《星期天泰晤士报》被禁止发布的文章。至此，公众最终了解了“反应停事件”的全部真相。1973 年，罗斯玛丽·福克斯在英国成立疫苗损害父母联合会。她说服一名议员将疫苗损害者受害的原因直接提交议会讨论。接下来的 3 年里，议会对疫苗损害赔偿不断地讨论，最终同意支付受害儿童 1 万英镑。

（三）疫苗损害救济机制的建立

由于受到“反应停事件”的影响以及迫于英国民众的压力，英国议会于 1979 年制定了《疫苗损害赔偿法案》，给予受害儿童一次性 1 万英镑的法定补偿金，前提是这些儿童因接种疫苗受到损害至少达到 80% 残疾，并且能够从总体上证明损害是由法案列出的疫苗可引起的疾病中的一种造成的。申请必须在疫苗受害者第八个生日之前提出或者在接种疫苗之后的 6 年内提出。国家秘书处的机构负责医疗评估和对受害者申请提出评价。评价然后被转交到疫苗损害支付部门，由该部门作出补偿的决定。申请者可就该决定向疫苗损害上诉法庭就事实或法律问题提出上诉。申请者不可以就该决定本身向疫苗损害上述法庭提出上诉，但遭到拒绝的申请者有权向国家社会保障秘书处提出书面的撤销申请，解释为什么申请者相信该决定是错误的。[1]

《疫苗损害赔偿法案》于1985年修订，将一次性法定补偿金从1万英镑增加至2万英镑。1991年，一次性法定补偿金再次被提高至3万英镑，1998年又提高至4万英镑。2000年，法案最有意义的变化集中在两个方面：一是将疫苗损害一次性补偿金提高到10万英镑；二是申请的时间延长至疫苗损害受害者21岁，或接种疫苗后的6年内。残疾的门槛也从80%降至60%。所有先于2000年6月27日按照当时的法案获得补偿金的申请者可追溯获得5.8万~6.7万的支付额。[2]

英国的疫苗损害救济机制是在特定的历史事件下由民众推动形成的，这使英国的救济模式具有极强的针对性，即为疫苗异常反应的受害者提供救济。可是施行至今，通过该机制获得补偿的受害者的人数并不多，已获救济者在申请者中所占的比重很小。导致这种局面的一个重要原因是法案采取了“一般概率”（general probability）这样的因果关系判定方法，受害者证明损害与疫苗之间存在这种概率十分困难。而在补偿数额方面，法案也略显吝啬，受害者将来的收入损失以及将来医疗照护的费用损失是不在补偿范围的，如果受害者所受损害较小，那么也得不到补偿。

三、美国疫苗接种异常反应的损害救济

（一）预防接种异常反应与美国社会

在美国，预防接种是公民的一项强制性义务。儿童在未接种

---

[1] Rob Henson，Inoculated Against Recovery：A comparative analysis of vaccine injury compensation in the United States and Great Britain. *Tulsa Journal of Comparative and International Law*，2007，15.

[2] Ibid.

规定的所有疫苗之前被禁止入学，除非拒绝接种的原因在医学、宗教或哲学上的能够被证实。[1] 可是，疫苗尽管可以抵抗疾病，然疫苗本身并不安全，合格的疫苗在使用得当的情况下仍然可以导致伤害或死亡，这使公众对疫苗的态度亦喜亦悲。其中，麻疹、流行性腮腺炎和风疹疫苗与自闭症之间的关联最令美国社会关注，是媒体报道和调查以及国会听证会上的主要话题，作为疫苗防腐剂的硫柳汞可以导致儿童自闭症的争论更是激烈。

1999 年 7 月，美国顶尖医学组织美国儿科医学会（APP）和美国公共卫生署就多种疫苗中含有防腐剂提出警告，认为一种叫做硫柳汞的物质可能有害（麻腮风三联疫苗中并不含有）。专家们试图让人们放宽心，表示“没有数据或证据表明硫柳汞的危害性”，但仍说明部分儿童可能因为注射疫苗造成汞含量超过安全线。[2] 声明中尽管没有提及自闭症，但确实没有排除疫苗与自闭症的关联，从而留下更多的悬念。2005 年 6 月，一个新成立名为“拯救一代人”的组织在《纽约时报》刊登了整版广告，标语写道：汞中毒与自闭症，绝不是巧合！广告中还包含了一些著名政客的力挺之声；2005 年年末，一本名为《伤害的罪证：疫苗中的汞与自闭症大流行》书籍在媒体上取得了广泛关注，其作者大卫·卡比和支持他的政治家在各档电视节目中频繁亮相。[3] 尽管美国的疫苗接种率并未因此发生大的波动，但家长们对预防接种安全性的信任不再坚不可摧。很多家长推延或拒绝为自己的孩子接种疫苗，有的家庭甚至为躲避接种而迁徙到其他地区居住，与此同时有关疫苗损害的诉讼也在不断增多。

---

[1] Rob Henson, Inoculated Against Recovery: A comparative analysis of vaccine injury compensation in the United States and Great Britain. *Tulsa Journal of Comparative and International Law*, 2007, 15.

[2] 明明：“儿童疫苗致病？惊恐 12 年”，载《世界博览》2010 年第 9 期。

[3] 同上。

(二)《国家儿童疫苗损害法案》和疫苗损害赔偿计划

1987年之前，美国的疫苗受害者只能依照司法程序向疫苗的制造者请求损害赔偿。尽管受害者从制药公司取得的赔偿金高得令人震惊，但仍有许多受害者不能通过司法程序获得赔偿，还要面对终身的治疗费用。而且，对制药公司的不利裁决潜在地使保险公司提高了对制药公司投保责任险的保险费，迫使制药公司提高疫苗价格或者干脆终止生产疫苗。这样一来，美国市场上出现了疫苗短缺的现象，疫苗的研发也在急剧萎缩。而那些因强制接种疫苗而受害的儿童，如果未将案件提交法庭审理或者法庭审理后判决败诉，那么他们将没有其他可救济的途径。针对上述危机，美国国会出台了《国家儿童疫苗损害法案》(*National Children Vaccine Injury Act*)。[1] 与英国的法案相比，美国的《国家儿童疫苗损害法案》具有多元目标：(1) 使疫苗伤害和死亡者除诉讼外，另可依法案确定的无过失救济制度求偿。(2) 教育民众疫苗接种之危险与效益，并要求医师对接种者发生的所有可能的疫苗不良反应，向卫生人类服务部负责疫苗不良反应事故报告系统通报。(3) 为制造安全疫苗药物建立诱因。[2] 法案包括两部分内容。第一部分为国家疫苗计划，主要涉及国家免疫程序、疫苗改进与疫苗不良反应监测等；第二部分为疫苗损害赔偿计划，据此建立了联邦的疫苗损害赔偿制度。疫苗损害赔偿计划是一个无过错、非侵权的赔偿程序。受害者无须证明相关主体的过错，就可以获得赔偿。疫苗损害赔偿计划还是疫苗制造者的责任保障计划。根据法案，疫苗的受害者不得先行向疫苗制造者提起赔偿诉讼，受害者如果欲向制造者提起诉讼，必须先在《国家儿童

---

[1] Rob Henson, Inoculated Against Recovery: A comparative analysis of vaccine injury compensation in the United States and Great Britain. *Tulsa Journal of Comparative and International Law*, 2007, 15.

[2] 朱怀祖：《药物责任与消费者保护》，五南图书出版公司1997年版，第362页。

疫苗损害法案》的框架下向疫苗法庭提起诉讼并取得裁决。受害者首先要向美国联邦法院提出赔偿申请，由美国卫生人类服务部秘书处对申请进行处理。联邦法庭将任命一名专家，由这名专家根据证据优势原则对申请书中受害者损害与接种疫苗之间的因果关系进行初步判定。为避免因果关系问题上的争议而导致赔偿时间的延长，《国家儿童疫苗损害法案》附有“疫苗损害列表”，列明了可受补偿的各种损害以及损害通常发生期间，受害者只要能够证明自身损害属于“疫苗损害列表”中所列举的情形，且该损害发生于“疫苗损害列表”记载的通常发生期间内，就完成了举证责任，此时损害被推定为是接种疫苗所致。举证负担随后转移到卫生人类服务部，由卫生人类服务部提出反证。如果受害者所受损害未在“疫苗损害列表”中列明，受害者仍然可以通过证据优势原则以确定因果关系的存在，从而请求赔偿。法官必须尊重专家的裁决，仅有权对专家裁决中存在的武断、随意和滥用权利的行为进行监督和纠正。获得支持的受害者可以从信托基金中获得赔偿，基金来源于对疫苗所征收的税收。赔偿范围包括未偿付的医疗费用、未来恢复的费用、收入损失以及对身体和精神痛苦的补偿，所有赔偿的最高上限为25万美元。

四、日本疫苗接种异常反应的损害救济

（一）社会背景

日本在1960～1970年期间相继出现了5起严重药品不良反应事件。其中在“SMON事件”中，仅厚生省就有1.1万多人深受其害。另外，从1959～1962年期间，在欧洲构成重大社会问题的“沙利窦迈事件”在日本也大量发生。还有1965年因含有ampoule的感冒药引起的休克死亡事件，治疗肾炎的药物引发角膜炎导致失明的事件，以及氯霉素副作用事件等在日本都引起了极大的反响，从而推动了日本药品不良反应救济制度的建立，预

防接种不良反应的损害救济制度也正是在这样的背景下发展和完善起来的。

围绕疫苗接种发生的一些事件在日本社会造成了巨大影响，为此日本早在1976年就制定了《预防接种法》，但民众对于疫苗副作用的疑虑并未消失。1974年，日本成功实施了百日咳疫苗接种项目，当时约80%的日本儿童接种了百日咳疫苗。当年，日本全国仅报告了393例百日咳病例，比之前大幅下降，而且其中没有死亡病例。然而这种良好的趋势并没有延续。1975年，日本社会中广泛传播着百日咳疫苗不安全的消息，部分人认为，儿童不必接受百日咳疫苗接种。1976年，仅有10%的日本新生儿接种了百日咳疫苗。停止接种疫苗的后果在1979年浮出水面。当年日本爆发百日咳疫情，全年共报告患儿1.3万多例，其中41人死亡。在反复权衡疫苗的防病效果与副作用后，日本政府自1981年起恢复为婴幼儿接种百日咳疫苗。[1] 20世纪90年代的“毒疫苗事件”更是在日本掀起轩然大波。根据《预防接种法》规定，大概有10种疫苗是强制接种的，这些疫苗是免费的，而接种其他的疫苗就要个人负担了。比如防止乙型肝炎疫苗等都要家长自我负担，这个疫苗的价格在18万日元左右（约合人民币1.2万元），但是很多家长为了孩子的明天都会同意注射，而且还会排队去注射。这样看来特种疫苗（国家免费注射疫苗之外）是个“金元宝”，所以很多公司都在争夺这个“香馍馍”。因此，日本各个制药公司是全部投入疫苗的生产，谁能抢到先行销售权，谁就是赢家。其中日本厚生省的官僚，以及大学，大学的附属医院在其中也起到了决定新药与疫苗的生死的作用。日本厚生省在审批新药时，一般是听取国立医疗研究所，以及国立大学附

---

[1] 新华网：“日本大力普及疫苗接种防控麻疹”，载 http://news.xinhuanet.com/world/2010-09/16/c_12578007_2.htm，2010年3月1日访问。

属医院的研究所的报告以后，才会对新的疫苗等颁发通行证。很多制药公司有专门跑各个大学医学部，或国立医院研究所的人员，并定期提供各种便利与好处，如研究室的研究费用，医院的工程款等。在处理乙肝疫苗的这件事上，从日本厚生省到东京大学医学部，再到各个制药公司形成了一个黑色的链条。当时为了制作疫苗要用血清，而这些血制品都是从日本以外进口，这样在捐血的人员中有艾滋病病体携带者，这些人的血液通过新制成的疫苗又被使用到日本患者的身上，这一结果造就了日本一大批输入性艾滋病的患者。据当时的资料，东京大学附属医院等都发现了这个症状，也没有立刻提出异议，并且从这个疫苗制成到事发的 2 年多时间，日本厚生省也不闻不问。一直到日本几千名这种艾滋病患者联合起来提起公诉后，整个事件才暴露在公众面前。1996 年，正好是当时民主党短命组阁的期间，时任厚生大臣的菅直人力排众议，第一次承认了国家在这个疫苗事件中的责任，放弃了对日本法院作出的要求国家对那些疫苗受害者进行赔偿的上诉。这也是第一次日本国内政府承认在医疗方面的过失。以这个疫苗事件为契机，形成了一个广泛的群众性运动。即以第三方的立场监督政府与企业之间的不正常关系，追究国家行为的民事责任，以及普通民众的政治性活动参与，一些毒疫苗的受害者当选为国会议员。这起疫苗事件的处理彰显了日本政府对预防接种损害勇于承认和承担国家责任的态度。

（二）制度特征

如上文所述，日本对普通药物的不良反应和疫苗接种不良反应的损害救济分别加以法律调整，前者以《医药品副作用被害救济·研究振兴调查机构法》为基本规范，后者以《预防接种法》为基本规范。值得注意的是，这两者并非是简单的包含关系或是一般法与特别法的关系。《医药品副作用被害救济·研究振兴调查机构法》是专以药品不良反应损害救济为目的的专门性法律，《预防接种法》是关于疫苗接种的法律，其中包含接种不良反应损害救济的内容，但并非专门的损害救济法。

（三）《预防接种法》的内容

《预防接种法》对于疫苗接种中发生的不良反应损害救济作了较为细致的规范，包括救济的范围、给付项目、与损害赔偿的关系、不当利益的征收、费用的负担等内容。依据这些规定，接种不良反应的受害人向保健所提出通报，并经都道府县报厚生省认定是否予以救济。

1. 救济对象

根据《预防接种法》第16条规定："市町村长对其区域内居住时，依第四条、第七条与第十条规定接受预防接种者（含依第五条、第八条及第十一条规定，视为接受预防接种者），于发生疾病、残障、死亡之情形，经厚生大臣认定后，依次条及第十八条第一项之规定而为给付。厚生大臣前项给付认定时，应听取公共卫生审议会之意见。"该条对于可享受救济的人员范围及损害范围作出了限定。并非所有的疫苗接种损害都可获得国家救济，而是限于发生了疾病、残障和死亡的情形，若仅是身体轻微不适不在救济范围之列。

2. 给付项目

根据《预防接种法》第17条规定，预防接种不良反应损害救济的给付项目包括：（1）医疗费及医疗津贴。因接受预防接种所生疾病，接受医疗者。（2）残障儿童养育年金。养育未满18周岁因接受预防接种所生残障状态达命令规定程度者。（3）残障年金。18周岁以上因接受预防接种所生残障状态达命令规定程度者。（4）死亡一时金。依命令规定因接受预防接种而死亡者之遗族。（5）丧葬费。对因接受预防接种死亡者，为丧葬者。至于给付的金额、方法及其他相关事项，以命令定之。值得注意的是，上述救济项目中并不包含间接损失和精神损害的救济。

3. 与损害赔偿的关系

根据《预防接种法》第 19 条规定："市町村长对应受给付者，因同一事由之损害赔偿，就其金额限制，得不为给付。市町村长对受给付者因同一事由之已受损害赔偿时，就其金额限制，得要求其返还所受给付之相当金额。"据此规定，如果受害人已经获得了损害赔偿，则就该损害赔偿的额度免于给付，仅对损害赔偿尚不足的部分给予给付救济。

4. 费用负担

预防接种损害救济给付的资金来源，都道府县及市町村各负担 1/4，余 1/2 由国家负担。

五、对我国之启示

疫苗接种是一项有益社会的行为，保证国家和地方免疫规划范围内的疫苗的接种，不仅是政府的一项行政管理任务，也是公民常常负担的一项强制性义务。疫苗的这一特性使各国对于疫苗所致损害较普通药品更为关注，而疫苗异常反应损害大多由国家或政府负担补偿。观英、美、日、中 4 国疫苗异常反应的救济机制，均采取了无过错、非侵权的补偿程序，在降低受害者求偿难度、避免诉讼成本耗费方面体现出高度的一致。然各国关于异常反应损害补偿机制的具体模式略有不同，其中英国、日本和中国采取完全的国家补偿模式，承认国家对强制接种的疫苗损害承担救济责任，而美国则在承认国家补偿责任的基础之上，将该补偿责任的认定、争议的处理和诉讼以及赔付统统交由独立的若干组织承担，一方面满足了救济的及时性要求，另一方面也在一定程度上实现了救济的公平性目标。相比之下，我国的疫苗异常反应补偿制度有加重政府和企业负担之嫌。借鉴美国的救济制度，在我国建立异常反应损害的基金补偿模式，并使因果关系的认定标准客观化，是实现公平、及时、效率的救济目标的重要途径。美国疫苗损害救济制度为我国提供了有益的启示，重点表现在以下三方面。

（一）关于救济模式

美国对疫苗异常反应的救济采用了基金补偿的方式，通过将疫苗生产企业缴纳的税款集合为基金，以应对受害者的补偿需求。这种补偿模式一方面降低了生产企业的风险，推动企业积极地进行生产与研发；另一方面也有利于对受害者进行及时和公平的救济，此外国家也无太多成本的支出，符合现代社会损失分担的原理与趋势。而我国的救济制度一味地让政府或企业承担责任，虽然能够起到救济受害者的作用，却无法兼顾疫苗产业发展的问题，随着异常反应事件的增多，这种补偿机制将变成政府的负担和企业发展的桎梏。学习美国的基金补偿模式，我们有必要建立一种社会化的分担机制，由受益于预防接种的个人、企业和国家共同分担损失。至于基金的来源主要包括政府财政拨款、生产企业缴费和社会公众捐助。当然在第一类疫苗的情形，政府理应负担更高比例的份额，而在第二类疫苗的情形，疫苗生产企业应当是基金的主要提供者。企业提供基金的方式可以以缴费或缴税的形式实现，具体的缴费比率可以根据上年度销售额及其疫苗异常反应的发生率来确定。

（二）关于与侵权赔偿的关系

美国的疫苗损害赔偿计划并不排斥侵权法的适用。法案的制定者们承认疫苗损害赔偿计划不是侵权法的替代方案，只是出于救济受害者的紧迫需要而制定的。[1] 所以受害者仍然可以提出侵

[1] James B. Currier. Too Sick, Too Soon?: The causation burden under the national vaccine injury compensation program following DE BAZAN v. Secretray of health & human services, *Federal Circuit Bar Journal*, 2009, 19.

权法上的诉讼要求。在美国，如果受害者能够证明疫苗生产企业有过错，他们宁愿花费时间和精力提出民事侵权诉讼以获得更高赔偿的金额，甚至有些在疫苗法庭败诉的家长败诉后又向民事法庭提出侵权诉讼，希望能以孩子受到伤害的情感力量打动陪审员，获得赔偿。尽管为了实现救济的公平和及时，法案对侵权法的适用条件进行了诸多限制，[1] 但其发挥作用的空间仍然很大。“繁琐的诉讼程序、漫长的诉讼过程、高昂的诉讼费用导致了诉讼的不经济性，而侵权诉讼举证的困难更是让其难上加难。”[2] 法案制定者所担心的受偿不公平、成本耗费、诉讼增加的问题并未得到根本上的解决，立法者的初衷实际上被这种二元救济机制挫败了。相比之下，我国疫苗异常反应救济机制采取政府或企业补偿的方式，排除了受害者通过侵权程序请求赔偿的权利，这一单一救济机制更符合救济公平和救济及时的需要，对此应予坚持。只是我国可以借鉴美国疫苗法庭的做法，对于疫苗异常反应诉讼统一交由专门的疫苗法庭审理，以提高诉讼的效率。

（三）关于因果关系的认定

无论美国还是中国，都要求当疫苗接种与损害之间存在因果关系时受害者才能获得补偿，可以说对因果关系的判定是认定异

---

[1] 这些限制有：第一，也是最为重要的，受害者在提出任何侵权诉讼之前必须用尽法案所提供的所有救济。对于疫苗法庭作出的赔偿裁决，受害者要么接受，要么在裁决作出后的90日内向普通法院提出侵权之诉，否则将不允许受害者对生产者提出任何诉讼。第二，法案采用了《侵权法重述（第二版）》第402条A款K项之规定，将疫苗定义为一种不可避免的不安全产品，当疫苗贴有关有害反应的充分警示时，生产者对此损害不承担责任。第三，生产者不会因为没有直接告知受害者不良反应而被要求承担责任，生产者只要通过“博学的中间人”（如医生）告知了疫苗不良反应的就可以免除侵权责任的承担。第四，生产者对FDA（美国药品管理局）规则的遵守可以保护它们免于承担侵权法上的惩罚性赔偿。Gregory. C. Jackson，Pharmaceutical product liability may be hazardous to your health：A no-fault alternative to concurrent regulation，*American University Law Review*，1992，42.

[2] 石玥：“侵权法的危机浅析”，载《金卡工程》2009年第9期。

常反应存在以及决定对受害者补偿的核心。中美两国都启用了专业的机构和人员对这一因果关系进行判定，如美国采用了专家鉴定的方式，我国则根据卫生部2008年颁布的《预防接种异常反应鉴定办法》采用了医学会鉴定的方式。然而我国对因果关系的判定过程效率低下，表现在鉴定专家组需要对每一起异常反应进行讨论和决议。而美国的对因果关系的认定更加客观和效率，法案后附有的“疫苗损害列表”是认定异常反应的主要证据，专家只要查阅到损害属于列表列举的情形，且发生于列表记载的发生期间内，即可认定因果关系成立，避免了因果关系认定中的时间耗费与无谓的纠缠。对此我国应予借鉴，即建立客观化的因果关系认定标准，以适应及时救济受害者的要求。

第九章

XINYAO LINCHUANGSHIYAN BULIANGFANYING DE SUNHAIJIUJI

新药临床试验不良反应的损害救济

药品在批准上市销售前必须经过临床试验，这一规则已为现代国家药事管理法所普遍认可。既然合格药品都可能发生不良反应，临床试验过程中的药品发生不良反应几率就更加之大。然临床试验是人类开发新药和增进医学新知的重要途径，也是惟一能在人体内了解药物有效性和安全性的手段，[1] 所以即便试验中隐藏着巨大的风险，受试者面临严重健康损害的威胁，各国法律均将其作为合法事业，只不过加紧对其管制罢了。惟需重点讨论者在于，各国药害救济立法上向来将药物临床试验损害排除在救济框架之外，那么，因临床试验这一药品上市前的必要程序所生之不良反应损害又该如何救济？我国国家食品药品监督管理局曾于2003年颁布了《药物临床试验质量管理规范》（GCP），GCP为药物临床试验建立了科学的标准，并明确规定受试者的个人权益应受充分保障，不过GCP在法律责任方面明显偏弱，[2] 这更加增加了我们对新药临床试验中的不良反应损害救济困惑。药物临床试验中相关主体间的法律关系性质如何，发生损害以后受试者怎样获得民事救济，具体程序规则如何，一系列问题从GCP中无法获知，实践中受试者索赔却异常艰难。本章立足我国的现实，针对上述问题展开讨论，通过明晰药物临床试验参与者之间的法律关系，进而决定责任的承担，并为设计临床试验受试者的专门救济机制提供思路。

一、药物临床试验的性质

药物临床试验属于何种性质的行为，直接关系到法律的适用。我国现行的医疗卫生法律、法规，主要针对医疗行为制定，

---

[1] 程林风："什么是药物临床试验"，载《医药养生保健报》2006年1月2日。

[2] 刘鑫、王岳、李大平：《医事法学》，中国人民大学出版社2009年版，第285页。

如《医疗事故处理条例》、《最高人民法院关于民事诉讼证据的若干规定》（以下简称《证据规定》）和《侵权责任法》都采用了“医疗”的概念。针对“医疗”行为，适用一些不同于普通民事行为的特殊法律规则，包括实体权利义务规则和纠纷解决程序规则，前者如患者知情同意权、患者隐私权，后者如因果关系举证责任的倒置。这些规则往往对患者是有利的。因此，药物临床试验是否能纳入“医疗”行为的范畴至关重要。

在医学上，“医疗”行为包括治疗性医疗行为和试验性医疗行为。药物临床试验属于“试验性医疗行为”在医学界早已达成共识。但是，在法律层面“医疗”行为究竟如何界定，在我国却一直是空白。事实上，从现行法律规范的条文分析，治疗性医疗行为才是其真正的调整对象，一些学者曾直接将现行法律规范中的“医疗”概括为以治疗疾病为目的的诊断治疗活动。[1] 且在这些“医疗”活动中，行为的对象是“患者”。而药物临床试验之目的主要是确认药品疗效，并非诊断和治疗疾病，试验药物因其疗效尚未被充分证实而禁止用于临床；试验的对象也不限于患者，这在专以健康人为受试对象的药物Ⅰ期临床试验阶段体现得最为明显。由此可以推断，药物临床试验应不属于现行法律规范所称之“医疗”，自然也就无法适用以“医疗”为调整对象的法律规范。而现行法对于试验性医疗行为又极少有其他特别规范，所以相关主体间的法律关系只能适用普通的民事法律规则。可是，药物临床试验毕竟存在特殊性，仅以普通民事法律规则解决相关主体之间的争议是不妥当的，甚至会背离公正。最突出的问题表现在诉讼中的证明责任上。按照现行法，治疗性医疗行为

[1] 王岳：《医事法》，人民卫生出版社2009年版，第16页。

致害引发的诉讼实行因果关系的举证责任倒置，[1] 使患者容易胜诉，而药物临床试验致害索赔诉讼，却要遵照普通民事诉讼“谁主张，谁举证”的一般规则，令受试者承担苛严的举证责任，显然不符合逻辑。而药物临床试验的风险远远高于治疗性医疗行为，理应受到法律更严格的管制。受试者与患者一样享有健康权，前者因更高风险之行为遭受不当损害后起码应享有与后者平等的救济权，解决纠纷的法律规则如果不能将受试者置于更优越的程序地位，那么也应将其与患者平等对待。

现行医疗卫生方面的法律规范，无论是实体法，还是程序法，均将重点放在治疗性医疗行为之上，药物临床试验这类试验性医疗行为则处于规范缺位的窘境。未来立法应适当扩张“医疗行为”的范围，将试验性医疗行为纳入法制轨道。解决问题的思路大致有两条：一是针对试验性医疗行为制定专门规范；二是明确规定将治疗性医疗行为的某些法律规则准用于试验性医疗行为。

二、药物临床试验法律关系群研究

现代药物临床试验通常涉及多方主体，最基本的主体是申办者、研究者和受试者，此外还可能会有多中心研究者和合同研究组织等主体的参与。各参与者围绕药物临床试验形成了一个复杂的立体法律关系群，准确认定这些关系的法律性质，是下一步正

---

[1] 2001年颁布的《最高人民法院关于民事诉讼证据的若干规定》第4条第8款规定：“因医疗行为引起的侵权诉讼，由医疗机构就医疗行为与损害结果之间不存在因果关系及不存在医疗过错承担举证责任。”2010年正式实施的《侵权责任法》第54条尽管改变了医疗侵权仍然适用过错举证责任倒置的规定，但对于因果关系的举证责任是否仍然沿用倒置的规定未予提及。在相关解释尚未出台之前，应当认为《最高人民法院关于民事诉讼证据的若干规定》中因果关系举证责任倒置的规定仍然适用。

确认定法律责任的前提。

(一) 申办者与研究者之间的委托合同关系

申办者是发起一项临床试验，并对试验的启动、管理、财务和监察负责的公司、机构或组织，实践中主要是指研发药品的医药企业。研究者是实施临床试验并对临床试验的质量以及受试者的安全和权益负责的人，实践中就是指经批准设置于医疗机构内的药物临床试验基地。医药企业尽管具有研发和生产药物的能力，但却缺乏进行临床试验的技术和条件。而药物临床试验基地分布在医疗机构内，拥有试验所需的设备和人员，并能广泛接触患者和收集患者信息，因此医药企业必须将其开发的药物交医疗机构，由医疗机构招募受试者并进行临床试验。医药企业则向医疗机构提供药物、经费以及试验相关的资料和数据。实践中，医药企业和医疗机构均要签署“临床试验协议”，载明双方的权利、义务和责任，医药企业据此要向医疗机构支付试验所需的费用。关于医药企业与医疗机构之间形成法律关系的性质较少有人讨论，有学者认为属于承揽。笔者认为这种关系更符合委托合同的特征，其中申办者是委托人，研究者是受托人。理由如下：

第一，承揽通常以社会经济活动为对象，其目的在于完成并交付定做人要求的一定成果，因此承揽之债属于结果债务。而药物临床试验以人的身体为对象，试验目的是收集临床试验数据，至于试验数据是否符合申办者的预期则不是研究者的义务，所以此种债务性质乃为手段债务。

第二，承揽合同一律为有偿合同，但在药物临床试验中，研究者提供劳务则不以有偿为必要。

第三，在承揽合同中，定做人虽经常提供材料，却不必负担承揽人工作时的设备使用等费用。而药物临床试验的申办者则需向研究者提供试验用经费包括设备使用的费用。

第四，承揽人在工作过程中造成的损害一般由承揽人自负其责。可是按照 GCP 的规定，药物临床试验过程中受试者的不良反应损害则是由申办者赔偿的。

综上所述，药物临床试验合同本质上是委托合同。最好之佐证是国家食品药品监督管理局于 2004 年发布的《药物研究监督管理办法（试行）征求意见稿》，其中第 6 条称："委托其他单位进行药物研究，受托方应当具备相应的条件，双方应有委托合同或其他有效证明。委托方应当对申报资料中的药物研究数据的真实性负责。"可将这种关系称为"委托药物临床试验合同"关系。

需要注意的是，"委托药物临床试验合同"具有自身的特点，与一般委托合同相比有较大差别，因此处理这种关系时不能机械适用《合同法》的规定，而应根据药物临床试验的特点适当加以调整。这些特点体现在：（1）委托之事务具有高度危险性，所以合同的内容更多地受到法律的控制，当事人的意志在相当程度上受到了限制。表现在当事人必须依照《药物管理规范》的规定组织实施药物临床试验活动，当事人的权利和义务更多是被法律规定的而非双方约定。（2）委托之事务具有高度专业性，使得受托人高度独立，可以不受委托人的任意指示。表现在临床试验协议签订后，整个试验过程由研究者遵循试验方案进行，申办者只有监督的权利。（3）委托之事务事关用药人健康，因此受托人始终负有高度注意义务，不因有偿无偿而有差别。（4）委托事务一旦开始，委托人和受托人无正当理由不得解除合同，否则将可能造成受试者伤害。而一般委托关系中，委托人和受托人均可以随时解除合同。

（二）研究者与受试者间之无名合同

受试者是参与药物临床试验活动，作为研究对象的自然人。根据试验要求的不同，受试者既可以是健康人，也可以是患有特定疾病的患者。按照 GCP 之规定，研究机构负责招募受试者，招募时应向受试者说明有关临床试验的详细情况，至于是否参加试验则由受试者自主决定。同意参加试验的受试者被要求与研究机构签订知情同意书，此后研究机构将按照试验方案对受试者进行试验。研究者和受试者之间的法律关系以实施和接受试验为内容，在双方意思合致时成立，本质上是一种合同关系，我们可称其为“药物临床试验合同”。该合同的主要内容是受试者以其身体配合临床试验过程（包括服用药物和安慰剂以及接受检查），医疗机构则为受试者无偿提供试验用药物，有时还向受试者支付报酬。从类型上看，这种合同与雇佣合同和委托合同有相似点，但不完全等同。这是一种非典型合同，应适用无名合同的法律规则。

在这类合同中，一个重要的问题是合同成立的时间。“药物临床试验合同”同样必须经过要约和承诺才能成立。通常，“受试者资格之征选及初步筛选完毕后，新药人体试验始进入缔约磋商阶段，意即试验机构就整个试验为完整翔实之说明，向受试者表达希望其参加或为其进行人体试验之意思表示，乃要约……而受试者了解后，所为同意参加试验之意思表示，即为承诺”。❶由于实践中，受试者签署知情同意书才被认为是受试者同意参加试验的最终表示，因此受试者知情同意书的签署对于药物临床实验具有重要的意义，可以被认为是“药物临床试验合同”成立的标志。实践中，知情同意书签署后才能对受试者进行各种检查，以审核其是否符合试验要求，因此很可能发生受试者签署了知情同意书但最终未入选试验的情况。从法律的角度看，合同已经成立，受试者却因客观不能无法参与试验。此情况可以附条件的民事行为理论加以解释，将受试者与研究者之合同视为一种附

❶ 曾靖雯：“新药人体试验契约之探讨”，中国台湾地区成功大学法律学研究所硕士论文，2006年。

停止条件的法律行为，“即以受试者通过资格审核评估为停止条件，条件成就时，契约始发生效力”。[1] 因此，知情同意书不仅是临床试验中保障受试者权益的措施，在法律上还是证明研究者与受试者之间契约关系的重要依据，当其上的内容涵盖了双方的主要权利和义务时，我们甚至可将其等同于合同书。事后当受试者通过了资格审核，此合同生效。

（三）其他主体之间关系的认定

1. 合同研究组织与申办者之委托关系

合同研究组织，按照 GCP 的解释，是一种学术性或商业性的科学机构，申办者可委托其执行临床试验中的某些工作和任务。如果给它一个定义，应当是“由申办者签约授权的可行使与一个或多个申办者试验有关的职责及功能的个人或组织”。[2] 当申办者没有足够的人力资源来实施一项临床试验时，可以委托合同研究组织来组织和实施试验。合同研究组织可以承担与试验相关的所有活动，包括撰写试验方案、选择研究者、进行试验监察、准备试验文件、处理数据、分析结果和准备试验总结报告。根据 GCP 第 32 条的规定，“申办者按国家法律、法规等有关规定，向国家食品药品监督管理局递交临床试验的申请，也可委托合同研究组织执行临床试验中的某些工作和任务”，合同研究组织与申办者之间形成的是委托关系，双方签订的授权书即是委托合同。

2. 多中心试验中的转委托关系

多中心试验是由多位研究者按同一试验方案在不同地点和单位同时进行的临床试验。各中心同期开始与结束试验，由一位主

---

[1] 曾靖雯：“新药人体试验契约之探讨”，中国台湾地区成功大学法律学研究所硕士论文，2006 年。

[2] 赵戬、王宋宋：《新药临床试验百问》，中国医药科技出版社 2003 年版，第 16 页。

要研究者总负责，并作为各中心间的协调研究者。按照试验流程，申办者遴选研究者时，应首先确定一位主要研究者，经与主要研究者协商后确定其他研究者。所有研究者都要取得申办者的认可，并应严格遵守临床试验方案和协议。因此，在多中心试验中，申办者与主要研究者和其他研究者的关系，与转委托关系一致。其他研究者实际上是主要研究者选任的转委托人，由于这种转委托事前得到了申办者的同意，因此申办者可以就委托事务直接指示其他研究者。

3. 研究人员与研究者之雇佣关系

药物临床试验是由试验基地的研究人员（实践中是指具有相应资格的执业医师）具体实施的，这些研究人员尽管掌控着临床试验的过程，但却不是独立的主体，而是作为研究者的使用人而存在。他们与研究者的关系是典型的雇佣关系。如果研究人员实施了违反临床试验协议的行为，该责任应当由作为雇主的医疗机构来承担。

综上所述，对各参与主体之间形成的法律关系群进行解构，可以表示为（图9－1）。

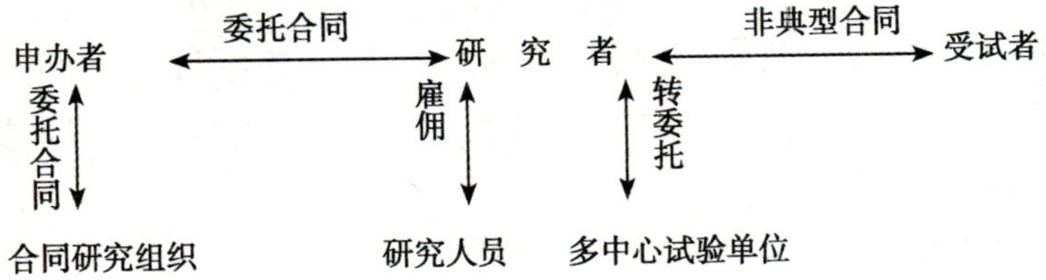

图9－1　各参与主体间的法律关系群

■　申办者：医药企业
■　研究者：医疗机构内部的临床试验基地
■　受试者：健康人或患者

三、药物临床试验致害的民事责任

在药物临床试验中受试者遭受损害的，将产生一系列法律责任，这里仅讨论民事责任问题。由于药物临床试验法律关系的复杂性，因此产生的民事责任情况也比较复杂。单就研究者与受试者的关系来看，由于二者之间存在合同关系，研究者对受试者承担有合同义务，主要包括依方案进行试验的义务和适当诊疗的义务，此外基于诚实信用原则，研究者还承担有告知和保密的义务。这些义务同时又是 GCP 对研究者提出的法定义务，针对的是受试者的人格权，研究者违反了上述义务，常常导致合同责任与侵权责任的竞合。实践中，引发民事责任的常见原因有：研究者违反试验方案、研究者未履行告知义务或泄露受试者隐私、研究者违反诊疗护理规范，或试验所用药品或器械存在缺陷，但最常见的是试验药物本身产生的不良反应。由于药物临床试验中的民事责任复杂多样，这里仅选择几种典型情况加以阐述。

（一）违反试验方案的民事责任

药物临床试验方案是一份描述了应当如何具体操作临床试验的文件，它定义了受试者入组的标准、试验目的和方法、试验用药品的服用方法以及发生不良事件时如何处理等内容。它由申办者和研究者共同拟定，经伦理委员会批准后实施。根据 GCP，研究者必须熟悉试验方案并严格按照方案进行试验。可是实践中仍有许多研究者因为疏忽或者其他原因偏离了试验方案。研究者偏离试验方案将可能使受试者遭受身体损害，研究者理应对该损害承担赔偿责任，这种责任首先是违约责任，但同时也可能构成侵权。无论是侵权之诉抑或违约之诉，受试者都必须证明研究者违反试验方案的行为与自己所受损害之间存在因果关系。可是这对于受试者而言显然难度过大。一方面，试验方案是医学研究的专业性文件，受试者对其价值和意义通常不会形成清晰的认识，对于违反方案可能造成的后果更是一无所知；另一方面，临床试验的大量的证据被研究者实际掌握，受试者很难取得，若要取得就必须依赖研究者的提供。由于“信息不对称”和“证据偏在”，让受试者承担举证责任是不公平的。对此问题，可采用“盖然性因果关系说”来解决。即只要受试者证明了违反方案进行试验与损害之间存在某种程度的因果关联，就尽到了举证责任，随后由研究者提出反证，以证明其行为与损害后果之间无因果关系，研究者不能举出反证或者反证不成立的，即可认定因果关系存在。

（二）未正确履行告知义务的民事责任

未正确履行告知义务，又称告知义务履行瑕疵，是指研究者没有按照法律的规定或者生物医学研究伦理规范的要求，完全、适当、充分、及时履行对受试者的告知义务，包括初始告知瑕疵与后续告知瑕疵。前者是指在招募受试者时，研究者没有按照法律的规定或者生物医学研究伦理规范的要求，把所有应该告知的事项向受试者进行完全说明。后者是指在人体生物医学研究进行的过程中，研究者没有按照法律规定和医学研究伦理规范的要求，把研究过程中发生的新情况向受试者进行说明，使受试者失去了决定是否退出试验的选择权，或者受试者在研究过程中询问更为详细的信息时，研究者没有给予准确、及时、有效的答复，或者在试验方案由于特殊原因进行修正后没有告知受试者。[1] 医疗机构的告知义务是一种法定的合同义务，体现了法定性和意定性的交融。[2] 违反这种告知义务产生的法律责任具有违约与侵权的双重属性。

---

[1] 彭真明、刘学民：“论人体生物医学研究活动中的侵权责任”，载《法商研究》2009 年第 2 期。

[2] 杨立新、袁雪石：“论医疗机构违反告知义务的医疗侵权责任”，载《河北法学》2006 年第 12 期。

GCP 就对医疗机构应向受试者告知的事项作了详细规定，但对于研究者没有履行相应的告知是否应承担责任则未加规定。知情同意权是医患关系中患者的一项基本权利，但长期以来这项权利被忽视而没有实际兑现，对于患者的相关诉求法院往往以法律无明确规定为由不予受理或者劝患者撤诉。[1] 不过，新颁布的《侵权责任法》不仅再次重申了这项权利，而且明确规定了该项权利的法律救济。该法第 55 条规定："医务人员在诊疗活动中应当向患者说明病情和医疗措施。需要实施手术、特殊检查、特殊治疗的，医务人员应当及时向患者说明医疗风险、替代医疗方案等情况，并取得其书面同意；不宜向患者说明的，应当向患者的近亲属说明，并取得其书面同意。医务人员未尽到前款义务，造成患者损害的，医疗机构应当承担赔偿责任。"该规定虽然是针对治疗性医疗行为的，但在法理上对于试验性医疗行为同样具有指导意义。研究者、申办者在药物临床试验中侵犯受试者此项权利的，也应负担侵权赔偿责任。

（三）药物不良反应的民事责任

药物临床试验之所以具有高风险性，主要是因为试验药物可能会引起各种各样的不良反应。这种不良反应轻则表现为过敏、不适，重则可能致癌、致畸和致死。药物不良反应由试验药物所引起，与药物的使用存在因果关系。但是由于试验药物的属性尚未被完全掌握，因此不良反应的发生是不可预见和不可避免的。其实，即使是经过试验正式投入生产和销售的药品，也会存在不良反应，试验中的药品更不必说了。GCP 第 43 条对试验药物不良反应的补偿进行了规定："申办者应对参加临床试验的受试者提供保险，对于发生与试验相关的损害或死亡的受试者承担治疗

[1] 江苏省高级人民法院民一庭："违反医疗告知义务的损害赔偿责任"，载《法律适用》2008 年第 8 期。

的费用及相应的经济补偿。申办者应向研究者提供法律上与经济上的担保，但由医疗事故所致者除外。”可是，这种补偿属于何种性质，补偿是否以申办者存在过错为前提，不良反应与药物之间的因果关系由谁来证明等问题，GCP 未予明示，有必要澄清。

1. 关于责任主体

按照 GCP 第 43 条的规定，“申办者应对发生与试验相关的损害或死亡的受试者承担治疗的费用及相应的经济补偿”，然而同条中又规定“申办者应向研究者提供法律上与经济上的担保”，这不禁让人产生疑问，到底是申办者还是研究者负实际的损害赔偿责任？二者在责任承担方面是怎样的关系？药物不良反应的民事责任其实牵涉两个法律关系，一是即受试者与研究者的合同关系；二是研究者与申办者的委托关系。受试者基于合同可以要求研究者承担责任，研究者则可以基于委托关系要求申办者承担责任。责任的主体既包括研究者又包括申办者，而申办者是最终的责任人。当然，研究者也可以与受试者在合同中约定，药物不良反应的责任直接由申办者承担。当受试者向研究者提出主张时，研究者应当承担责任，而申办者应当事先为研究者提供“法律上或经济上的担保”。研究者承担了责任的，有权向申办者索偿，申办者是最终的责任人。

2. 关于责任的性质

关于药物不良反应的民事责任的性质，有人认为是侵权责任。笔者认为，药物不良反应的民事责任首要的是合同责任。受试者与研究者之间存在合同关系，给予发生不良反应的受试者以补偿乃是研究者或申办者所负担的基本合同义务之一，试验药物产生不良反应时研究者或申办者进行补偿，只是在履行合同约定的义务而已。这种补偿严格来讲不能叫“违约”责任，因为并不是因为研究者或申办者的违约行为导致的，而是由试验药物本身的风险引发的，因此叫合同责任（或者是合同义务）更加准确。当然试验药物不良反应在一定条件下也可能会构成侵权。

3. 关于归责原则

一些学者主张我国应建立药物临床试验的无过错归责原则，具体做法是由全国人大立法或者由全国人大常委会针对《民法通则》第123条“高度危险作业”作出扩大的立法解释，从而将药物临床试验纳入高度危险作业中。[1] 还有一些学者从社会公平的角度对无过错责任原则的适用进行了支持：“临床试验的性质决定了它必然会给参加临床试验的受试者带来许多无法预料的高度危险。无过错责任是基于道德上的公平观念的法律化，是一种财产上均‘贫富’的表现。临床试验的申办者的财产相对于受试者来说是‘富’，理应作为适用经济补助手段的承担者。在临床试验受试者的保护中，法律应强调对处于弱者地位的受试者利益的保护，强调对社会利益的保护，作为既得利益者的临床试验申办者和研究者应当为临床试验风险带来的损害承担责任，无论其是否存在过错。”[2] 这些观点具有一定合理性。需要说明的是，药物临床试验中的民事责任类型比较复杂，不能简单的一概适用无过错原则。单就药物不良反应的民事责任而言，由于其本质上属于合同责任，因此当然适用《合同法》上的无过错责任原则。据此，研究者根据临床试验方案使用药物，试验过程中受试者的健康受到损害，如果临床试验药物和受试者的健康受害之间有事实的因果关系，就应对受试者进行补偿。[3] 无须考虑研究者和申办者有无过错。事实上，在药品不良反应事件中，研究者

---

[1] 刘鑫、王岳、李大平：《医事法学》，中国人民大学出版社2009年版，第284页。

[2] 陈炜：“无过错责任原则在临床试验受试者保护中的适用”，载《西北医学教育》2006年第5期。

[3] 梁伟雄：“药物临床试验中受试者损害补偿问题探讨”，载《中国临床药理学和治疗学》2006年第11期。

确实是没有过错的，损害是在正常合理使用药物的情况下发生的，但这并不能阻止赔偿责任的成立。

4. 关于因果关系的证明责任

按照GCP的规定，不良反应确实与试验药物相关时，受试者才能得到补偿，可是这种因果关系由谁来证明，GCP却未予明确。药物临床试验具有高度专业性，非一般受试者所能理解，让受试者证明损害与试验之间存在因果关系几乎不可能。而试验的未知性又使药物临床试验具有高度危险，研究者和申办者恰恰是以受试者面临的高度危险换取未来之利益的，因此将因果关系的证明责任应配置给研究者，这样才能体现风险与利益一致的原则。从另一个角度分析，既然《证据规定》对于治疗性医疗行为都适用了举证倒置的规则，那么对于危险性更高的药物临床试验更应适用这种规则。至于因果关系的判定依据，则可以参照卫生部药品不良反应监测中心制定的标准或者其他公认的标准，必要时申办者和研究者可以委托第三方进行鉴定。

CANKAOWENXIAN

参考文献

一、中文文献

（一）著作

[1] 孙定人，齐平，靳颖华．药物不良反应［M］．北京：人民卫生出版社，2003.
[2] 吴蓬．药事管理学［M］．北京：人民卫生出版社，2007.
[3] 钱之玉．药品不良反应及其对策［M］．北京：化学工业出版社，2005.
[4] 徐蓉．药事法教程［M］．北京：化学工业出版社，2008.
[5] 朱怀祖．药物责任与消费者保护［M］．台北：五南图书出版公司，1997.
[6] 王泽鉴．侵权行为法［M］．北京：中国政法大学出版社，2001.
[7] 谢金洲．药品不良反应与监测［M］．北京：中国医药科技出版社，2004.
[8] 王岳．医事法学［M］．北京：人民卫生出版社，2009.
[9] 杨立新．医疗损害责任研究［M］．北京：法律出版社，2009.
[10] 陈聪富．因果关系与损害赔偿［M］．北京：北京大学出版社，2006.
[11] 龚赛红．医疗损害赔偿立法研究［M］．北京：法律出版社，2001.
[12] 王利明．侵权行为法研究（上卷）［M］．北京：中国人民大学出版社，2004.
[13] 王胜明．中华人民共和国侵权责任法释义［M］．北京：法律出版社，2010.
[14] 黄清华．医药卫生法制理论研究与律师实务［M］．北京：中国法制出版社，2001.
[15] 张新宝．中国侵权行为法（第二版）［M］．北京：中国社会科学出版社，1998.
[16] 张新宝．侵权行为法原理［M］．北京：中国人民大学出版社，2005.
[17] 高家伟．国家赔偿法［M］．北京：商务印书馆，2004.
[18] 罗伯特·考伦，托马斯·尤伦著．法和经济学［M］．张军，译．上海：上海人民出版社，1994.

[19] 董春华．中美产品缺陷法律制度比较研究［M］．北京：法律出版社，2010.
[20] 肖永平，龚乐凡著．侵权法重述第三版——产品责任法［M］．汪雪飞译．北京：法律出版社，2006.
[21] 克雷斯蒂安·冯·巴尔著．欧洲比较侵权行为法［M］．张新宝译．北京：法律出版社，2001.
[22] 斯蒂芬森·W. 海维特著．产品责任法概述（中译本）［M］．陈丽洁，译．北京：中国标准出版社，1991.
[23] 刘静．产品责任论［M］．北京：中国政法大学出版社，2000.
[24] 杨立新．侵权法论［M］．北京：人民法院出版社，2004.
[25] 郭丽珍．产品瑕疵与制造人行为之研究——客观典型之产品瑕疵概念与产品安全注意义务［M］．台北：神州图书出版有限公司，2001.
[26] 肯尼斯·S. 亚伯拉罕，阿尔波特·S. 泰特．侵权法重述——纲要［M］．许传玺，石宏等，译．北京：法律出版社，2006.
[27] 于敏．日本侵权行为法［M］．北京：法律出版社，1998.
[28] 王卫国．过错责任原则：第三次勃兴［M］．北京：中国法制出版社，2000.
[29] 王军．侵权法上严格责任的原理和实践［M］．北京：法律出版社，2006.
[30] 王泽鉴．民法学说与判例研究［M］．北京：中国政法大学出版社，2005.
[31] 王泽鉴．侵权行为［M］．北京：北京大学出版社，2009.
[32] 张延龄，张晖．疫苗学［M］．北京：科学出版社，2004.
[33] 王军．侵权行为法比较研究［M］．北京：法律出版社，2006.
[34] 张严方．消费者保护法研究［M］．北京：法律出版社，2003.
[35] 王家福．中国民法·债权［M］．北京：法律出版社，1991.
[36] 王利明．侵权行为法归责原则研究［M］．北京：中国政法大学出版社，1992.
[37] 徐爱国．英美侵权行为法学［M］．北京：北京大学出版社，2004.
[38] 陈聪富．侵权归责原则与损害赔偿［M］．北京：北京大学出版社，2005.

[39] 胡雪梅．“过错”的死亡——中英侵权法宏观比较研究及思考［M］．北京：中国政法大学出版社，2004.

[40] 黄立．民法债编总论［M］．北京：中国政法大学出版社，2002.

[41] 李仁玉．比较侵权法［M］．北京：北京大学出版社，1996.

[42] 李响．美国侵权法原理及案例研究［M］．北京：中国政法大学出版社，2004.

[43] 李亚虹．美国侵权法［M］．北京：法律出版社，1999.

[44] 邱聪智．从侵权行为归责原理之变动论危险责任之构成［M］．北京：中国人民大学出版社，2006.

[45] 文森特·R. 约翰逊著．美国侵权法［M］．赵秀文，等译．北京：中国人民大学出版社，2004.

[46] 约翰·罗尔斯著．作为公平的正义——正义新论［M］．姚大志，译．上海：上海三联书店，2003.

[47] 哈罗德·J. 伯尔曼著．法律与革命［M］．贺卫方，高鸿钧，张志铭，夏勇，等译．北京：中国政法大学出版社，1993.

[48] 卡尔·拉伦茨著．德国民法通论（上册）［M］．王晓晔，邵建东，程建英，徐国建，谢怀栻，等译．北京：法律出版社，2003.

[49] 植木哲著．医疗法律学［M］．冷罗生，陶芸，江涛，等译．北京：法律出版社，2006.

（二）论文

[1] 武志昂，毕开顺．从药品属性看中药现代化［J］．中国药业，2006（19）.

[2] 叶正明．药品不良反应的法律定性及其后果的救济［J］．法律与医学杂志，2005（1）.

[3] 谢金洲，周勇，黄传海，田月洁，陈易新．我国基层药品不良反应监测机构建设和发展的探讨［J］．中国药物警戒，2009（3）.

[4] 王思海．我国药品不良反应监测缺陷多［J］．中国医药导报，2006（22）.

[5] 傅毅．拜斯亭撤离全球市场［J］．国外医药——合成药、生化药、制剂分册，2001（6）.

[6] 华斌. 拜耳，麻烦大了 [J]. 医药世界，2001 (10).
[7] 叶正明. 国外药品不良反应损害救济制度述评及其对我们的启示 [J]. 时代法学，2005 (1).
[8] 杨立新. 医疗损害责任概念研究 [J]. 政治与法律，2009 (3).
[9] 郭明瑞. 简论医疗侵权责任的立法 [J]. 政法论丛，2008 (6).
[10] [美] 莱本斯基，库默. 输血感染疾病诉讼——历史与发展趋势 [J]. 陈岱松，吴怡，陈威译. 国外社会科学文摘，1999 (5).
[11] 冯开红，陶建华. 论输血感染疾病的法律属性及其民事损害赔偿问题 [J]. 华东政法学院学报，2001 (3).
[12] 杨悦. 从"齐二药"假药案件民事判决看完善我国药品质量的法律责任 [J]. 前进论坛，2009 (3).
[13] 马怀德. 国家赔偿制度的一次重要变革 [J]. 法学杂志，2010 (8).
[14] 王喜珍. 中国行政补偿制度的现状和完善 [J]. 社科纵横，2005 (4).
[15] 张曼莉. 行政赔偿与行政补偿之比较研究 [J]. 辽宁教育行政学院学报，2008 (5).
[16] 梁亚. 论开发风险抗辩在产品责任诉讼中的适用 [J]. 法学杂志，2007 (5).
[17] 涂永前，韩晓琪. 论产品责任之发展风险抗辩 [J]. 西南民族大学学报，2010 (10).
[18] 王传辉，黄迎. 美国产品责任法革命述评 [J]. 政治与法律，1997 (5).
[19] 唐晋伟. 德国药品责任制度中对潜在损害的界定 [J]. 德国研究，2008 (2).
[20] 孟迪云. 论产品责任发展风险抗辩及其救济制度 [J]. 广西政法管理干部学院学报，2006 (6).
[21] 张建平. 法律上如何证明药品不良反应的因果关系 [J]. 药物警戒，2006 (3).
[22] 臧冬斌. 医疗事故罪中疫学因果关系适用之探讨 [J]. 中州学刊，2008 (3).
[23] 罗勇. 产品责任法之产品"缺陷"问题比较研究 [J]. 西南民族大

学学报（人文社科版），2007（10）.
[24] 张再芝，谢丽萍．论产品责任中发展缺陷抗辩的排除［J］．政治与法律，2007（2）.
[25] 管增军．浅论产品的发展缺陷［J］．潍坊学院学报，2005（1）.
[26] 宋跃晋．药品缺陷的法律分析［J］．河北法学，2010（11）.
[27] 李蔚．论产品的发展风险责任及其抗辩［J］．法学评论，1998（6）.
[28] 叶正明．日本医药品副作用基金救济制度之法理基石与借鉴［J］．求索，2010（3）.
[29] 吴祥佑．产品召回制度中发展缺陷抗辩存在与否辨析［J］．现代财经，2008（4）.
[30] 杨立新，陈璐．论药品召回义务的性质及其在药品责任体系中的地位［J］．法学，2007（3）.
[31] 宋华琳．论行政规则对司法的规范效应——以技术标准为中心的初步观察［J］．中国法学，2006（6）.
[32] 宋华琳．论政府规制与侵权法的交错——以药品规制为例证［J］．比较法研究，2008（2）.
[33] 顾海，吴艳．德日两国药品不良反应救济制度的运行模式对我国的启示［J］．中国医院管理，2006（10）.
[34] 唐慧鑫，孙骏．浅析瑞典药品损害赔偿机制及其药品保险制度［J］．药物警戒，2006（6）.
[35] 林嘉．社会保险对侵权救济的影响及其发展［J］．中国法学，2005（3）.
[36] 孙骏，唐慧鑫，马爱霞．日本药品不良反应损害救济制度的建立与实践［J］．药物警戒，2007（4）.
[37] 姚雪芳，丁锦希．公共卫生安全应经事件中的药害补偿机制研究［J］．上海医药，2009（30）.
[38] 吴节祥．论侵权法的危机及其发展方向［J］．浙江工商大学学报，2004（6）.
[39] 王利明．建立和完善多元化的受害人救济机制［J］．中国法学，2009（4）.
[40] 游春，周俊所．药品不良反应保险救济机制研究［J］．卫生经济研

究，2011（2）.
[41] 蒋正平．论建立药品不良反应损害综合救济制度［J］．海南医学院学报，2008（1）.
[42] 顾海，夏冰．药品不良反应补偿救济制度运行机制研究——基金运作模式研究［J］．中国医院管理，2007（1）.
[43] ［英］李约瑟著．中国和免疫学的起源［J］．马伯英，林群译．中医药学报，1983（4）.
[44] 马伯英．中国的人痘接种术是现代免疫学的先驱［J］．中华医史杂志，1995（3）.
[45] 蔡晓卫．强制医疗关系中的相关问题研究［J］．中国医学伦理学，2004（6）.
[46] 彭诵．论建立行政补偿制度的理论基础［J］．中国煤炭经济学院学报，2000（1）.
[47] 明明．儿童疫苗致病？惊恐 12 年［J］．世界博览，2010（9）.
[48] 宋跃晋．论药品不良反应的民事赔偿责任［J］．山西高等学校社会科学学报，2008（6）.
[49] 朱芹英．我国药品不良反应现状与建议［J］．青海医药杂志，2009（11）.
[50] 石慧荣．产品缺陷研究［J］．现代法学，1996（02）.
[51] 于培明，黄泰康．药品不良反应与合格药品的缺陷［J］．医药导报，2007（5）.
[52] 刘丽萍，刘晓军．药品不良反应的法律责任及对策［J］．中国执业药师，2008（12）.
[53] 杨益峰，杨立英．药品不良反应的民事责任和救济机制思考［J］．安徽医药，2007（4）.
[54] 郑文晖．我国产品缺陷的法律界定及重塑［J］．产业与科技论坛，2008（5）.
[55] 刘长秋．论药害侵权及其民事救济理论与制度［J］．法律科学（西北政法大学学报），2008（3）.
[56] 田野，焦艳玲．完善我国药品不良反应救济机制的法律思考［J］．法律与医学杂志，2006（1）.

[57] 魏建英，虞璧丹．药品不良反应的相关法律简介［J］．中国临床药理学杂志，2007（1）．

[58] 刘长秋．生物经济发展与公共卫生安全［J］．法治论坛，2011（1）．

[59] 宋跃晋．论药品缺陷归责原则［J］．华章，2010（6）．

[60] 袁妮，邵蓉．对我国药品不良反应后果救济制度的探讨［J］．齐鲁药事，2006（5）．

[61] 刘溇．药品责任立法比较研究［J］．西南民族大学学报（人文社科版），2003（11）．

[62] 杨代雄，于卉，邢丹．论产品缺陷的认定标准［J］．当代法学，2000（5）．

[63] 贺光辉．产品缺陷认定标准的国际比较及对我国的借鉴［J］．现代经济探讨，2008（3）．

[64] 李宇阳．药品说明缺陷的法律分析［J］．中国医院管理，2004（2）．

[65] 詹振兴，党丽娟．《侵权责任法》对药品不良反应法律责任的影响［J］．广东药学院学报，2010（4）．

[66] 于志伟，杨悦．《药品管理法》中有关药品损害赔偿问题的探讨［J］．中国执业药师，2009（6）．

（三）报纸

[1] 熊建明．药物不良反应的后果不应由患者独担［N］．南方周末，2004-03-11.

[2] 梁慧星．输血感染案件的法律适用——民法学家梁慧星答读者问［N］．人民法院报，1998-09-29（03）．

[3] 杨立新．产品跟踪观察缺陷与警示说明缺陷的认定［N］．人民法院报，2006-08-15（06）．

[4] 刘京玲．药品不良反应保险叫好不叫座［N］．中国医药报，2009-05-14.

（四）学位论文

[1] 李文．医疗损害侵权责任研究——以《侵权责任法草案》为视角［D］．大连海事大学硕士学位论文，2008.

[2] 冯娜．国家赔偿责任理念与机制研究［D］．吉林大学博士学位论

文，2008.
[3] 陈武．药品不良反应法律责任及救济机制探讨［D］．四川大学硕士学位论文，2006.
[4] 叶正明．药品责任制度研究［D］．湘潭大学硕士学位论文，2004.
[5] 曹永灿．产品责任构成要件研究［D］．郑州大学硕士学位论文，2003.
[6] 刘玉强．侵权法的危机研究［D］．华侨大学硕士学位论文，2007.
[7] 冯志军．产品责任归责原则的法经济学分析［D］．上海财经大学博士学位论文，2008.
[8] 张芬．药品不良反应损害补偿制度研究［D］．华中科技大学博士学位论文，2009.
[9] 刘琨．药品不良反应损害救济制度研究［D］．山东大学硕士学位论文，2010.
[10] 蒋正平．药品不良反应损害救济制度研究［D］．湘潭大学硕士学位论文，2008.
[11] 干欣彦．药品不良反应民事责任研究［D］．复旦大学硕士学位论文，2008.
[12] 昌君．美国药品不良反应应对机制研究［D］．中国政法大学硕士学位论文，2009.
[13] 龚赛红．医疗损害赔偿研究［D］．中国社会科学院研究生院博士学位论文，2000.

（五）网络文献

[1] 姚辉．侵权法的危机：带入新时代的旧问题［EB/OL］．http：//www. civillaw. com. cn-/article/default. asp？id = 7591.
[2] 王岳．无过错感染不属于医疗事故［EB/OL］．http：//www. 178yy. com/news/2006/7/-2006710203341. htm.
[3] 喻敏．对侵权行为法中过错问题的再思考［EB/OL］．http：//www. civillaw. com. cn/article/-default. asp？id = 34676.
[4] 齐二药受害人索赔案宣判原告获赔 300 多万［EB/OL］．http：//law. southcn. com/fzxw/content/2008-06/27/content_ 4450839. htm.

[5] 周继华．公立非营利性医院是药品的使用者，而非销售者——从中山三院“齐二药”假药案件看医院的法律身份［EB/OL］．http：//www. chinahealthreform. org/index. php/case/medicine/20-medicine/706-2008-12-22-01-59-40. html.

[6] 刘凤媛．美国药品侵权救济中的法律适用与政府监管［EB/OL］．http：//www. civillaw. com. cn/article/default. a sp？ id =45478.

[7] 王佳琳，汪城．龙胆泻肝丸案举证悖论：患者难证明病因跟此有关［EB/OL］．http：//cn. news. yahoo. com/050119/353/288f9. html.

[8] 卫生部．免疫对预防疾病的公共卫生重要性——卫生部世界卫生组织联合新闻发布会背景材料之三［EB/OL］．http：//www. moh. gov. cn/publicfiles/business/htmlfi-les/wsb/pgjwsdt/201004/46930. htm.

[9] 卫生部．预防接种知识热点问题答问材料［EB/OL］．http：//www. moh. gov. cn/pub-licfiles/business/htmlfiles/mohjbyfkzj/s3582/201003/46403. htm.

[10] 陈志华．强制医疗法律关系研究［EB/OL］．http：//china. findlaw. cn/yiliao/yiliaozhishi/yiliaoshigu/ylflgx/1294_ 2. html.

二、外文文献

[1] A. Schwartz. Products Liability, Corporate Structure and Bankruptcy: Toxic Substances and the Remote Risk Relations [J]. Journal of Legal Studies, 1985, 14: 689.

[2] W. Page Keeton. Products Liability-Inadequacy of Information [J]. Texas Law Review, 1970, 48: 398.

[3] Henderson. Coping with the Time Dimension of Products Liability [J]. California Law Review, 1981, 69: 919.

[4] James A. Henderson, Jr and Theodore Eisenberg. The Quiet Revolution [J]. Anglo-American Law Review, 1990, 20: 188.

[5] Cale H. Conley. A State Law Theory for Products Liability Claims: a Journey Best not Taken [J]. Georgia Law Review, 1995, 30: 267.

[6] Jane Stapleton. Liability for Drugs in the U. S. and EU: Rhetoric and Re-

ality [J]. The Review of Litigation, 2007, 26: 991.

[7] David G. Owen. Toward a Proper Test for Design Defectiveness: "Micro-balancing" Costs and Benefits [J]. Texas Law Review, 1997, 75: 1672.

[8] Sean M. Basquill. Prescription Drug Liability and Post-marketing Surveillance: A Modest Proposal [J]. Temple Journal Science, Technology & Environment Law, 2006, 25: 69.

[9] Catherine T. Struve. The FDA and the Tort System: Postmarketing Surveillance, Compensation, and the Role of Litigation [J]. Yale Journal of Health Policy, Law and Ethics, 2005, 5: 587.

[10] Paula M. Simpkins. Rejection of Market-share Liability for Childhood Vaccine Manufacturers: Shackil v. Lederle Laboratories [J]. Rutgers Law Review, 1991, 43: 819.

[11] James B. Currier. Too Sick, Too Soon?: The Causation Burden under The National Vaccine Injury Compensation Program Following De Bazan v. Secretary of Health & Human Services [J]. Federal Circuit Bar Journal, 2009, 19: 229.

[12] Margaret Jane Porter. The Lohr Decision: FDA Perspective and Position [J]. Food & Drug Law Journal, 1997, 52: 11.

[13] Henderson. Judicial Review of Manufacturers' Conscious Design Choices: The Limits of Adjudication [J]. Columbia Law Review, 1973, 73: 1531.

[14] Huber. Safety and the Second Best: The Hazards of Public Risk Management in the Courts [J]. Columbia Law Review, 1985, 85: 335.

[15] Gregory C. Jackson. Pharmaceutical Product Liability May Be Hazardous to Your Health: A No-fault Alternative to Your Health: A No-fault Alternative to Concurrent Regulation [J]. American University Law Review, 1992, 42: 199.

[16] Rob Henson. Inoculated Against Recovery: A comparative analysis of vaccine injury compensation in the United States and Great Britain [J]. Tulsa Journal of Comparative and International Law, 2007, 15: 161.

HOUJI

后 记

2004年夏天，告别了蓝天、沙滩、海船和岛屿的烟台，我来到天津开始我人生的第一份工作。天津医科大学——她选择了我，我也选择了她。第一次迈进医大的校园，我首先感受到的是这里的紧凑与整洁。道路、树木就像是服从命令的卫兵，整齐地排列并宣示着这里的庄严，几座红色、白色的小楼在校园四方的空间里直立，静谧和幽深。不像其他校府，这里没有山水的点缀，也没有磅礴的楼群。婉约和浑厚不是这里的气息，但这里却给我无比的宁静感觉。这种感觉在我心里留下深刻烙印，每一次来到校园接触这里的人和物，这种感觉都会加深。慢慢地，宁静像血液流进了身体，我开始喜欢和欣赏它，并愿意沉浸其中享受其乐，尽管连我自己也说不清这是为什么。直到有一天，一位教授讲座时重申“科研工作者应耐得住坐冷板凳”，我才恍惚意识到宁静对于我而言并不是时髦词汇所称的“宅”这么简单，而是一名高校教师必备的特质。我庆幸我身处的环境充满了一批具有这样特质的人，我感谢我周围的人时刻以这种特质感染我奋进，让我从一个简简单单的教书匠真正向一个思考者转变，而我也渐渐明白宁静才能致远的道理。

医学院校的法学研究有特色才会有发展。本着这样一种思想，学院的各位同仁努力在医事法领域进行科研探索。在大家的带动下，我也融入进来，而后便发现这一领域有如广袤的沃土亟待有人去发现和耕种。而我也像是行进在田间的耕者，不断观望着田间的长势并体会着捡拾果实的快乐。2005年，我开始关注药品问题，尤其是合格药品产生不良反应后受害者该如何救济引起了我的兴趣，我开始查阅资料和写作，并同时申请了学校的科学基金。很幸运，该项目获得了学校的基金资助，而我也从此开始了对药品不良反应问题的研究。

近年来，越来越多的学者开始关注药品不良反应问题，相关研究以法学和管理学最盛，其中不乏真知灼见。在大家筑起的平台上，我开始对药品不良反应问题进行体系化梳理。2009 年，我将自己的思路撰写成课题申请书，很幸运地获得教育部立项。又经过一年半的时间，书稿终于成型。书稿以我国药品不良反应受害者损害救济为中心，重点探讨目前我国对这类损害处理的法律空间，而最终目标是要为未来我国药品不良反应损害救济机制的选择和建立提供建议。由于体系设计所限，本书还不能将目前有关药品不良反应的所有前沿研究均进行整理，在观点上亦可能有不周到、不成熟的问题存在，但是仅就民事救济这一方面而言，作者已竭尽全力，还望阅读此书的同仁多多谅解和包涵。

本书的完成离不开他人的帮助。感谢我的先生，是他在我艰苦的写作过程中挺身而出承担了更多的家庭责任，不断给予我鼓励，使我能够安心写作并时刻保持满满自信。感谢天津医科大学医学人文学院学术委员会的各位专家、教授，是他们的公正选评让本书得到医学人文学院优秀学术专著出版基金的资助并最终促成本书的出版。感谢天津医科大学医学人文学院李大钦书记、韦勤副院长、古津贤副院长，是他们给予我无私的提携和帮助，让我在医学人文学院这一大家庭里时刻感受到温暖和关爱。还要感谢恩师郭明瑞教授，是他的正气引导我做人，是他的学识引导我上进。郭老对学生的关心体现于细微之处，而郭老对学生的严格要求却从未因任何事情而改变。祝愿郭老师身体健康，万事顺意。